U0006805

中美爭鋒

誰將左右
世界領導權

董尼德 著
PIERRE-ANTOINE DONNET

洪祖玲 譯

Le leadership
mondial en question

題 獻

　　謹以此書獻給法國總統奧朗德的外交政策顧問燕保羅
（保羅．尚－奧爾蒂斯，Paul Jean-Ortiz）。燕保羅是中國
問題專家，黃鳥行動的組織者，他協助 1989 年參與天安門
運動的異議人士。2013 年 7 月 31 日，燕保羅英年辭世。

目次

前言

勇氣與忠誠

我在 1991 年成為巴黎門檻出版社（Le Seuil publishing house）的編輯，從那時起我就認識了董尼德。我馬上就很欣賞這位年輕的作家和記者。那時他已在伽利瑪出版了《西藏生與死》〔*Tibet mort ou vif*（*Tibet Dead or Alive*）〕，一本呼籲支持西藏對抗中國殖民主義的著述。很快地，我推測他是深愛亞洲的。在我的腦海中，我直覺地把他和一位我非常崇拜且年長得多的同事羅伯特・吉嵐（Robert Guillain）聯想在一起。吉嵐在遠東生活了將近四十年，他的回憶錄的標題即是《遠東──亞洲的生活》[1]。

當董尼德帶給我《日本買下世界》〔*Le Japon achète Le monde*（*Japan Buys the World*）〕的手稿時，他讓我聯想起吉嵐的這種感思更強了。直到 1998 年吉嵐去世前，他在日本一直被視為珍貴的朋友和日本文化的鑑賞家。然而吉嵐所熟悉的是痛苦和悲劇中的日本（美軍 B-29 轟炸機對東京、廣島、長崎等地的燃燒彈轟炸），董尼德編織的日本願景，則是一個變得極其富有的日本，能夠征服世界，不是依靠武

力而是憑藉其高超的特有技術和商業能力。

　　董尼德深諳他所論述的。從 1993 年到 1999 年，法新社派他爲駐東京特派員。不過，那並不是全部的原因；我注意到這個通訊社的記者非常在意訊息之準確、完整、反覆核對，這賦予他的分析和觀點確切意涵。除了這些美德，我加上一項幾乎是他人所無法測度的：他具有卓越的能力從全球觀點去評估一個國家的局勢和命運。因此，當他在 1998 年帶給我一本更豐碩的巨著《歐洲與亞洲的衝突》〔Le Choc Europe/Asie（The Europe-Asia Clash）〕，我一點都不感到意外，這著述也是由門檻出版，收在當代歷史集錦系列叢書。

　　必須一提的，當我鼓勵我的朋友卡布〔Cabu。2015 年元月 7 日，他和他在《查理周刊》（Charlie Hebdo）的同事被聖戰分子謀殺〕去追求一項恢宏的志業——製作有關國家的圖文書，董尼德的助力非常大。這些書漸漸匯集成一套系列藏書，這些書裡的插畫必須附有解說性文字，實際上等同兩本書合成一本書。董尼德撰寫了 1993 年的《卡布在日本》〔Cabu au Japon（Cabu in Japan）〕、2000 年的《卡布在中國》〔Cabu en Chine（Cabu in China）〕，以及 2002 年《卡布在印度》〔Cabu en Inde（Cabu in India）〕，這些作品都很成功。若沒有董尼德參與，這一切都是不可能的。

　　二十年過去了，現在，在這本書裡，我發現董尼德的卓越特質因爲人生經歷而更加豐富並深化。這書是關於川普政府領導的美國和習近平領導的中國在全球的角力。亦即，在

深陷政治危機的大國（美國）和企圖從美國手中篡取世界領導權的中國的霸權戰。兩個強權之間的競爭，必然在未來一段時間中，成爲影響國際局勢的首要因素。這本書滿溢觀察家的勇氣、新聞工作者全神貫注的準確性以及天才作家的清晰表達，它在最佳的時間問世了。

尚－克洛德‧吉爾博（作家，散文家，演說家及記者）
Jean-Claude Guillebaud（Writer, essayist, lecturer, editor and journalist）

Foreword

序

　　自從這本書的法文版問世以來，一樁大事已經發生：2019 年 11 月 3 日，喬‧拜登當選美國第 46 任總統。一旦入主橢圓形辦公室，拜登首先要面對的外交政策議題之一將是中國。一般推測，在這方面，美國政策將不會發生 180 度的大轉彎：拜登傾向對北京維持強硬政策。民主黨人和共和黨人一樣，在他們眼中，中國在世界舞台迅速崛起代表著對美國國家安全構成威脅，有必要加以「遏制」。

　　我們所能期待的僅是措辭上的改變。拜登不會說出「中國病毒」這種字眼，且對中國和其領導們的遣詞用字都會加以克制。他的國務卿，不管是誰，都不會像邁克‧龐佩奧（Mike Pompeo）那樣把中國共產黨當做標靶，聲稱那是「當今自由世界的主要挑戰」。拜登也承諾了，是否繼續執行川普對中國施加的商業與科技的制裁，將與美國的歐洲盟友商榷。

　　拜登在 2021 年 1 月 20 日宣誓就職後，實踐他競選承諾的首批措施之一，就是重新加入關於氣候變化的《巴黎協

定》和世界衛生組織（WHO）。在外交政策方面，除了對中國，拜登將與他的前任截然不同。川普利用他的四年任期相當程度上推動了一種孤立主義政策，這無疑提供中國影響國際組織的一條寬廣大道，不過拜登已經揭櫫他的意圖：美國要重返其積極的角色。在 11 月下旬，當拜登概述其人事選任時，他說道：「美國回來了，是要領導這個世界，而非退縮。」這並不一定意味著對中國會有更多張力。在靠近選舉日時，中國人民大學國際關係學院教授暨美國研究中心主任時殷弘告訴美聯社：「民主黨人看來不那麼好戰，因此，即使是有限的軍事衝突也要防止，他們會更用心與中國進行危機管理溝通。」

　　等著拜登面對的最微妙問題之一，是中國在南海日益好戰的態勢以及對臺灣的態度。這些是迄今爲止北京和華盛頓之間最具爭議性的問題。北京語言大學國際關係學教授余萬里認爲，至少，拜登的政策「不至於像川普那麼情緒化和荒謬」。美國喬治華盛頓大學中國專家羅伯・薩特（Robert Sutter）表示：「拜登對中國會是個問題，因爲他的政府將在人權議題上緊盯中國，他宣稱與盟友合作來約制中國的做法極可能運作，會讓中國的進展更加複雜。」從拜登爲紐約中文報紙《世界日報》撰寫的一篇文章中可以看出他在臺灣議題上的態度。這篇文章發表於美國總統大選前兩週，他在文中承諾重建與華盛頓在太平洋最親近夥伴的關係。拜登寫道：「這其中就包括深化與臺灣的關係，臺灣是居領先地位

的民主政體、主要經濟體，以及科技重鎮。臺灣也是開放社會能夠有效控制新冠狀病毒的閃亮典範。」

在 11 月 17 日法國《世界報》上的一篇評論，法國外交部長尚－伊夫‧勒‧德里安（Jean-Yves Le Drian）和德國外交部長海科‧馬斯（Heiko Maas）聲稱，拜登當選美國總統不啻是重新建立跨大西洋關係、得以更完善地面對中國的契機。文中闡述：「我們知道，拜登政府依舊會把中國置於美國外交政策的焦點上。對我們，（中國）既是一個合作夥伴，又是個競爭對手，也是一個體系性的勁敵。因而，我們很在意於建立一個共同的陣線，很務實地應對中國日益崛起的強大實力，同時，我們會持續與北京保持必要的合作管道，以面對全球性挑戰如新冠狀肺炎和氣候變遷。」

因此，我們看到，無論兩國領導人的風格如何變化，中美之間競爭的實質都會存在，而且勢必決定未來兩國關係的輪廓。那是因為美國完全無法想像他們的霸權地位會退位給中國。毫無疑問，讓徒弟來駕馭師父，怎麼說都是不可能的。白宮的民主黨人可能更有機會說服歐洲夥伴採取聯合行動來對付中國。很確定的是，歐盟將有一個可以利用的機會；過往，歐盟曾對龐佩奧的言論和態勢一直相當冷漠，不過近幾個月以來，很明顯地，歐盟對中國採取了比較強硬的立場。

如果川普是經由經濟利益和商業交易的三棱鏡來看待與中國的關係事務，那麼，顯然地，拜登將更關注於──且

可能是不妥協地——人權議題方面。北京政府施加於新疆維吾爾族人的待遇、西藏和香港的命運，以及西方人重新關注的普世人類價值，這些都是舉世觀照的焦點，在在都讓北京政府坐立不安。拜登曾經承諾，如果當選，他將會見達賴喇嘛。達賴喇嘛是西藏的精神領袖，北京方面視他為「危險的分裂分子」。

即使他們永遠不會公開承認，但很明顯地，中國當局是比較樂見拜登上台的。縱使中國已從川普的孤立主義走向獲得利益，從而在國際組織中穩住更多領導的權位，但無論如何，北京政府對川普的不可預測性已飽受驚駭，顯然希望能夠扭轉緊張局勢。邁阿密大學中國專家蓁·託芙·佳爾（June Teufel Dreyer）認為：「與古老的說法相反地，與其跟一個他們已經熟知的惡魔打交道，他們寧可跟一個他們尚不熟悉的惡魔交往[1]。」 拜登的核心外交政策諮詢麥可·卡本特（Michael Carpenter）認為，新任總統遇到中國問題時將會把歐洲團結成「朋友和盟友」。他說：「川普看待中國問題僅是很狹隘地關注在貿易逆差，而拜登政府會致力的，將是與我們在世界各地的夥伴共同努力，建立統一陣線，結束這種系統性的操縱。」

北京並未自我欺瞞。在 10 月底舉行的五中全會的報告中，中國共產黨雖未明確表示但已預告，中方並不期待與美方的關係能迅速改善。官方公報完全沒提到美國大選，報告中說：「穩定和不安全感卻在急劇增加，國際環境正變得越

來越複雜。」與往常不同的是，這份六千字的文件使用了二十二次「安全」這個詞彙。美國大選吸引全世界關注了一個典型的民主進程，也與習近平獨裁掌控下的中國僵化的政治環境形成了鮮明的對比。在選舉後的第二天，拜登說：「我的同胞們，昨天，再次證明了民主是這個國家的心跳……在兩個世紀以來一直是這個國家的心跳。縱使面對著疫情，卻有比以往美國歷史上任何時候都更多的美國人投票參與這次選舉。超過 1.5 億人投了票。我認爲那是非常了不起的。如果我們有任何疑問，也不應該再對一個民有、民治和民享的政府心存疑慮了。」這是美國民主的亮麗示範，對從未舉行過自由選舉的習近平的共產主義中國嗤之以鼻。

2020 年 11 月 18 日 法國，默東

Chinese Version

中文版序言

自拜登入主白宮

　　自從拜登 2021 年 1 月 20 日入主白宮，美中關係從鬥爭走向對峙，議題主要的分歧點是臺灣，在過去幾個月，戰爭的風險變得真實且數度險象環生。隨著中國與西方世界的張力加劇，這個問題越來越尖銳：第三次世界大戰會在臺灣爆發嗎？ 2020 年以來，這座島嶼已經成為北京與華盛頓之間不斷升高對抗的焦點。距離開戰或許還有很長一段距離。誰會希望它發生？如果中國當局決定發動武攻，必須有贏得這場戰爭的絕對把握，否則將會落入自己設置的陷阱，以及，幾乎肯定會導致政權崩潰的雙重風險。2021 年 3 月 23 日，美軍印太地區司令約翰・奎利諾（John Quilino）海軍上將提出相當嚴重的警告，他在參議院軍事委員會聽證會上報告，中國攻擊臺灣的時間點「比我們大多數人想像得更早，我們必須把這個可能性放進思考裡，以緊急的憂患意識，在短時間內建立起威懾的嚇阻能力。」我們可以確定的是，到

決定開戰之前，人民解放軍已爲這般場景演練很久，且相當積極；解放軍正在模擬如何對眞實目標進行侵襲，以便當登陸日（D-Day[1]）來臨時所向披靡。

　　想打贏這場戰爭，中國軍隊除了閃電戰別無選擇，在三天內，利用奇襲的效果癱瘓臺灣軍隊的任何回擊。超過這個時間，美國第七艦隊將有時間組構回應戰略，北京可能因此輸掉這場戰爭。時間如果短於三天，美國就會面臨一個難以著力的既成事實。3月5日，中國總理李克強宣布2021年軍事預算爲13,550億人民幣（2,600億美元），比2020年成長6.8%。軍事預算近年來持續穩定地增加，雖然這數目與美國的軍事預算相比瞠乎其後（美軍2021年爲9,340億美元，超過全世界各國所有軍事預算的總和），但仍排名全球第二。中共領導人在全國人民代表大會年度會議開幕致辭中明確表示：這預算將讓人民解放軍「加強戰備能力」。2021年3月9日，習近平以國家主席、中共中央總書記兼中央軍委主席——也就是中國武裝部隊領導者身分強調，中國正面臨「安全形勢不穩定性不確定性較大」。「全軍要統籌好建設和備戰關係，做好隨時應對各種複雜困難局面的準備，堅決維護國家主權、安全、發展利益，爲全面建設社會主義現代化國家提供堅強支撐[2]。」臺灣的軍事預算成長4%，達到132億美元，相比之下，中國的數字是臺灣的16倍之多，而且，專家認爲中國官方預算遠低於實際花費：尤其是研發新武器的成本並沒有被納入計算。那麼，這麼龐大數目的軍

備預算所爲何來？中國有遭到任何立即或是預料之中的外國入侵威脅？顯然沒有。那麼，是不是哪天要攻擊臺灣呢？中華的手足們要互相殘殺了嗎？應是出於習近平的恐懼。如果有一天他在國內遭到有組織性的攻擊時，下令武力侵犯臺灣成了一種手段，一種誘因，一種不計後果的行爲，用來轉移焦點，並利用國內的民族主義者的情操，拾回中國重新組合成以他爲核心的團結一致。

　　不過，有一點看來是確定的：如果這樣的軍事衝突眞的爆發了，許多國家會被捲入其中。確實，美國在日本領土上的軍事基地，幾乎可以肯定會成爲解放軍的優先攻擊目標。即便日本的和平憲法禁止東京動武解決國際衝突，也不管是否心甘情願，日本都會被捲入這場戰爭。根據《南華早報》報導，在 2021 年 3 月 15 日至 21 日這一週，日本和美國國防部長達成協議，同意在北京決定對臺動武的情況下，確保雙方密切合作。「如果北京決定武力侵犯臺灣，解放軍的將領勢必會下令向美國駐沖繩和在日本領土其他基地發射多枚導彈，因爲在那裡有著美軍最強大的力量，可以阻撓並對中國軍方造成慘重損失。」香港日報引述美國蘭德智庫的安全專家蒂莫西‧希思（Timothy Heath）說法。

　　美國在日本領土上總共有 23 個軍事基地，其中位於沖繩的嘉手納空軍基地是美國在印太地區最大的軍事設施所在。大多數在這個區域巡邏的美國偵察機是從嘉手納起飛。澳洲戰略政策研究所的國防戰略分析師馬爾科姆‧戴維斯

（Malcolm Davis）認爲，澳洲也很有可能會被捲入其中，然後衝突會難以收拾地節節攀高。他表示：「萬一中國對所有用威懾來避免戰爭的努力都視若無睹無動於衷，萬一中國在『灰色地帶』（原書編註：在臺灣附近）進行挑釁，以及，最壞的情況是，直接武力攻擊臺灣，而這種局勢將導致美國、日本和澳洲彼此協調該如何回應。」俄羅斯會怎麼反應仍有待觀察，雖然最近幾個月中俄兩國越走越近，但分析師認爲，中俄軍事聯盟的可能性仍然很低。「毫無疑問，兩國在美國的壓力下走得更近，但兩國之間的分歧仍然大於共同利益。」中國社科院中俄關係專家程亦軍表示。與俄羅斯結盟並不是中國所能做出的最佳選擇。

中美關係仍然不斷惡化，觀察家們保持高度注意。2021年7月26日，在距離北京僅一個多小時高鐵車程的天津，美國副國務卿溫迪·雪蔓（Wendy Sherman）與中國外交部副部長謝鋒進行了將近四個小時的會談，不但沒有取得任何成果且更加惡化。北京指責美國想要「妖魔化中國」，並企圖激化中國成爲敵人。天津峰會強化了北京和華盛頓之間「新冷戰」的觀點。這種關於「假想敵」的想法，再一次被謝鋒提出。這般說詞當然不是什麼新鮮事。不久前，當美國和歐盟譴責中國駭客發動網路攻擊時，北京已經斥責白宮應該停止指控中國是「駭客帝國」且不該暗示中國是「邪惡的帝國」。根據中國外交部在微信上發送的會議序言記錄，中國外交部副部長謝鋒敦促美國改變當前這種「極其錯誤的對

華認知」和白宮正在進行的這種「極其危險的對華政策」。
謝鋒說：「基本上，這是因爲美國人把中國視爲假想敵。」
我們必須記住 2021 年 3 月在阿拉斯加安克拉治那一場災難
性會面，當時中共外事委員會主席楊潔篪和美國國務卿布林
肯，在國際媒體面前劍拔弩張相互批鬥，舉世傻眼。在這次
7 月的天津峰會上，中國當局希望能夠促成雙方就拜登與習
近平舉行峰會的共同利益。結果在這四小時激烈的會談中，
這個問題甚至沒有被討論到。中美鴻溝如此之深，拜登自
從 1 月 20 日入主白宮後，並未與習近平會面。但無論華盛
頓和莫斯科之間有多深的歧見，拜登還是在 6 月 16 日與俄
羅斯總統普丁在日內瓦見了面。溫迪‧雪蔓是自從民主黨的
拜登當選總統後，訪問中國最高階的美國外交官。到 7 月爲
止，只有拜登的氣候特使約翰‧克里（John Kerry）已經訪
問中國，但雙方會談僅限於對抗全球暖化，這是兩國試圖找
到的少數共同話題之一。中美對抗之持續加劇在 3 月的會談
中表露無遺，中國外交部長王毅爭辯道，一切取決於美國是
否「做出正確的選擇」，也就是說，球在美國手上，美國應
該要負責主動改善關係。溫迪‧雪蔓或許已經保證她的國家
並不尋求與中國的戰爭，但中國外交部長直言道：「好像必
須遏制中國的發展，才能讓美國再度成爲一個偉大國家。」
在會談結束時，這位美國國務院的二號人物對於雙方所談論
的，評價頗爲消沉，她表示很難判斷未來幾個月內，世界
上最大的兩個經濟體的關係能否有所改善。她告訴美聯社：

「我們現在進入了開始建立一種可以回到我們想要的關係的初步階段，但我還看不到任何希望。」自從入主白宮後，拜登一直對中國當局祭出相當嚴厲的政策。美國總統譴責北京對新疆維吾爾族穆斯林少數民族進行種族滅絕，指責北京藉著去年 6 月通過的國家安全法，加強對香港的控制，這部港版國安法規定為外國勢力提供情報的人，可以被判有罪並處以終身監禁的無期徒刑。華盛頓認為這部法律，破壞了這個 1997 年歸還中國的前英國殖民地的自由。

2021 年 7 月 27 日，第一名被控違反港版國安法的人在香港高等法院出庭，面臨可能終身監禁的刑責。香港高等法院三名法官，裁定被告唐英傑煽動他人「分裂國家」罪與恐怖活動罪成立。唐英傑在 2020 年 7 月 1 日騎機車衝撞三名港警，同時揮舞著寫有「光復香港、時代革命」的旗幟，這是 2019 年大規模群眾運動的主要口號。根據法官的說法，這名 24 歲的被告，在示威時傷害三名警察，對香港社會造成了巨大危害。數天後，唐英傑被判入獄 9 年。

前文曾言，中國和美國之間另一個戰場是中共之威脅入侵臺灣。在這個極度敏感的話題上，最近幾個月北京軍機擾臺威嚇行動次數大幅增加，引起美國對中國提出嚴厲警告。2021 年 7 月 27 日，中國新任駐美大使秦剛抵達美國。秦剛是一名職業外交官，過往在中國外交部負責歐洲事務，英文流利，但對美國的事務沒那麼嫻熟，不若前任駐美大使崔天凱，在美國待了 8 年，是美國事務的行家。這個選擇讓西方

觀察家感到吃驚，尤其目前北京和華盛頓眾多棘手爭議須由
他來帶領處理。55 歲的秦剛出生在天津，曾多次陪同習近
平出訪，被視爲習近平的知己。秦剛在 2018 年被任命爲外
交部副部長，隨行人員說他爲了捍衛國家利益可以口不擇
言。2020 年 2 月在中國－東歐峰會上，他斥責那些抨擊中
國的人根本是「惡狼」。

　　Covid-19 的起源一直是高度敏感的議題；中國在這個問
題曾經長時間保持緘默，引起國際社會越來越多的質疑。中
國說謊了嗎？2021 年 7 月 22 日，世界衛生組織向中國提出
第二階段重新進行 Covid-19 起源調查，並且提及從實驗室
洩漏的可能性。北京氣沖牛斗，馬上回應：「我們是不可能
接受這樣一個溯源計畫的。」並且認爲這個提議「傲慢」、
「不尊重」和「違背常理」。在這個議題上，中國和西方的
關係惡劣已是明白可見的。中國國家衛生健康委副部長曾
益新表示，當他得知世界衛生組織提出這項調查時「十分吃
驚」，他在記者會上聲稱，這項溯源計畫竟將「『中國違反
實驗室規程造成病毒洩漏』作爲研究重點之一。」世衛組織
從來沒有如此深入雷區過，中國頑強地拒絕在自己領土上進
行國際病毒溯源調查，這舉動在國際上引起越來越多的質
疑聲浪。且讓我們定神忖度一下，這場 Covid-19 大流行從
2019 年 9 月在武漢散播以來，截至 2021 年 7 月 22 日爲止，
已經奪走全世界 413 萬條生命。國家衛健委副部長曾益新
說，武漢病毒研究所的職工和研究人員皆未感染 Covid-19，

而武漢的 P4 實驗室，不論在何時，都沒有進行任何可能對人類造成危險的研究。「這個情況不容懷疑，」曾益新堅持，「研究人員確定沒有任何實驗室洩漏的證據。那麼病毒有可能從實驗室洩漏出來嗎？這項（由世界衛生組織提議的）『中國違反實驗室規程造成病毒洩露』的病毒溯源調查，在某些方面既不尊重常識，也違背科學。我們完全不可能接受這個溯源計畫的。」2021 年 7 月中旬，世界衛生組織祕書長譚德塞博士（Tedros Adhanom Ghebreyesus）認為放棄病毒可能來自實驗室洩漏的理論仍「為時過早」。他說：「我本人是一名實驗室技術人員和免疫學家，我在實驗室工作過，實驗室確實是會發生事故的。」譚德塞再度邀請北京一起合作進行新的調查，而這些調查必須透明，以便瞭解到底發生了什麼事。實驗室洩漏論最初是由川普和其政府在 2020 年 4 月提出。但當川普的一些官員更進一步認為，病毒是為了開發生化武器而遭人蓄意洩漏時，這個論點的可信度便蕩然無存。針對這些嚴重的指控，知名科學家們在醫學的權威期刊《刺胳針》（The Lancet）發表文章，公開反對毫無根據的猜測。一個陰謀論讓病毒起源的調查嘎然而止。而讓這項調查起死回生的是拜登總統，他在 5 月底命令美國情報部門重新調查病毒起源，並在 90 天內報告結論，尤其關於是否存在實驗室洩漏的可能性。世衛組織在 2021 年 3 月 29 日發布與中國聯合調查 Covid-19 溯源的報告中，一如預期，未能釐清這場大流行的源起。在報告這項調查結果時，譚德塞委

婉地批評道，要獲得中國政府同意取得原始資料困難重重。
他強調，2021 年初在中國調查期間，國際專家「曾表達難
以取得原始數據」。罕見地，多國聯合表達對北京處理這次
聯合調查的做法之不滿。許多專家認為研究者在武漢進行為
期 4 週（01/14 － 02/10）的調查時，沒有足夠的自由活動
空間。早在籌備期間，北京和世衛組織為了 10 名調查專家
之任命，其充滿張力的協商過程也成為焦點。北京取得中國
專家與世衛組織專家組成聯合專家組共同調查的權益，且有
權力限制他們的移動空間。國際專家代表團團長彼得・本・
恩巴雷克（Peter Ben Embarek）曾在記者會上試圖淡化這件
事，解釋說中國也和其他地方一樣，出於對隱私的顧慮，某
些資料無法共享。但祕書長直言道，儘管世衛組織最初曾
以為實驗室洩漏是「極不可能」，但他呼籲重新再做一次調
查，祕書長強調：「希望這次新的合作調查能建立在更大範
圍和更快速的數據分享上。」他認為上次調查報告是重要的
開始，但並非最後定論，而是為未來的研究鋪路。在歐盟這
方面，欣見「有效的第一步」，但對疫情大流行後「調查起
步遲緩、延宕（到中國）部署專家、有效的樣本與數據受限
等現象在在表示遺憾」。正是這種調查基調上的巨大轉變，
銘記了世界衛生組織與北京的離異，而雙方似乎已經徹底、
真正地分道揚鑣。在實務上，中國政府不僅僅是否認任何實
驗室洩漏的推測，更開始指責美國不夠透明。中共官員和官
方媒體現在連袂為同一件事奮戰，把炮火對準華盛頓附近，

一間叫做迪特里克堡（Fort Detrick）的實驗室，宣稱那裡是 Covid-19 的起源地。這個地方是美國對抗生物恐怖主義研究的心臟。迪特里克堡位於馬里蘭州腓特烈市以北，是美國陸軍醫療司令部的生物醫學中心。歷史上，此地在 1969 年之前是美國生物武器計畫的基地。今天，這裡是一個設有 P4 實驗室的生物醫學研究中心，裡面放置了 67 種病原體和毒素，包括伊波拉、天花、炭疽桿菌、鼠疫和蓖麻毒。迪特里克堡在 2019 年夏天由於安全問題而關閉，並在 2020 年 3 月 27 日恢復營運。英文報紙《環球時報》隸屬於中共官方報紙《人民日報》具有濃厚民族色彩，於 2021 年 7 月 21 日發起一份請願，要求對迪特里克堡展開調查。毫無疑問，這份請願將收集到大量連署。但中國的指控似乎沒有什麼說服力，不是一項可以影響世界輿論的倡議，更像是一首絕唱。

拜習通話

　　2021 年 9 月 9 日星期四，美國總統拜登與中國國家主席習近平，從 2021 年 2 月中國農曆除夕以來首次通了電話。在這場舉世矚目的談話中，中國國家主席呼籲白宮當家者展現「勇氣」，將陷入動盪的中美關係帶回正軌。拜登則回應習近平，要他注意別把競爭變成衝突了。

　　習近平強調，當前中美兩國的對抗局勢，對世界的穩定是一個威脅。在《南華早報》一篇對拜習通話的報導中，這

位中國領導人宣稱由於中美對抗，讓世界處於痛苦之中。中國政府的一份聲明稿寫道，兩國元首就中美面臨的眾多議題進行了「坦白和深入」的討論，並同意加強華盛頓和北京之間的溝通。

習近平告訴他的對話者，中美關係「遭遇嚴重困難」，是美國對中政策所致。「如果中國和美國決定合作，將有利於世界。」倘若不是這樣，「如果中美持續衝撞，世界將為此受苦。」

習近平說道，兩國應該展現出「政治和戰略的勇氣」，以「使兩國關係盡快回到穩定發展的軌道上」。北京當局也發出聲明，聲稱兩國領導人「應該緊急深化在重大國際問題的對話，致力維持各種層級的聯繫」、「為了製造發展中美關係的條件，雙方將加強協調與對話。」

中國國營電視台央視引用習近平的話：「這個世界的未來和命運，維繫在中美是否能夠妥善處理兩國關係。這是屬於這個世紀的問題，而兩國都必須做出回應」。

白宮坦承這次對話就是「為了盡可能處理好兩國之間的競爭，美國所做的一部分努力」。拜登總統表述，美國「致力於印太地區和世界各地的和平、穩定與繁榮。」白宮指出，「這就是為什麼兩位領導人討論了兩國的責任，以確保彼此的競爭不會導致衝突。」

這是自從 2 月以來兩國領導人首次通話。這通拜登與習近平的電話進行了 90 分鐘，雙方試圖平緩北京和華盛頓的

張力。兩個超級強權的關係已跌到了 1979 年建交以來的最低點。這個由川普起頭的對抗情勢，在拜登於 1 月 20 日就職以來更趨尖銳，他將中國事務列為第一優先事項。最近幾個月北京和華盛頓幾乎天天指責對方，兩國關係惡劣明顯可見。

　　美國政府指控中國進行不公平的貿易政策、對臺灣（中共認為臺灣是一個必要時可以用武力統一的省分）進行越來越多的軍事威脅、掠奪美國最尖端的科技，並隱瞞 Covid-19 疫情起源實情等等。中國則極力駁斥這些指責，反控美國政府企圖玷污中國的形象、侵犯中國主權。

中國的新學年

　　中國新學年之際，出現了令人瞠目結舌的新奇變化：自今以後，從小學、中學到大學，所有階段的學校裡都要教導「習近平思想」。中共官方媒體形容這是一次「深刻的改革」，是對共產黨「初衷」的回歸。

　　「這像是這世界第二大經濟體的一份長長的購物清單。過去幾個月來，中國政府對所有事務展開規範和管制，」法國國際廣播電台北京記者斯蒂芬・拉加德（Stéphane Lagarde）[3] 指出，「電子商務已經被開刀。」中國數位革命的第二個層次，網路領域的新管制伴隨著更多的社會手段。記者拉加德繼續說道，「最近幾天，我們一直在討論，新學

年的開始，被所謂的『雙減政策』⁴搞得天翻地覆：打擊著直到不久前都還是獲利驚人的私人教育機構，以及減輕學生家庭作業負擔。」

中國政府立意要對抗青少年螢幕成癮的不良習氣，下令限制未成年人每週只能玩三個小時的網路遊戲。

最近幾個月，習近平持續示現回歸中國共產黨的「本質」方向。這種意識形態上的接管，深深影響著中國人民日常生活的方方面面，無論男女老少。忘了鄧小平「致富」的口號吧。這位中國開放紅色資本主義之父，在1978年揮舞改革大旗，短短40年內，讓中國擺脫了貧困，且原本可望在2028年左右，成為全球GDP的領先經濟體。

習近平「新時代」標誌著回歸黨的本源。尤其是在2021年這個夏天中共建黨100週年的盛大紀念活動中，「毛澤東」如雷貫耳不斷出現就是最明白的印證。習近平矢志將自己塑造成新的中國「偉大舵手」，毛澤東的繼承人，值得打造鋪天蓋地的個人崇拜。

在這些新指令的背景下，出現了滿布意識形態的澎湃浪潮，在政黨的指示下，媒體界紛紛扮演起傳聲筒，於是出現了新口號新標語像是「深刻變革」，這個詞也可被解讀成「深沉改革」或「深刻改變」。這個標語讓人想起毛主義鼎盛時期，但那段歲月對國家的致命傷害斑斑可考。

前官方媒體《華中電力報》總編輯李光滿也用了同樣的方式表達。李光滿認為，中國市場「不再成為資本家一夜

暴富的天堂」、我們應該對所謂的「西方文化崇拜」高度提防[5]。

諸多跡象支持著這個現象。曾經非常邊緣的新毛主義團體的言論，現在已成為官方話語的核心。習近平親自宣布了一個新的政策方向：「共同富裕」，目標是要減少由於經濟高速成長造成日趨嚴重的不平等問題，在過去 4 年貧富不均的情況尤其明顯。

新政策的雙重目標昭然若揭。「共同富裕」的大趨勢是從 2020 年開始，當時馬雲——中國最著名的億萬富翁、擁有最多財富之一的電子商務巨頭阿里巴巴創始人，首次「消失」了數週。他雖然後來再度露面，但顯然已經被邊緣化，且被迫提前退休，這不是馬雲他本人的意願。

第一個目標，是回應民眾的不滿，尤其是中產階級面對天價的房地產價格，以及極高的教育成本，這當然是值得稱讚和有道理的。電子商務巨頭在這方面永遠是被抨擊的標靶。

這些受歡迎的政策還有另一個目的：重申黨對一切的絕對權威，尤其是對私營企業，那是國家經濟成長的主要引擎。階層、秩序的呼喚是殘酷的：中國只有一個老闆，就是習近平。

在這種意識形態接管之下，一個新中國的輪廓正在逐漸成形，一個像牡蠣一樣與外界封閉、與西方思想隔絕的中國，無庸置疑的，也隔絕了像是人權、多黨制、司法獨立和

言論自由等西方價值觀。

有許多跡象支持著這個令人震驚、讓人感到恐懼的運動。8 月 31 日，中共中央總書記習近平在中央學校青年幹部返校大會上演說，神色嚴肅地表述「絕對忠誠於黨」、「拒絕幻想」和「敢於面對挑戰」的需要。這位中國領導人特別強調：絕對不能在自 1949 年開始統治中國的共產黨政權基本原則上「有任何偏差」。

這場意識形態運動運作時節正逢雙重關鍵點。一方面，中國與美國越來越正面對抗。另一方面，中國國家主席冀望在 2022 年秋季，在共產黨的第 20 次代表大會前夕，確立自己作為國家的絕對領導人的地位，屆時他可以透過在 2018 年修改的憲法，獲得第 3 任，甚至是無限的任期，而目前他仍未指定任何繼任者。

習近平已經是中國的絕對領導人了嗎？共產黨內部圈子裡，抗議的聲音隱隱約約不絕於耳，儘管外界仍然難以察覺。這種不滿，是針對近年犯下一些重大錯誤決策之人。其一就是對維吾爾族穆斯林少數民族施加的殘酷鎮壓，而習近平，現在來看已經相當明顯，是這件事自 2015 年以來唯一的策劃者。

在這個訊息比以往任何時代都更加流通的世界裡，中國國家主席從未預料到這種鎮壓會傳到西方世界的耳裡。中共對維吾爾人的鎮壓，已經受到各界的譴責，甚至兩屆美國政府，從川普到拜登，都稱之為「種族滅絕」。「種族滅絕」

一詞，也已經在加拿大、英國、荷蘭和法國的議會中立法通過。

第二個錯誤，是同樣殘酷的鎮壓了香港這個前英國殖民地。在 2020 年 6 月實施國家安全法後，數百名民主派人士被監禁，任何被掛上「分裂國家」、「分裂主義」或「勾結外國勢力」罪名之人，根據這部港版國安法最高可判處無期徒刑。這也引起了全世界的抗議。就像壓迫維吾爾人一樣，已經讓中國的形象蒙上厚厚的陰影。

中共對臺灣，全球的良心案例

而今中共對臺灣的情勢變得愈發險峻，習主席比起過往任何時候都更恐嚇著要用武力來對治昔稱福爾摩沙的臺灣，以脅迫臺灣的總統蔡英文接受與「祖國」統一。

過去幾個月以來，數百架中共軍機進入臺灣軍事識別區，持續有增無減地威脅臺灣人民。

這麼頻繁的中共軍機擾臺行動所為何來？人民解放軍就要進攻臺灣了？臺灣和中國大陸之間張力之高漲，是從 1949 年國民政府領袖蔣中正率領軍民來到臺灣以後未曾有的。

臺灣現在是全世界戰爭風險的震央所在。萬一戰爭爆發了，毫無疑問，美國必定出兵防衛全世界華人唯一民主政權的臺灣，接著，日本、韓國、澳洲甚至印度，都會與美國站在同一陣線。

　　萬一局勢演變成這樣，俄羅斯、巴基斯坦，或許加上伊朗將紛紛加入中方陣營，那麼，失控且惡化成第三次世界大戰的危機是可能的。

　　要言之，中國已成為全球的良心案例。西方政權會繼續和中共溝通嗎？日前，美國總統拜登打電話給習近平主席，探求緩和這危險局勢的共同途徑。

　　期盼習近平能理解，西方國家永遠不會放棄西方的普世價值，而中共亦無法以武力脅迫世界上其他國家接受其政治模式。

Introduction

導言

　　從 1980 年代開始，中國經歷了令人目眩的經濟發展，目前，中國正力圖超越美國成為領導世界經濟的勢力。由於夥伴國家的保留態度，北京的絲綢之路計畫（一帶一路）沒有最初設想的那麼大展鵬圖，然而，無論如何，確實加深了中國在亞洲、非洲和歐洲的市場滲透。與此同時，美國終於意識到，現在，中國是其主要競爭對手了。這兩國在 2019年進行了貿易談判，但在激烈競爭的背景下，雙方繼續針鋒相對互不退讓。中國電信龍頭華為所遭遇的困難，具相了這種前所未有的較勁。四十年來第一次，中共被迫坐到談判桌前。現實是，中國和美國已進入冷戰狀態，隨著新冠狀肺炎疫情爆發，更加劇了中美之間的緊張關係。儘管美國仍然是全球領先的軍事強國，但中國業已取得重大進展，已經挑戰了華盛頓有效支持在該地區盟友的能力。此外，中國沒有顯示出將降低技術差距的跡象。在高速鐵路網建設和民用核能開發方面，都有令人驚嘆的進步。中國已成為電動汽車的最大生產國和最大市場、移動電話和網路的領導者等人工智能

發展的先驅。如果要列出一張表單，我們可以加上最近在太空探索方面的進展，在民用航空方面，我們一樣可以預見將有類似的進程。

中美對立已演變為一場文明衝突。一個明顯走下坡但仍充滿活力且展現具有反彈能力的民主政體，與一個看來仍牢牢掌控的一黨專政，對峙起來了。在這兩者之間有一道深淵：美國人以他們的個人自由和生活方式──亦即「美國式生活」為榮，而中國人以數千年的悠久歷史自得且以快速經濟發展自豪。但是，儘管大多數中國人擺脫了貧困，人民仍受到國家的嚴密監視，國家機制越來越多地利用科技來實施歐威爾式（Orwellian-style）[1] 的社會控制，持續政治嚴控。作為聯合國安全理事會常任理事國之一員，中國利用其「世界工廠」的角色，成為主導全球大部分地區的經濟大國。習近平主席倡議的「中國夢」，把目標設定在 2049 年，也就是中華人民共和國成立 100 週年時，將帶領中國於全世界所有關鍵領域在在處於領先地位。中國將因此洗刷鴉片戰爭帶來的奇恥大辱。中國人獲得了正當的榮譽，且從不錯過任何機會指出他們超過五千年的光輝歷史 [2]，而年輕的美國卻只能展示兩個半世紀的存在。2017 年 11 月，在美國總統川普首次到中國國是訪問期間，在中國電視台的鏡頭前 [3]，習近平說道：「（中國）有文字的歷史是三千年。」川普：「我想，最古老的文化是埃及，有八千年。」習近平認同，「對，埃及更古老一些。但是，文化沒有斷過流、始終傳承下來的

只有中國[4]。」

　　在這場瘋狂競爭中，一個國家正用心竭力從另一個國家手中奪取世界領導權位，而另一個國家完全無意讓出它穩坐了一個世紀的寶座。與此同時，歐洲在這場角力中只能扮演一個無助的旁觀者，老邁的歐洲痛苦地意識到，兩者都在破壞歐洲的團結和影響力。

　　必須謹記的是，在過往二十個世紀的大部分時間裡，中國是世界頭號強國。直到十八世紀西方開始工業革命之前，中國一直是世界上生活水準最高的國家。

　　在基督紀元初期，中國占世界財富的四分之一以上，但歐洲並未意識到它的存在。亞洲和國際經濟問題專家修伯特・泰斯塔德（Hubert Testard, 2019a）在「亞洲分析」（Asialyst.com）[5]網站上指出：「距離是巨大的⋯⋯相互無知是常態。」1820 年，國勢臻至鼎盛時期的中國占了世界經濟的 36%。因而，在中國領導人眼中，自從 1979 年以來發生在我們眼前的一切，不啻是公正地回歸到十九世紀中葉西方殖民帝國羞辱的鴉片戰爭之前的境況。前美國銀行和瑞士信貸主管的美國經濟學家暨分析師戴維・P・高德曼（David P. Goldman），他在《亞洲時報》網上專欄中以「斯賓格勒」（Spengler）的筆名走紅，他指出：

　　　　在過去一千年的大部分時間裡，中國在世界上都是占主導地位的製造業大國，然後，約在兩百年前工業

革命開始時走下坡。中國人認為這只是暫時失常，他們
期盼重新樹立中國的卓越地位。他們將中國的技術優勢
——無論是在創新方面還是在控制主要市場方面——視
為實現中國實力與繁榮的關鍵。（Gehriger, 2019）

　　中共把中國復興的開端回推回去到過於久遠的年代了。
怎能忘記，在 1950 年代，中國是全世界最窮的國家；毛澤
東的統治是連綿不斷的大饑荒與政經混亂的同義詞。然而，
隨著鄧小平於 1979 年開始的經濟改革，中國經歷了三十年
的 GDP 年增長率超過 10%。然而，當前的放緩是否反映了
中國經濟模式的危機？眾說紛紜。在某些觀察家看來，中國
的模式可能已經發現其極限，且遭受了與美國貿易緊張局勢
的損害。對另一些人來說，當前的形勢可能並未預示著一場
嚴重的危機即將發生，但警示著在過去幾十年從全球化中輕
鬆獲利的中國經濟需要有些變革。近年來，中華人民共和國
已成為國際投資的首選，遠遠超過美國。事實上，自 2014
年以來，以購買力平價（PPP）衡量的國內生產總值（GDP）
來看，共產主義中國已經成為世界上領先的經濟大國，現
在也是世界上最大的出口國家。從 1980 年到 2007 年，中國
的 GDP 增長了 13 倍！當然，經濟增長已導致不平等現象顯
著增加，並對環境造成相當嚴重的破壞。今天的北京是世界
上污染最嚴重的第四大城市。不過貧窮已大大減少了。根據
2005 年 9 月《經濟合作與發展組織觀察員》發布的統計數據，

1980 年到 2000 年間，全球絕對貧困人口減少的一半以上發生在中國。中國的貧困率從 1978 年的 97.5% 下降到 2012 年的 10.2%，再降到 2018 年的 1.7%[6]。中共政府的脫貧目標，是在 2020 年消除包括農村地區在內的絕對貧困，從而創造一個「相對繁榮的社會」。

這項成就，是在災難性的文化大革命結束之後進行經濟改革十五年後，使其成為可能。它們伴隨著企業私有制與市場經濟令人印象深刻的增長；中國已經從蘇聯式的計畫經濟轉向成為「中國特色社會主義」。2018 年，私有企業貢獻了 60% 的增加值。2017 年，私營部門創造了 90% 的新就業機會。儘管公共部門仍然強大，但眾所周知，通常效率奇差；90 家最大的國有企業消耗了超過一半的公共投資。儘管貧富懸殊加劇，然中國的經濟成長使得中產階級如雨後春筍大量萌生，數量甚至超過美國。

大西洋的這一邊，美國尚未失去太多使其叱吒風雲的本事。美國令人敬畏的經濟實力繼續在全世界贏得人們的尊重。2018 年和 2019 年，在強勁的國內需求推動下，美國經濟持續保持活力。2018 年增長加速（美聯儲記錄為增長 3.0%，2017 年為增長 2.5%），主要得益於消費和投資。由於勞動力市場的有利形勢，消費保持強勁，這導致增加了可支配收入，並且使減稅成為 2017 年稅制改革的一部分。國會在 2018 年 3 月通過的財政刺激方案，也對支持經濟增長有所貢獻。美國經濟基本上達到了充分就業的水平，2019

年 9 月的失業率降至 3.5%，是自 1969 年 12 月以來的最低水平！然而，創造就業機會依舊強勁，當月創造了 136,000 個工作機會，2018 年平均每月創造了 220,000 個工作機會。同時，通貨膨脹率仍然溫和：2018 年 12 月，消費者價格通貨膨脹率爲 1.9%，接近美聯儲的目標水平。2019 年 10 月，美國經濟進入連續第 124 個月的增長，這是國家經濟研究局（NBER）自 1854 年以來記錄的最長的增長。2019 年 9 月，川普在推特發文說：「我們國家所曾經歷過的一些最好的經濟數字，現在正在發生著。」

不管如何，中美兩國的經濟都深受新冠肺炎疫情重創。隨著 2020 年第一季度 GDP 下降 4.8%，美國長達十年的擴張陷入停滯。根據美聯儲的數據，3 月分美國工業生產比 2 月分下降 5.4%，這是自 1946 年 1 月以來最嚴重的降幅。4 月分的失業率飆升到 14.7%，是從 1930 年代以來的最高水平，但很快又回落到 10% 以下。這次疫情很可能在美國經濟上烙下長達數年的印記，許多人認爲川普是因爲這疫情的災難而無法連任。

在同一個時期，中國的經濟也受到重創。與 2019 年同時間相比，2020 年第一季國內生產總值下降了 6.8%，當時中國大部分經濟活動因封鎖而停止。這是中國至遲從 1992 年開始編制官方增長統計數據以來，其 GDP 首次出現收縮。該跌幅略低於分析師預期的 6.5%，並延續了 2019 年最後一個季度的 6.0% 增長。但是根據中國國家統計局的數

據，中國第二季度恢復了增長，GDP 比 2019 年同期增長了 3.2%，只是，有些觀察家對這些令人鼓舞的數字的可信度表示懷疑。

除了展示這個星球上兩個主要經濟大國的經濟儀表板之外，本書探究現今這兩個巨頭為了保持或贏得世界領導地位而行進的激烈競爭。這種為爭取影響力和進行政治競爭而激發的無情鬥爭，催生了新的冷戰，這使得歐洲被邊緣化，陷入沒完沒了的內部分歧之中。明日的世界將見證這兩個大國之間近一步加劇這種多方面競爭的大賽局。當美國霸權在世界各地引起不信任和反對的同時，中國新的經濟和科技之帝國主義已經跨過邊界，征服了遠離北京的眾多場域。

這種爭奪世界領導權的鬥爭被許多人視為文明之間的根本衝突。然而，中國國家主席習近平公開否認了這種觀點。2019 年 5 月 15 日，在「亞洲文明對話大會」開幕式上，習近平抨擊：「認為自己的人種和文明高人一等，執意改造甚至取代其他文明，在認識上是愚蠢的，在做法上是災難性的[7]！」法國記者克勞德‧勒布朗（Claude Leblanc）認為，「出於害怕看到一個非西方國家接管全球領導權的這種恐懼，鼓動了美國人去構想與中國人的長期對抗。」（Leblanc, 2019）

把中國對美國構成的威脅與種族因素連結在一起這種觀點，美國國務院一位高級官員曾如是明確表述過。於 2019 年 4 月美國國家安全政策論壇上，當時擔任美國國務院政策

規劃主任的基榮・斯金納（Kiron Skinner）提出：「這是我們第一次遇到非白種人的強大競爭對手。」（Chan, 2019）他補充說明：「這是一場與真正不同的文明、不同的意識形態的鬥爭，美國以前未曾經歷過。」（資料同上）

所以，我們難道不能下此結論：一方面，美國繼續作為世界自由的堡壘，另方面，一個威權的共產專制體系正積少成多地誘使新興國家懷疑西方的民主美德？可能是這樣，不過，尚非在逐一檢視政治、社會、經濟、軍事和科技各個層面之前，全面審視會幫助我們追蹤二十一世紀這巨大衝突的來龍去脈。「美國世紀」是否將由「中國世紀」接續？我們是否應該指望中國取代美國這超級大國來主導？這些問題尚未有明確答案。然而，經由思考這些問題，我們對正在發生的變動會有更深刻的認識，這些變動將決定我們接下來幾十年的世界。

這本書是一位新聞工作者的作品，並非專門研究中國的研究者的論述，因此，它無法與一位專家對該國的知識一較高下。不過，在亞太地區政治發展的關鍵時刻，我確實在那裡度過了八年的時光，期間包括我在臺灣和香港學習中文，以及在北京擔任法新社的特派員。在那之後，我曾多次回去，那裡有我很多摯友。至於美國，我曾作為法新社駐聯合國特派員，在紐約工作了兩年。我每天系統性地對這本書進行研究和調查，從眾多第一手資料中核對我的訊息，然而，我必須承認，事態發展之緊張是推動這本書的最大動力。我

給自己設定的任務是，在這裡呈現出一幅誠實的、盡可能平
衡的、毫無疑問將影響世界未來的現實圖像，並且始終牢記
鄧小平所珍視的「實事求是」的箴言。

當民主遇上專制

中國共產黨的一黨專制政權似乎堅固如磐石，看起來尚未有民主化的端倪。在僅由一個政黨兀自把持實施政治規則的國家裡，鮮有個人自由。在太平洋的另一端，美國民主制度已不再能激勵世界了，不再是二戰結束時令人羨慕的模式。同時，中國正在擴大其在世界各地的影響力，並希望向發展中國家輸出自己的政治和社會模式，因為這些國家的菁英人士不信任西方式的民主制度。這兩種模式正朝著迎頭相撞的方向疾馳而去。美國繼續炫耀著自己的自由旗幟，而這個地球上最後一個偉大的共產主義國家——中國——的領導人，則拒絕接受聯合國的普遍建國價值觀。在此同時，歐盟仍是有如多餘的第五個車輪。

「權利和法律是兩種力量；從他們的一致中誕生了秩序，從他們的對抗中誕生了災難。」

——維克多‧雨果（Victor Hugo, 1802–1885），
《行為和語言》（*Deeds and Words*），第一卷，1876

　　《文明的衝突》（*The Clash of Civilization*）在 1977 年
出版，備受爭議，哈佛大學教授塞謬爾·杭廷頓（Samuel
Huntington）在這本書提出，儒家文明和西方文明，在本質
上是根本性的對立。杭廷頓是卡特總統在白宮時的國家安
全委員會（National Security Council）成員，他認爲，儒家
文化重視權威、等級制度、普遍共識的重要性，以及權力高
過個人自由。這與美國對自由、平等、民主、個人主義和人
權至上的社會願景，有著根本性的不同。孔子主張「天無二
日，民無二王」[1]，這就強調了這樣一個原則，亦即等級制
度下的和諧比個人自由優先，並且，兩者都應該服從最高領
導人至高無上的權威，此一儒家原則可能會導致現任中國領
導人得出以下結論：世界上容不下兩個「第一」——美國和
中國。秩序構成了最高的政治價值。失去秩序，混亂就凌而
駕之。從這種世界觀和價值觀來看，美國所謂的自由，只會
破壞等級制度並導致混亂。

　　相反的，對美國人而言，民主是唯一合理合法且正當的
政府形式。從 1901 年到 1909 年擔任美國第 26 任總統的羅
斯福，他賦予美國的使命是，在適用於全人類普世文明理念
的基礎上傳播美國的力量。巴黎索邦大學研究員、美國歷史
專家瑪雅·坎德爾（Maya Kandel）認爲，「美國例外論」[2]
有雙重意涵：

　　　　一方面，它表達了國家的身分，一種人們在北美

大陸這應許之土地上實現了獨特且具普遍性的命運之理
念，（在另一方面，界定了）美國外交政策的使命是，
基於對這國家獨特且特殊角色的信念，由於它是最有資
格引導世界走向全球和平與繁榮的國家，因為美國是一
個，或至少認為它是：這個國家因其提供了憲法所承諾
的物質「幸福」之豐盛過程而被如是界定，而這一切都
取決於一種假設是可以被全世界所有人和任何地方轉移
和複製的模式。（Kandel, 2018）

對今天絕大多數美國人而言，民主權利和自由仍然被認
為應適用於全世界的普世價值。

儘管如此，美國總統川普和中國國家主席習近平卻有
一個共同想法，套用川普的一個競選口號，他們都渴望自己
的國家變得偉大。但除了這一點，他倆沒有任何一個相似之
處。美國和中國在文化、社會和政治上的差異有多懸殊？這
些值得我們一一回顧檢視。

於此先做一個簡短的歷史回顧。美國在 1776 年以第一
個現代民主國家躋身世界歷史的舞台。縱使奴隸制度一直持
續到 19 世紀中葉，獨立戰爭使美國成為現代世界上第一個
享有真正民主政府力量的國家：一個民有、民治、民享的政
府。這十三個殖民地在 1776 年宣布獨立，然後在 1787 年組
成聯邦，是現代世界上第一個透過聯邦制成功地將人民主權
和政府主權結合起來的國家。美國是第一個採用基於普選

和言論自由的政治制度的國家。托克維爾觀察道：「美國人的社會條件相當民主。從殖民地誕生起就具有這種特性；如今還有更多。」美國人最大的優勢是在無需經歷民主革命的磨難情況下實現了民主，生來平等，而不是變得平等。（Tocqueville, 2019 [1835]: 63）美國目前仍繼續受最古老的成文憲法統治，該憲法在 1787 年到 1788 年爲當時四百萬居民的國家制定。美國的政治制度建立在聯邦制、權力限制和三權分立以及公民自由的原則之基礎上，從東部沿海的十三個建國州一直延伸到太平洋。它使經濟增長達到了歷史上前所未有的規模。它在 19 世紀動盪的政治和社會危機中存活下來了——尤其是 1861 年到 1865 年的內戰。它爲美國在兩次世界大戰中承擔起國際責任、以及從 1990 年起在世界舞台上的卓越地位開闢了陽關大道。

　　現今，美國的民主建立在均勢原則之上。憲法規定了總統（行政機關）、最高法院（司法機關）和國會（立法機關，有眾議院和參議院兩個議院）之間的權力分立。儘管如此，由於總統同時是國家元首、行政首腦和武裝部隊統領，它仍然是總統政權。總統職位在立法事務中也扮演重要角色，因爲總統是國會的立法議程中的一部分且制定了國家的預算。無論如何，國會仍然非常強勢。國會並不總是支持總統的提案，而是利用其監督權來調查所有的議題，有時會造成首席執行官的困擾。第二次世界大戰的後果促使美國人捍衛自己的民主實踐並使之現代化。在 1960 年代，少數族群的黑人

終於獲得了將近一世紀前授予他們的投票權之實踐。「一人一票」的原則終於實現，民意代表的人數確實取決於一個選區的選民人口。

2016 年總統大選，低落的選民參與度和體制危機，揭示出眾多美國人在政治生活方面對政治活動態度是疏離的，以及顯現出美國歷史上前所未曾存在的道德危機。美國式民主已經不再像第二次世界大戰結束時那麼吸引世人。帝國主義的罪惡行徑、對霸權的追求，以及「人類燈塔」之相對衰頹，在在產生了影響。自從越戰（1963–1975）的慘痛挫折之後，美國模式已發現其局限性。冷戰結束以後，美國受「沃爾弗威茨學說」（Wolfowitz doctrine）洗禮重新定義其政治與軍事使命，其為「防範再度出現新敵手」，以及打壓並阻止對美國領導地位之挑戰或那些「企圖推翻已經建立的政治和經濟秩序」。但是，美國的「可接受的霸權」乃是以「對美國模式的優越性持有堅定的信念為前提：但是這個信念已經逐漸動搖了，不僅是在全世界過去幾十年如此，現今，更重要的，連大多數美國人也動搖了，這是自從美國建國以來第一次發生這種情況。」（資料同上）

哈佛大學國際關係系教授史蒂芬・沃特（Stephan Watt）認為，在 20 世紀末，美國領導人「將自己所握有的、不受拘束、大可支配的權力，視為強力影響國際環境的機會，以便在未來獲取更大的利益。」（Walt, 2006）他補充道，「美

國領導人力圖說服盡可能多的國家去擁護他們對自由資本主義世界的秩序的獨特觀點。」不過，對所謂的民主和自由主義的優點，眾多新興市場國家秉持著很謹慎的態度；通常，他們寧願選擇專制政權。在 2019 年便發生了一起這類不信任的實例。7 月 9 日，將近二十個西方國家遞交給聯合國一份聯合聲明。要求中國對其在新疆（前東突厥斯坦）把一百萬維吾爾族人強行拘留到「再教育營」的措施做出回應。在回應裡，有五十個國家，其中包括好幾個穆斯林國家，他們表達：對中國及其對維吾爾人所採取的強制行動，他們支持。

中美之間的第一次直接接觸可以回溯到 1849 年。作為淘金熱的一部分，成千上萬的中國人在舊金山下船。為了從中國逃離饑荒，並且夢想在他們稱之為「金山」的地方將來會有一個更好的未來，這些從中國南方來的移民，搭著破舊的木船來到這裡，很快地，他們受到高度肯定，被認為是非常優秀的工人，且被雇傭建造了美國第一條橫貫美洲大陸的鐵路。然而面對中國移民的大批湧入，很快地，美國報紙開始以「黃禍」稱呼他們，美國當局更於 1882 年通過了《排華法案》（*Chinese Exclusion Act*）。

近代中國並非如現在大家所認知的一直是個共產主義的專政國家。1919 年 5 月 4 日，大約三千名學生在北京天安門廣場示威，抗議《凡爾賽條約》將中國東部的山東省轉

交給日本。在一群年輕且先進的知識分子帶領下，中國學生們激烈抨擊了當時中國令人窒息的傳統、官僚過度的權力以及對婦女的壓迫，他們強烈呼籲民主到來。這個孕育了中國民族主義的五四運動，至今仍爲共產黨政權所紀念。1911年，在革命軍推翻了自西元前 221 年以來統治中國長達兩千年的封建帝制後，中華民國於焉成立。這是一個建基於西方民主思想的政權，承載著孫中山醫師領導的國民黨運動爲代表的改革派和共和主義革命運動。

中華民國政權在中國大陸一直延續到 1949 年，當時被中共稱爲腐敗不堪的國民黨政權，在與共產黨內戰挫敗後撤退到臺灣島，在那裡，1947 年公布實施的《中華民國憲法》[3] 依然有效。事實上，國民政府於國共內戰的失敗，很大程度上是肇因於從 1937 年展開的八年抗日戰爭後軍事實力的衰弱狀況。在中日戰爭中，國民政府失去了超過 80% 的高級將領，而當時躲在深山野嶺的中國共產黨則養精蓄銳、鮮少與當時發動侵華戰爭的日軍交戰，因而保有了武裝實力，1949 年，終於擊潰國民政府。今天的臺灣，仍然遵循著 1947 年制定的憲法的民主方向；中華民國 1947 年於中國大陸所制定的憲法在臺灣尚在運行。事實上，這個擁有約兩千三百多萬居民的島嶼，是全球華人世界中唯一存有的民主典範。自從前總統蔣經國（蔣介石之子）於 1988 年去世以來，臺灣社會已經演變成非常民主化。這種在臺灣充滿活力的政治體制與某些「中國專家」的認同與觀點相悖，他們認爲民

主這種制度，對中華民族來說是外來種。而臺灣從 1987 年
7 月解除戒嚴令，多黨制便已在臺灣本土根深蒂固。臺灣於
1989 年 12 月舉行了第一次直接由人民普選的立法院選舉，
隨後在 1996 年 3 月舉行了第一次由人民直接票選的總統大
選。

　　1949 年，毛澤東領導的共產黨，在數十年糾葛爭戰於
日本侵華戰爭和國民政府羸弱的軍力後，成功地奪取了政
權。1949 年 10 月 1 日，毛澤東在北京天安門廣場宣布中華
人民共和國成立。從那一天開始，中國共產黨，中國本土唯
一的執政黨，把它的統治布及中國的每個角落，除了臺灣。

　　中華人民共和國憲法第一章第一條表明「中華人民共和
國是民主專政的社會主義國家」[4]。在其蘇聯顧問強烈啟發
下，中國共產黨先制定了 1953-1957 年的五年發展計畫。在
1955-1956 年，他們引入了集體主義：所有的私營工業公司
都被收歸國有（儘管先前的管理者往往依然掌權），商業企
業也是比照辦理（零售交易除外）。在農村，農民被強制組
成合作社（1954 年的中國只有 7% 農民是合作社成員；1956
年則上升到 100%），因這一制度易於管理、利於徵稅。從
理論上而言，該制度也應該能夠更好地使用勞動力以及農
業設備，它同時也意味著透過放棄個人主義來改變人們的心
態。

　　在毛澤東的強力領導下，中國共產黨的統治，通過幾
齣最終演變為災難的政治運動得以鞏固，其中一個是「大躍

進」。這是一項從 1958 年到 1961 年的改革計畫，旨在透過提高工農業生產率，藉此加快經濟發展。這項政策的既定目標是在十五年內趕上當時的世界第三大經濟體英國；但是大躍進最終卻變成了一場經濟災難，期望的結果並沒有實現，莊稼在農地裡腐爛，食物嚴重匱乏不足。與此同時，地方官員出於恐懼心態，瞞上欺下，向共產黨高層提交了虛假的農業生產資料，最終導致中國人民經歷了一場可怕的大饑荒。根據中國記者與歷史學家楊繼繩花了多年時間調查這個問題所顯示的資料，其中大約三千六百萬人死於饑餓，這是大躍進的直接惡果。「沒有呼天搶地的哭聲，沒有披麻帶孝的禮儀，沒有送葬的鞭炮和紙錢，沒有同情，沒有悲哀，沒有眼淚，也沒有震驚和恐懼。幾千萬人就這樣無聲無息地，精神麻木地消失。」這位前新華社記者如此寫道，他也是毛澤東領導之極權政權下的受害者。（Yang, 2012）他繼續說道：「這場半個世紀前的大災難，發生在並無天災、瘟疫、戰爭的年分，帶來的卻是幾千萬人活活餓死和大規模的人吃人，可謂史無前例的人禍。」（資料同上）賈斯伯・貝克（Jasper Becker）當時擔任《衛報》（*The Guardian*）駐北京的記者，他估計，這場國家災難造成的死亡人數至少為三千萬人。（Becker, 1996）

　　另一場同樣帶給中國人民可怕慘劇的重大政治運動是 1966 年至 1976 年的「文化大革命」。毛澤東眼見自己的權力逐漸被侵蝕、逐漸流失，他決定動員全國的年輕人來「推

翻」他的對手,但是這些年輕「紅衛兵」的所作所為,遠遠超出了毛澤東為他們設定的目標。數以百萬計的受難者,受到群眾集體的公開批判以及酷刑折磨,之後也往往被瘋狂的人群逼上自殺之路或被處死刑。這兩場政治運動嚴重傷害了整整一個世代的中國人,但中共政權從未提供所付出的確切代價。

1979 年,中國徹底變革的時刻終於到來。意識到中國遠遠落後於世界其他先進國家的鄧小平,開始啟動了他的「四個現代化」計畫,領域包括農業、工業、科技和國防。與此同時,他更推行了膽大心細的經濟改革,並打出了「致富光榮」與「不管黑貓白貓,能捉到老鼠就是好貓」這類精彩非凡的口號。這種意識形態轉向「中國特色社會主義」的「市場經濟」,其成果不久就顯現:各類經濟活動自下而上爆發,使中國經濟進入超高速增長時期,雖然後期經濟增速明顯放緩,但其經濟成長率仍遠遠高於全球平均水準。這個國家在不到四十年的時間裡克服了經濟蕭條和落後,發展成世界第二大經濟強國[5]。

不過,中國政府在政權方面繼續依存於中國共產黨,中國仍然是正式的共產主義國家。縱使中國今天的經濟體制之思維和運作基本上是資本主義,但在政治層面,中國共產黨依舊不會容忍其他政黨的存在,也不會對民主政治抱有任何希冀。中國共產黨現有黨員約九千萬人左右,就壽命而言,目前剛過「七十大壽」的中國共產黨正在逼近蘇聯共產黨,

而蘇聯共產黨於 1991 年結束時則持續了七十四年。這個政權的領導人不是透過選舉產生的，因為沒有人民普選；在沒有行政、立法、司法三權分立的情況下，中華人民共和國就是一個集權國家。儘管在政治自由化的方向上已經採取了一些謹小慎微的步驟，中國共產黨仍然維持著對這國度嚴密且有效的控制。鄧小平試圖引入村級選舉的普選制度作為開放政策的一部分，該普選制度原計畫在日後推廣到更高的層次，但這從未發生過。

中共中央政治局常務委員會由七名成員組成，是最高決策機構。所有的異議都被有系統的被打壓，激進分子被丟入監獄並受到嚴厲懲罰。人們不可能忘記 1989 年 6 月 4 日中共政權對天安門廣場學生運動的血腥鎮壓，那次鎮壓造成既使不是幾千人也有數百人死亡。在那一天，在鄧小平和總理李鵬的命令下，中國軍隊朝吶喊著希望有更多民主的中國年輕人開槍。這一事件清楚地界定了其開放政策的真正界限，並表明：共產黨當局願意藉由屠殺他們國家的青春生命，以保全自身的政黨利益和貫徹政黨的法律。其他國家權力機關包含：全國人民代表大會、中華人民共和國國家權力機關和國務院。全國人大是一個單純做為橡皮圖章用的組織，並無實權，對任何投票議題幾乎都是一致通過。國務院成員則包括總理、副總理若干人、國務委員五人、各部部長、各委員會主任、審計長、祕書長等組成[6]。政治控制仍然牢牢掌握在共產黨的領導人手中，創造了幾乎是完全權力集中的政

體。在西藏自治區等地，行政機關的負責人由當地占主導地位的民族成員擔任，這與蘇聯的做法相同，中國共產黨地方機構的領導必是漢人。

習近平在 2012 年達到權力最高層峰後，他將自己是一個威權統治者的特質展露無遺。他的統治手腕伴隨著政治權力的增長，明顯的日趨強硬；他成功地修改了中國的國家憲法，取消了主席連續任職兩屆以上的限制。以這發展看來，習近平極有可能會在 2023 年之後繼續掌權，甚至是終身，直到他生命終點爲止。由於習近平擁有具備強烈個人特色的權力風格，相對比較起來，他的幾位前任們對黨是較爲關注的。習近平戮力於提高愛國主義和中華民族情操之運作，且把黨完全控制在掌握之中。習近平常被視爲是繼毛澤東之後中國共產黨最強勢的獨裁統治者。習近平一如毛澤東致力於個人崇拜，「習近平思想」或意識形態全面植入黨的教條和憲法中，這本來是僅保留給毛澤東和鄧小平等級的領導者才能享有的特權。

中共政府鍥而不捨地抗拒西方的民主和個人自由之理想，這些普世價值可能對該黨之掌控社會造成侵蝕和威脅，且動搖中國共產黨的合法性基礎。1948 年 12 月，蔣介石統治下的中國是聯合國通過的《世界人權宣言》的創始國之一；但今天，共產主義下的中國，顯然對這些原則置若罔聞。這種對西方思想和價值觀的偏執對抗，在中國四十年的

開放政策中已暴露無遺，更在習近平的統治下明顯加重了。
2019 年 11 月中旬，面對香港發生的大規模示威遊行，中共
政權發布了《新時代愛國主義教育實施綱要》加強在學校、
大學和社會各界更加強化「愛國主義教育」[7]的指導。「充
分發揮課堂教學的主渠道作用。培養社會主義建設者和接班
人，首先要培養學生的愛國情懷。」中共於官方文書中特別
如是強調。（Gao, 2019）

　　中共對意識形態的控管也表現在對宗教的控制上。近年
來，中國人民對宗教的興趣大幅增加。2019 年秋天，在藏
民奉為最神聖的拉薩大昭寺門面上，懸掛著「偉大的中國共
產黨萬歲」的標語。在中國的某些天主教堂裡，習近平的畫
像則取代了聖母瑪利亞的畫像。（Tang, 2019）中國共產黨
記取了 1990 年蘇聯解體以及蘇聯共產黨消失的教訓，對西
方國家具顛覆潛能的意識形態保持高度警惕[8]。2013 年 1 月
5 日，習近平在對新一屆中央委員會委員和候補委員的「十
八大精神研討班」演講中強調了意識形態的重要性：

　　「蘇聯為什麼會解體？蘇共為什麼會垮台？一個重
要原因是理想信念動搖了。最後『城頭變幻大王旗』只
是一夜之間。教訓十分深刻啊！全面否定蘇聯歷史、蘇
共歷史、否定列寧，否定斯大林，一路否定下去，搞歷
史虛無主義，思想搞亂了，各級黨組織幾乎沒有什麼作
用了……永遠不要否定社會主義與馬克斯主義、不要被

想要『西方化』、『播種分裂主義』的『敵對勢力』所左右。特別要注意的是『資金和意識形態的操縱』、境外非政府組織（NGO）的運用，鼓吹無政府主義企圖引發動亂」[9]。諸此，可視爲「習近平思想」的概要。（Bougon, 2017: 47, 50）

2013 年，在《加強高校青年教師思想政治工作意見》的文件，習近平列出了包括教師在內的國家官員、公務員在公共場合不可討論的「七不講」[10]：

普世價值、公民社會、新聞自由、公民權利不要講、中國共產黨的歷史錯誤、權貴資產階級、司法獨立。（Qiao, 2019）

出生於 1944 年的記者高瑜，在 1989 年春天的天安門廣場大屠殺事件後被捕。自此以後，她數次遭羈押。2014 年，當局指控她轉發了一個「9 號文件」到海外一個中文異議媒體[11]，該文件警告包括西方憲政民主、人權普世價值、公民社會、新聞自由和自由主義的「七宗罪」。（Bougon, 2019: 143）

德國前外長約什卡·菲舍爾（Joschka Fischer）認爲：

在意識形態上，中國領導人拒絕人權、民主和法治

的理由是，這些所謂的普世價值只是西方利益的幌子，否定它們應該被視為一種自尊問題。（Fischer, 2012）

幾十年來，華盛頓一直對被其視為盟友的中國抱持著善意，但在 2010 年代初期，這樣的形勢突然發生了轉變。美國人將中國視為對美國和世界的威脅，這種觀點超越了美國兩黨政治的主要分歧，同時為共和黨和民主黨所接受。2015 年，歐巴馬在他的國情咨文（State of the Union）中發表聲明：「在當我們說話的同時，中國要為這世界上增長最快的地區書寫規則。這會使得我們的工人和企業處於不利地位。我們為什麼要讓這種事發生？這些規則應該由我們來制定。」

美國政治學家約翰・米爾斯海默（John Mearsheimer）在國際關係問題上屬於現實主義學派，他提出，美國應該盡一切努力確保中國經濟崩潰，以防止出現「一個像香港的新巨人」──這會比美國以前處理過的任何事情都有更大的潛在威脅。（Keck, 2014）在巴黎的美國大學（American University in Paris）國際關係學教授菲力浦・戈盧布（Philip Golub）解釋了這一轉變：

目前美國政府希望透過廢除這些規則來減緩中國的崛起，並與國會和國家安全機構的廣泛部門一起將中國界定為一個主要的威脅（縱使未攸關生死）：一個發展

過快過於富裕的大國……（Keck, 2019）

2019 年 4 月，當時擔任美國國務院政策規劃主任的基榮‧斯金納（Kiron Skinner）在華盛頓新美國基金會研討會上發言，她說道：「中國對美國呈現出一種根本性的長期威脅，這比前蘇聯帶給美國的更加嚴重。」（同上）同年 10 月，美國國務卿龐佩奧近一步闡述中國對西方思想的敵意：

> 幾十年來，我們一直包容並鼓勵中國的崛起，即使這種崛起是以犧牲美國價值觀、西方的民主、安全和良好的常識爲代價的……然而，中國共產黨是一個專注於鬥爭和國際統治的馬列主義政黨。我們只需要聽聽他們領導人說的話……今天，我們終於意識到中國共產黨對美國和我們的價值觀的眞正抱持敵意到了何種程度。（Pompeo, 2019）

接下來的一個月，美國最高外交官稱中國共產黨正「塑造威權主義的新願景」，並在 2020 年 1 月稱其爲「這個時代的核心威脅」。中美對抗還在繼續惡化，更有演變爲地緣戰略對抗的風險。聯合國祕書長安東尼奧‧古特雷斯（Antonio Guterres）警告說，世界正面臨嚴重分裂的威脅。2019 年 9 月，他在聯合國大會的講台上宣告：「我擔心會發生大分裂：世界一分爲二，世界上兩個最大的經濟體創造了

兩個獨立和競爭的世界，每個都有自己的主導貨幣、貿易和金融規則、各自的網路和人工智慧，以及他們自己的零和地緣政治和軍事戰略。」

1972 年美國總統尼克森對中國進行了歷史性的訪問，並於 1979 年 1 月 1 日建交，之前，中美關係歷經波折。對尼克森來說，在冷戰期間，美國找到了一個新的盟友來對抗「偉大的敵人」──後來被雷根總統稱為「邪惡帝國」──的蘇聯之影響。儘管中國的官方意識形態斷然拒絕美國式的政治信念，但在中國人心目中，普遍對美國存在一種迷戀。與此同時，對美國來說，與中國的關係之針鋒相對已浮上檯面，雙方形成了一種愛恨難分的關係。不過，美國可能是永不妥協的中國在今天仍然害怕的唯一國家。不管中國願不願意，中國就是必須忍受美國銷售武器給臺灣，以確保臺灣有能力防禦中共軍隊日益威脅這一個事實。儘管華盛頓政府承諾只承認一個中國，但不認同臺灣是中國不可分割的一部分，但自 1979 年迄今，每每在中國人民解放軍（PLA）試圖入侵臺灣時，美國對臺灣的軍事援助之法理性一再被載入美國法律《臺灣關係法》（*Taiwan Relations Act*）之中。這種特殊的狀況深深地激怒中國領導人，然無論如何，他們還是必須接受這種現實情況。

川普總統領導的美國政府宣告放棄了對中國的優惠政策，並聲明北京政府已成為其最主要的國際競爭對手。從 2018 年起，他推出一系列範疇廣泛的經濟和商業措施並徵收

多項關稅。2019 年 8 月，他再度對中國進口產品進行了第二輪攻擊。從那時起，從中國進口的商品將被加額徵收 15% 至 30% 不等的關稅。與此同時，美國譴責中國透過龐大的工業間諜網路、大規模竊取美國方面的高科技機密，並有計畫的掠奪智慧財產權。川普政府官員表示，這導致美國本土數百萬的人民失去了工作。川普從未試圖隱瞞對中國經濟政策的不信任。美國對華貿易逆差（2018 年為 4200 億美元，2019 年為 5350 億美元）破壞了他「讓美國再次偉大」的鴻圖。

在第一波關稅增收之後，中國當局最後同意進行談判。經過陸陸續續、一波三折的談判，雙方達成了初步的「第一階段」協定：該協定將於 2020 年初生效。但無需贅言，他們總有一天會達到「第二階段」——然而川普在 2020 年 7 月說，這個階段尚未在考慮之中——更不用說在世界兩個主要經濟體之間全球性的經濟協議了。這在很大程度上的起因是基於美國片面的強烈不滿，並試圖減緩其競爭對手的崛起的各種動作。我們正在目睹一場由美國領導的貿易戰，但其後果則令人擔憂，更可能會加劇新冠肺炎疫情引發的全球經濟衰退。但事實是中國自從經濟崛起以來，頭一回被迫進行談判。然而，它頑強的拒絕做出任何會讓它失去哪怕只是一丁點的國家主權讓步行為。中國渴望成為世界頭號經濟體——甚至是世界第一強國——這給美國領導人帶來了兩難境地。他們要麼繼續放任中國的經濟影響力持續擴大，要麼

在沒有任何成功把握的情況下試圖「遏制」中國。應該指出
的是，儘管川普的外交政策反覆無常頗爲荒誕——經常經由
夜間發推文來操作，但他依然是第一個勇於正面對抗強大中
國的領導人。這場爭奪世界領導權的競賽將推動這兩個對手
越來越成爲檯面上的對手。兩國正在明目張膽的爭奪在全球
的廣泛影響力，而兩國的政治體系也變得越來越互不相容且
敵對。

　　在美國，已出版幾部具有煽動特質的書籍譴責中國帶
來的災禍。其中一本名爲《致命中國：直面中國巨龍，全
球行動呼籲》（*Death by China: confronting the dragon, a global
call to action*, Navarro & Autry, 2011），此書稱中國「正快速
變成全球最厲害的刺客」。共同作者彼得・納瓦羅（Peter
Navarro）寫道：「肆無忌憚的中國企業家用害命的產品淹
沒世界市場。」後來成爲川普首席貿易顧問的納瓦羅還寫
道，「中國悖謬的資本主義結合了非法重商主義和保護主義
武器，一份接一份地奪走美國的產業。」

　　政治學家葛雷翰・艾利森（Graham Allison）任教於哈佛
大學甘迺迪政府學院（John F. Kennedy School of Government
at Harvard University），曾擔任數任國務卿的國防顧問，
他冷靜地分析了可能導致兩國走向戰爭懸崖的當前緊張
局勢。（Allison, 2019[2017]）他創造了「修昔底德陷阱」
（Thucydides' trap）這個術語，用來描述當崛起的力量威脅
到或試圖推翻現有的力量時觸發的危險狀態：

　　隨著迅速崛起的中國挑戰美國習以爲常的主導地位，兩國即將面臨著落入古希臘歷史學家修昔底德（Thucydides）最先發現的致命陷阱的風險。他寫的是一場兩千五百年前摧毀了古希臘文明、屬於兩個希臘主要城邦的戰爭……正是雅典的崛起，和斯巴達人對這局勢的恐懼，使得戰爭的發生無可避免。（出處同上）

艾利森警告說，當兩個國家陷入這樣的對抗局勢時，外部事件或第三方的行動，一些本來可能是無關緊要、或容易處理的狀況，於這樣的緊繃局勢反可能會引發主要參與者的行動和反應，導致雙方原本都不想要的戰爭。

　　中美之間的戰爭並非不可避免，但風險卻是確實存在的。事實上，正如這些情境所表明的那樣，中國破壞性崛起所造成的潛在壓力，可能讓本爲偶然、或無關緊要的事件，變成引發大規模衝突的引信。（出處同上）

前國務卿亨利・季辛吉（Henry Kissinger）是五十年前中美友好關係的締造者，他在 2019 年 11 月警告說，除非中美解決分歧，衝突將是「無法避免」，並導致「比世界大戰更糟糕的災難性結果」。（Browne, 2019）在同一次會議上，中國副總理王岐山則強調了恢復中美之間良好關係的必要性：「在戰爭與和平之間，中國人民堅定地選擇了和平。

人類更該珍惜和平，我們要摒棄零和思維和冷戰思維。」
（Martin, Han, Li et al., 2019）

　　《世界報》的記者亞廉‧弗拉雄（Alain Frachon）和丹尼爾‧韋爾內（Daniel Vernet）（2012）在其合寫的《中國 VS. 美國：世紀的決鬥》（*La Chine contre l'Amérique, le duel du siècle*）一書中論述，美國和中國的經濟已發展成越來越相互依存，兩國「在對方的繁榮中獲利」，但北京和華盛頓之間的衝突「是無可避免的」。兩位作者強調：「歷史淵源、勢力平衡、特殊利益和第三國的利益，以及雙方各自抱持的幻想，都有可能成爲衝突的最後一根稻草。」他們總結：「下一次地震的震央將是在太平洋。」值得注意的是，中國的極端民族主義者不再猶豫地宣告，「中國必須成爲世界第一從而壓倒美國。」在北京這個政治核心的邊緣地帶，有位著名的解放軍上校劉明福，曾是中國國防大學的教授，他於 2010 年出版了一本富煽動性的著作《中國夢》。

　　　中國人必須明白，我們和美國之間只有一個問題：誰將會是世界第一？我們的夢想是成爲冠軍成爲最偉大的世界強國。這將是我們的參與方式：將不會有霸權國家……這個世界上，必須有一個冠軍，一個力量強於他人的冠軍強國。但我們會體現一種新風格的冠軍：永不稱霸的冠軍強國……這就是爲什麼當中國成爲世界第一時，世界會更美好。」劉明福上校侃侃而談。（Frachon

& Vernet, 2012）

「中國夢」這個理念在 2012 年被中國國家主席習近平
採用，至今仍是經常由北京政府釋放出來的口號。「中國
夢」是經濟改革和強烈民族主義的混合體。中國政治學家相
藍欣認為該程式反映了「中國夢」的三個目標：「恢復中國
國家和民族過去的榮耀，強調建立一個有如過往帝王所擁有
的富有且強大的現代中國之世俗願望，最後，讓中國百姓
感到驕傲和幸福，以維護社會安定。」漢學家米歇爾・簡
（Michel Jan）[12] 認為，從 1949 年以來，中共政權一直以戰
役和口號來標記其歷史發展，「中國夢」僅僅是這個政權政
治生涯的一個新階段。（Jan, 2013）

> 繼「和平崛起」與「和平發展」之後，現在是「中
> 國夢」和「中國人民的偉大復興」。我們可以預見，
> 這口號將會貫穿習近平時代的整個十年，並且不斷進行
> 調整，直到 2022 年（中國共產黨第二十屆全國代表大
> 會），直到 2049 年（中華人民共和國成立 100 週年）。
> （Jan, 2013）

在簡看來，這一個新的政治口號具有強烈的民族主義暗
示。巴黎政治研究所國際關係教授貝特朗・巴迪（Bertrand
Badie）認為，在這場中美對決之中，沒有人會是贏家。「打

從二十年前開始，世界的運作程式改變了。我們不再能夠贏得戰爭。在當前的對抗中，每個人都是輸家。我們置身於程式已變異的嶄新世界。」2019 年 8 月，他在法國 Arte 頻道的辯論節目中說，「在這個新世界，大國之間是彼此依存的。」他表示，危險在於：「我們從貿易對抗演變成多部門對抗」，目前的中國正藉由強化軍事部署，以能夠成為影響亞洲與美洲的地區性大國。譬如，以聲稱保護其盟國為由，於 2019 年 8 月宣布在亞洲戰區部署新導彈。這與葛雷翰・艾利森的觀點類似，他認為衝突是誤解和誤判導致的競爭走向錯誤的結果。此外，中國傳統的戰略思想也主張盡可能避免直接性軍事衝突。「勝利不是簡單的武裝力量的勝利」，而是「軍事行動的目的，應該是確保最終政治目標的實現」，西元前 5 世紀的中國將軍孫子如是說。「不戰而屈人之兵，乃戰之道也」，「與其在戰場上挑釁敵人，不如巧妙地把敵人引到難以自拔的不利境地」。

　　與此同時，於 2019 年 4 月在布魯塞爾舉行的峰會上，頭一回地，歐盟概述了對華統一政策。在一份長達七頁的聯合聲明中，布魯塞爾和北京政府同意打擊「保護主義」，並努力「加強有關工業補貼的國際規則」，以作為世界貿易組織（WTO）推動改革的一部分。目前歐盟已認知中國是系統性的競爭者，雖然中國總理李克強承諾「基於規則」來推動貿易和為歐洲公司進入中國市場提供種種便利，但即使在今天，他們還是經常成為歧視、不透明的法規、對其投資

的限制或強制技術轉移受害者。理論上來說，歐盟是中國最重要的經濟夥伴，中國則是歐盟繼美國之後的第二大交易夥伴。這類貿易大部分涉及工業與製成品。儘管如此，中國和美國對歐盟的分裂都暗自竊喜，尤其是 2020 年 1 月 31 日英國退出歐盟。

自 1975 年與歐盟建立外交關係以來，中國對歐盟的經濟戰略已經發生變化。從表面上看來，中國捨棄了在布魯塞爾的歐盟總部，卻選擇與歐盟的各個國家分別發展雙邊關係──主要是與德國，爲目前的特權對談國家。正如國際關係與戰略事務研究所（IRIS）的分析師奧利維亞・莫德克（Olivia Meudec）所指出的那樣，這種戰略上的變化「可以解釋爲，中國意識到了自身的優勢以及歐盟在組織上和政治上的弱點，並選擇利用這些弱點來爲自己牟利。」

> 中國策略之改變眞可謂深謀遠慮：面對四分五裂無法提出與北京對談統一政治路線的歐盟，中華人民共和國寧可選擇放棄已顯露組織弊病的布魯塞爾機構。當中歐關係──即中國與整個歐盟的關係──逐漸淡化的同時，每個歐盟成員國與中國之間的雙邊關係以等量的進度蓬勃發展且深化著。（Meudec, 2017）

法國國防高等研究院（Institute of Higher Studies of National Defense）顧問暨政治學家卡洛琳・加拉卡特羅斯（Caroline

Galacteros）看來，歐盟必須建立更大的政治團結，才有能力面對中／美兩強雙頭壟斷的局面。美國拋棄歐盟所帶來的打擊，或許會對這種進展引發出正面的推動作用。

> 是由於我們的烏托邦處於失序狀態。這其實是好的。在突然失去由跨大西洋兩岸的連結以及和對美國禁令的卑微連盟所賦予的精神支柱後，歐洲已衰退成在戰略上無足輕重（一種腦死的形式）。我們這老邁的大陸，現正處於未被治療的創傷後憂鬱。震驚？我們被美國老爸毫不猶豫地拋棄……北京的作為和華盛頓不分軒輊，都在歐洲各國之間挑撥離間……歐洲各國體認到他們不能再指望美國了，中國從華盛頓與歐洲國家之間的緊張關係坐收漁利。（Galacteros, 2019）

2019 年 8 月，法國總統馬克宏在對法國所有駐外大使的演講中概述了歐盟與中國的關係應當如何發展。他說，世界秩序正以前所未有的方式遭遇阻礙，諸如市場經濟危機、西方霸權主義的終結和新興大國的出現——他指出「首屈一指是中國」。馬克宏呼籲竭力找出形塑全球化和重新打造國際秩序的途徑，否則，「歐洲會消失……世界將圍繞兩個主要焦點：美國和中國。」顧及中國與歐洲的價值觀不盡相同，馬克宏倡言歐洲需協助「建立一個新的秩序，置身其間，我們不僅發揮功能，也擁有我們的價值和利益……」（Macron, 2019）

　　新型冠狀病毒的大流行進一步加劇了中美危機，世界上最大的兩個強國經常藉此互相對罵。這些「互動」，包括美國司法部長威廉・巴爾（William Barr）在 2020 年 7 月指責中國，企圖在美國制度的幫助下取代美國成爲世界上最大的經濟和軍事強國。「中華人民共和國現在正在進行一場經濟閃電戰——一場咄咄逼人、精心策劃的全政府（實際上是整個社會）的行動，目標是得取全球經濟的制高點，且超越美國成爲世界超級強權。」巴爾在密西根的福特總統博物館（Gerald R. Ford Presidential Museum）的演講中大力抨擊著。「中國共產黨以鐵腕統治著世界上最偉大的古代文明之一。它尋求利用中國人民的巨大力量、生產力和創造力來推翻遵循既有規則的國際體系，爲其獨裁統治提供能安身立命的世界。從種種事例端倪，勢態應該很清楚了，中國統治者根本的企圖並不是與美國進行貿易，而是要打擊美國。」就美國的企業界，「姑息中共政權或許可以帶來一時好處，但是到頭來，中共的目標就是要把你取而代之。」兩天後，中國外交部長王毅告訴俄羅斯外長拉夫羅夫，美國「利用疫情抹黑他國、盡其可能推卸責任，甚至在國際關係中製造熱點和對抗情緒。它已經失去了理性、道德感和可信度。」王毅在與拉夫羅夫的通話中還說道，「美國正原形畢露地操作著『美國至上』的信條，無所不用其極地執行其利己主義、單邊主義和霸凌政策。美國並沒有履行與其地位相稱的責任。」6

月 30 日，美國總統川普發表講話，指責中國是新型冠狀病毒在全球傳播的罪魁禍首。川普在推特上寫道：「當我看到疫情醜陋的面孔在世界各地蔓延，包括它對美國造成的巨大損害，我對中國就越來越憤怒。」

可是我們應該清楚記住，這種局勢其實還很嶄新。首爾延世大學（Yonsei University）國際關係研究所（Graduate School of International studies）中國研究教授魯樂漢（John Delury）提醒：

> 幾個世紀以來，美國人首次在國家財富和實力方面將中國視為平等的國家。這種「平等」本身就是對美國利益和安全的威脅。把中國視為「競爭對手」的這種看法，放在歷史脈絡下，我們就能意會到兩國將要面對的狀況是多麼新奇和充滿未知。

2020 年 7 月 22 日，中美關係緊張加劇；美國國務院宣布，中國駐德克薩斯州休士頓總領事館必須在七十二小時內關閉。美國國務院發言人摩根・奧塔格斯（Morgan Ortagus）在宣布將關閉中共領事館時說：「美國不會容忍中華人民共和國侵犯我們的主權和恐嚇我們的人民，正如我們不會容忍中華人民共和國的不公平貿易行為，竊取美國人的就業機會和其他惡劣行為。」她補充道：「根據《維也納公約》的規定，外交官必須「尊重該接受國的法律和法

規」，以及「有責任不干涉接受國的內政。」與此同時，美國國務卿龐佩奧聲明，中國駐休士頓領事館已成爲「間諜和智慧財產權盜竊中心」。他還說，「中國竊取了我們寶貴的智慧財產權和商業祕密，在全美造成數百萬人失業。」中國的回應無需多時，兩天後，中國政府下令關閉美國駐成都領事館。關閉美國位於四川西南部地區的領事館讓美國損失不輕，因爲該領事館負責監測整個中國西南部，包括西藏自治區。根據它的網站顯示，該領事館有二百名工作人員，其中一百五十名是中國當地員工。龐佩奧在 7 月 23 日對中國的抨擊，讓人想起了冷戰時期美國對蘇聯的措辭。他在題爲〈共產主義中國與自由世界的未來〉（Communist China and The free world's Future）的演講中表示：「自由世界必須戰勝這種新的暴政，」「……今天，中國在國內越來越專制，對其他地方的自由，它的敵意越來越咄咄逼人。」同月，他呼籲志同道合的國家建立「聯盟」以對抗中國。他在訪問倫敦時表示：「我們需要每一個國家一起來努力，在我所描述的各個領域，共同抵制中國共產黨的所有企圖。」

兩種經濟模式
之間的競爭

　　美國是領銜全球的經濟強國，也是經濟自由主義的捍衛者，長期以來更被世界各國奉為圭臬。如今，這種霸權模式正與共產主義中國所運作的一種新V形態定向資本主義（directed capitalism）發生碰撞。在過去四十年裡，中國獲得了前所未有的全面發展，儘管經歷過一次經濟挫折，但如今仍成功地維持著自己的模式。我們今天看到的是一個日益激烈的較勁場面。面對美國的制裁，中國四十年來首次被迫面對面進行談判。從而雙方邁出了經濟和政治戰爭之路的第一步，唯其成果尚待分曉。

　　「一旦有了競爭，縱使是不明顯的，影響力逐漸衰微；另一個必須被除去，甚至被掩埋。」

——弗朗索瓦‧吉魯（Francoise Giroud），
《我的男人》〈如果我說謊〉，巴黎，斯托克，1972

　　在上世紀 70 年代，中國經濟改革初時，中國還是一個貧困落後的國家。在 1970 年，中國僅占全球國內生產總值（GDP）的 3.1%。但自從 1979 年以來，中國經歷了耀眼的經濟發展，我們用任何極致的讚嘆詞彙來形容都不算誇張。在過去的十五年裡，中國的 GDP 增長達十倍之多，同期間美國的 GDP 才增長了一倍。在 1960 年時，美國以 5430 億美元的 GDP 獨占鰲頭，當年中國只有 600 億美元。直到 2018 年，根據國際貨幣基金組織（IMF）的資料顯示，美國 GDP 為 21.34 兆美元，仍然遙遙領先中國的 14.2 兆美元。但在購買力評價（PPP）方面，中國現在排名第一，人均 GDP 為 18,210 美元。從 2000 年到 2010 年之間，中國對全球經濟增長的絕對貢獻率是 33%。從 2010 年開始，中國一直是世界上最大的出口國、最大的工業強國和僅次於歐盟的第二大進口國。2019 年 10 月，中國外匯存底達到約 3.15 兆美元。

　　此外，中國是美國國債的最大持有者，在 2019 年對美國之國債持有總額是 1.27 兆美元。中國現已成為全球最大的官方資本出借方，貸款額度從 2000 年幾乎是零增加到 2019 年的 7000 多億美元，是國際貨幣基金組織和世界銀行貸款總額的兩倍。（A new study, 2019）其中一個最主要的區別是，國際貨幣基金組織以完全透明的方式發放貸款，而中國的貸款往往是「隱性的」──也就是從未報告過──並常借貸給伊朗、委內瑞拉和辛巴威等經濟脆弱的借款者。（出處同上）中國出口產業的發展，再加上節制的工資減緩了消費

需求，讓中國產生了巨大的經常性帳戶盈餘，在 2017 年達
到了 GDP 近 10% 的尖峰值。一個國家的經常帳戶之狀況，
往往與一個國家的貨物貿易平衡（出口／進口）相對應，其
中服務貿易和收入轉移（利潤匯回、移工匯款）也會被加
上。一個國家的盈餘實際上是在向世界放貸。

　　20 世紀的 80 年代和 90 年代，中國的經濟成長率一直
超過 10%。自 2010 年後，中國經濟成長明顯放緩，2017 年、
2018 年和 2019 年分別降至 6.8%、6.6% 和 6.1%，為二十九
年來最低增幅，不過還是世界平均增幅的兩倍。這種增幅減
少，雖然仍是溫和的，但已經引起中國領導階層的關注，他
們知道強勁的增長是社會前線平穩的必要條件。國際貨幣基
金組織經濟學家表示，中國已進入「結構性放緩」階段。某
些經濟學家認為，增長放緩反映了中國經濟逐步穩定發展，
這是一個令人欣喜的良性演變的結果，而不是可能預示著危
機即將來臨的嚴重脫軌。從這個角度看，中國經濟已經從快
速工業化階段走向成熟，與其他工業化國家一樣，增幅必將
放緩，而將改由國內消費和提高生產效率所驅動。其他觀
察家則不那麼樂觀，他們認為中國無法維持增幅的主要原
因是，國內消費低迷、公共債務持續攀升的重大金融危機所
造成的威脅，以及限制私營部門擴張的政府政策所導致。從
2030 年起，中國經濟成長可能會降至 4% 以下。2020 年 9
月初，習近平警告，在新冠肺炎疫情後的世界局勢，會充滿
不確定性、外貿需求降低、且充斥敵意，中國必須重組其經

濟體系，使其更能透過自我維護以保持續運作。中國需要人
們進行更多的消費，製造商需要更具有創新的能力，習近平
強調，中國必須降低對變化無常的外國經濟體的依賴。事實
上，在過去四十年，中國已取得了一系列的成功。從 1978
年到 2013 年，快速的經濟增長使中國成年人的平均收入增
加了幾倍，這成績造就了其中 8 億的中國人已經越過貧困
線。中國亦將嬰兒死亡率降低了 85%。中國經濟原本預計到
2023 年將反超過美國 50%，且根據國際貨幣基金組織的預
測，到 2040 年甚至可達美國的三倍。

　　這種非凡的經濟發展，在相當大程度上必須仰賴著美國
對中國的善意態度，以及兩國經濟和商業合作的顯著加強。
2001 年，經過長達十五年的談判和磋商，中國正式成為世
界貿易組織的成員。北京政權的這一重大外交突破，是在美
國的協助下取得的。事實上，美國和中國的關係讓兩國整個
80 年代到 90 年代經歷了可觀的繁榮成就。北京政府策劃的
開放行動，其目的在盡可能多地學習和借鑒國外的經驗，特
別是美國的經驗。瞭解美國經濟和社會是其首要任務。1979
年鄧小平訪問美國時，他毫不猶豫地戴上了牛仔帽。這一歷
史性的訪問在中國電視上播出，引起了中國各界的轟動——
真正心理上的衝擊。而後，中國人民解放軍高級軍官參觀了
美國陸軍訓練學院：西點軍校。最重要的是，「眾多中國學
生被允許在美國大學學習」，當時一位專門研究中國的記者

理察‧亞茲特（Richard Arzt）如此報導。（Arzt, 2019）根據總部位於紐約的美國國際教育協會（IIE）的資料，2018年在美國留學的中國人約有 36 萬 3 千人，其中 36% 在科學技術、工程和數學領域。習近平獨生女習明澤曾就讀於哈佛大學，於 2014 年畢業。克勞德‧馬丁（Claude Martin）在 1990 年至 1993 年擔任法國駐華大使，他在《外交不是晚宴》（*La diplomatic n'est pas un dîner de gala*）一書中說：「在美國這一邊，對中國的興趣成為一種癡迷。」（Martin, 2018）他曾在 1980 年代初期擔任法國駐北京大使館的第二外交官，他回憶道：

> 在所有領域，美國都把中國視為合作夥伴：照顧、幫助和提供一切必要的援助。這種幻覺是基於相信中國正在成為一個民主國家之上。然而，中國只是走在自我改革的道路上。（Martin, 2018）

自從 1979 年以來，中國採取了一種新的經濟體制，即「社會主義市場經濟」（socialist market economy），取代了計畫性經濟。在這種新模式中，經濟自由主義和專制政治控制胼手胝足迸出長達四十年幾近於婚姻的關係，證明了其活力與可行性：國家擁有生產方法，中央機構決定價格，私營部門受到鼓勵，並在經濟中發揮越來越大的作用。由此，公營部門在工業生產中的占比從 1988 年的 73% 下降到 1992 年

的 35%。與此同時,私營部門則占全國 GDP 總額的 60%,其員工更包含城鎮就業人口的 80%。

同時,中國經濟轉型也造成了非常顯著的社會差距。新貴和窮人之間的差距持續擴大。在 2016 年,中國的基尼系數(Gini coefficient)為 0.461。基尼系數是衡量收入分配不平等程度的最常用指標之一,其分數最高、也就是平等者為 0,最低分也就是最不平等則為 1,以此類推。人民收入最平等的國家,如丹麥、瑞典和日本,得分約在 0.2 左右。相對的,最不平等的國家,如巴西、瓜地馬拉和洪都拉斯,得分則在 0.6 左右。奇怪的是,那一年中國依然比美國更平等:美國人口普查局計算其基尼系數為 0.481;儘管皮尤研究中心(Pew Research Center)的研究人員指出,如果把所有稅收和轉移因素考慮在內,美國的得分應該比中國好些。(Horowitz, Igielnik and Kochhar, 2020)

雖說中國的基尼系數自 2008 年以來看似一直在下降(2008 年中國的基尼係數達到 0.49 的高峰),但其實至今仍然處於相對高位,這是社會不平等持續存在的一個跡象。城市和農村之間的收入差距相當大,這些不平等的收入程度往往是民眾不滿的根源,也是中國當局所關注的重點。2016 年,農村居民人均純收入為人民幣 12363 元(按 2016 年平均匯率計算,約合 1682 歐元或 1860 美元),而城市居民人均純收入為人民幣 33616 元(約合 4573 歐元或 5055 美元)。中國城鄉之間的不平等不僅僅是在收入方面,城市居民可以

享受較好的住宅品質和更廣泛的社會福利制度，尤其是退休福利。中國的窮人和弱勢群體主要是農村地區的農民和退休人員，以及離開農村到東部和東南部大城市找工作與機會的農民工。由於他們的戶籍歸屬於農村戶口，他們縱使在城市找到工作也無法獲得公共服務和福利。

　　這種新型的經濟均衡出現了一個正在穩步增長的新中產階級。在十五年之間，中上階層人口如雨後春筍，占了中國總人口的三分之一，即 4.8 億人民。就消費方面而言，這是一場革命。根據經濟學人智庫（the Economist Intelligence Unit）[1] 發表於 2016 年的一篇論文提到，到 2030 年，中國人的購買力將相當於今天的韓國與 2000 年時的美國。報告聲稱：「到了 2030 年，中國整體上看起來和感覺上將更像一個中產階級社會，儘管社會的貧富不均依然是一個重要的挑戰。」在新冠肺炎疫情之前，正是此一中產階級為世界孕育了越來越重要的中國遊客。至 2018 年，中國旅客雖然只占國際遊客的 11%，但根據聯合國世界旅遊組織的資料，他們占了總消費的五分之一。其間雖然中國出境旅遊人數增長迅速，2018 年底甚至躍升至國際旅客的 15%，但依然有很大的增長空間，因為目前只有 10% 的中國公民擁有護照。儘管 2020 年因新冠肺炎病毒疫情導致旅客數字大幅下降，但在未來終究會復甦的旅遊業，中國遊客肯定是要發揮重要作用的。

　　中國經濟的急速增長也造就了越來越多的百萬富翁。

未來幾年，中國的百萬富翁人數將增加 62%，到 2023 年將達到 565 萬人。與 2018 年相比，中國的百萬富翁更增加了 212 萬：以財富超過 100 萬美元的人數計算，中國正在成爲僅次於美國的世界第二名國家。在億萬富翁方面，中國早已經在 2015 年超過了競爭對手美國。截至 2019 年，有 62 位中國富豪財富超過 20 億美元，其中 32 位財富更超過 100 億美元。（HRI, 2019a）這一結果得到了瑞士信貸集團（Crédit Suisse）年度指標證實。瑞士信貸表示，2019 年全球最富有的 10% 中有 1 億中國人，而美國則爲 9900 萬。研究更顯示，在不到 20 年的時間裡，中國家庭的財富總額增加了十七倍，從 2000 年的 3697 美元增加到 2019 年的 63762 美元。雖然美國的百萬富翁人數（1800 萬）仍然比中國（440 萬）多，但差距正在縮小。儘管中美爆發了貿易戰，但從 2018 年的年中到 2019 年之中，這兩個國家依然是全球財富增長 2.6% 的最主要貢獻者。然而，這項研究同時表明，由於其中 1% 的中國人擁有整個國家 30% 的財富，這數據顯示出這個國家的貧富差距正在擴大。（Crédit Suisse, 2019）平心而論，不僅中國，其實世界各地的不平等都是越來越嚴重。根據英國非政府組織牛津饑荒救濟委員會（Oxfam）的年度報告，全球的前 2153 名頂尖億萬富翁的財富甚至超過了 46 億最貧困人口的財富總額。（Time to Care, 2020）

　　與這種新的中國經濟模式成對比的，是美國的經濟自由主義模式。「住在美國的人打從出娘胎就知道，人必須

靠自己去克服生活中的各種不順遂；對社會中的權貴們，他投以挑釁和厭煩的眼光，唯有在不得不借助於其力量時才會提出要求。」這是艾力克斯・德・托克維爾（Alexis de Tocqueville）[2] 在 1940 年總結他美國之行對美國民主制度與社會之價值觀的觀察。每一個人都有潛力靠自己的天賦成功；每一個人都必須努力進一步推開「邊界」（無論是地理性或是社會性）。

私營企業、競爭原則和市場經濟是國家活動的引擎。（de Tocqueville 2019 [1835]）確實，19 世紀的工業繁榮成功地改變了這個國家。美國已經擁有的技術創新和機床的使用已經超過了歐洲。亞歷山大・格雷厄姆・貝爾（Alexander Graham Bell）在 1875 年發明了電話，僅在二十年之間，於 1900 年，美國就安裝了超過一百萬部電話。1860 年到 1890 年間，工業產量甚至翻了十一倍！美國也成為世界上最大的煤炭生產國。在 1873 年時，美國的人均收入超過了此前一直是世界頭號經濟強國的英國，且繼續運籌帷幄，取得更耀眼的經濟成就。在 20 世紀初，它開始在全球經濟強國的頒獎臺上榮膺冠軍直到現在。縱使在 1929 年紐約股市崩盤標誌著 20 世紀最大經濟危機「經濟大蕭條」的開始，但美國終究恢復了元氣，至今仍然是世界第一。

在川普總統主政時，直到 2020 年新冠肺炎疫情爆發前，該國的經濟表現一直保持良好，2018 年和 2019 年國內生產總值分別增長 2.9% 和 2.3%。美國幅員遼闊，自然資源

豐富，出口的物質和文化產品數量驚人，至今仍然是外國直接投資的最大接受國。美元是世界儲備貨幣，而貨幣是主權的工具，反映了一個國家的分量和經濟實力。根據瑪莉卡・斯邁利（Malika Smaili）所言，二戰結束時，美國擁有全球四分之三的黃金儲備。（Lapree, Smaili, Grosdet et al., 2018）她寫道，1944 年 7 月，四十四個國家簽署的《布雷頓森林協定》（The Bretton Woods Agreement）[3]「奠定了國際金融體系的基礎，並確立了美國經濟的霸權地位，使美元成為新世界貨幣的關鍵：美元因此被確定為儲備貨幣。」（資料同上）

　　美元作為全球儲備貨幣，為美國帶來了優勢：由於美元是全球實際上的貿易通用貨幣，這就表示其他國家必須儲有一定數量的美元。事實上，其他國家通常不反對持有更多的美元，不過不是現金，而是債務。當他們對美國產生貿易順差時，其實這才是國家貿易的根本事實——他們藉由出售貨品以換取美國債務。由於這些債務是以美元計價，所以美國不用負擔匯率風險，而且通常可以找到更多的債權者來承擔其債務，這意味著美國可以加深其債務負擔。從 2008 年到 2016 年，公共債務幾乎翻了一倍，從 10 萬億美元增至 19 萬億美元。外國投資者和國家購買了其中的大部分債務——2019 年，他們持有超過四分之一的美國政府債務，而中國持有的數字位居首位。因此，也可以說，美國的經濟發展有一部分是由國際社會提供經費的[4]。另一種比較不厚道的說法是，美國的經濟夥伴為美國人的優質的生活水

平承擔了保障。由於新冠肺炎疫情封鎖導致經濟活動突然下降，以及因應救濟措施增加的開支，這些預計將使美國預算赤字大幅上升。非營利宣導組織《負責任聯邦預算委員會》（Committee for a Responsible Federal Budget）於 2020 年 9 月分估計預算將增加三倍，達到 3.8 萬億美元，相當於國內生產毛額的 18.7%。

　　面對這種貨幣霸權，中國並未因此佇足不前。從 2010 年起，中國開始與一些貿易夥伴使用人民幣作為參考貨幣。首先在東南亞，然後接著展到世界其他國家。到 2014 年，儘管人民幣無法自由買賣，但已取代澳元和加幣，成為全球第五大支付貨幣。一年後，國際貨幣基金組織（IMP）同意將人民幣納入其特別提款權（SDR）[5] 貨幣籃子之中。從那時開始，人民幣繼續在國際上取得進展。

　　根據中國人民銀行（PBOC）的數據表示，於 2017 年，超過 60 個國家和地區的中央銀行同時保留了日元的外匯存底，但是美元的影響力並未減弱。根據國際貨幣基金組織 2018 年的數據，美元占中央銀行資產的 64%，該比例與美國經濟規模不成比例；美國經濟僅占全球 GDP 的 20%。歐元居第二位（20%），遠遠領先日元和英鎊（各占 4.5%）。在匯率僅有 1.12% 的情況下，人民幣依然近乎不存在似的，雖然中國因它表現得比瑞士法郎（0.17%）更好而喜不自勝。川普和他的團隊頻頻指責中國把人民幣作為商業武器，人為地將人民幣兌美元匯率維持在較低水平。雖然北京方面否認

這些指控，但近年來，人民幣匯率確實出現輕微的貶值。緊接著，於 2019 年 8 月 5 日，在中美貿易戰最激烈的時候，中國央行表面上撤回了對人民幣的支持，讓人民幣匯率突然跌破 7 人民幣兌 1 美元的門檻，這是自 2008 年以來的最低水準，更藉此使中國的出口產品更具競爭力。川普立即指責中國是「匯率操縱國」。北京方面斷然否認了這項指控，並呼籲華盛頓方面「懸崖勒馬，迷途知返，回到理性和客觀的正確軌道上來[6]。」總的說來，儘管中國努力推動人民幣走向國際舞臺，但美元仍然是唯一的全球儲備貨幣。

與此同時，中國已成為專利申請的世界冠軍。專利申請是一個國家產業創新的指標。2019 年，在中國專利申請案件激增的推動下，全世界申請商標、外觀設計和工業模型的專利和註冊數量創下新的紀錄，全球近一半的專利申請都是從中國提交的。不過，這些總體數字需要謹慎考量。絕大多數在中國提交的專利申請，只有一小部分是突破性發明，大多數都只是對現有的專利進行了最小程度的修改。根據世界智慧財產權組織（World Intellectual Property Organization）的資料顯示，在 2019 年，第一回，在申請國際專利的數量方面，美國讓中國超越了；透過世界智慧財產權組織專利合作條約系統提交的中國申請有 58990 項，來自美國的申請則為 57840 項。

美國和中國的貿易長期以來一直向中國這一邊傾斜。2018 年，美國對華貿易逆差達到 4192 億美元（總額約 6000

億美元），達到十年來最高，唯在 2019 年略為下降。為了
導正這一點，華盛頓呼籲北京實施結構性修正：禁止政府對
公共企業進行補貼、禁止強制要求在中國設廠的外國公司技
術轉讓，購買更多的美國產品，尤其是農產品。長期以來，
中國對這類呼籲充耳不聞，2018 年 1 月，川普總統決定採
取行動，美國對洗衣機和太陽能電池板徵收關稅，顯然這是
針對中國的行為。作為報復，中國在 2 月分對美國高粱發起
了反傾銷調查。緊接著在 3 月時，川普簽署了一項命令，對
進口鋁徵收 25% 的關稅，對進口鋼鐵徵收 10% 的關稅，這
是再次針對中國的措施。4 月，川普對來自中國約 1300 種
產品提高了關稅，這些產品的進口總額達 600 億美元，包括
平板顯示器、武器、衛星、醫療設備、汽車零件和電池等。
中國隨即公布了一份清單作為反擊，其中包括葡萄酒和水
果等 128 種產品的關稅上調 15%，另有豬肉等 8 種產品的關
稅上調 25%。4 月 4 日，中國再通過了另一份價值 500 億美
元的產品清單，特別是大豆、牛肉、棉花、菸草、威士忌，
以及汽車和航空行業等之零件部。兩個大國就這麼以牙還牙
一報還一報地提高對方的關稅，幾輪來回。2018 年 7 月，
川普直接表示，他打算對高達 5000 億美元的中國商品徵收
關稅，也就是說，凡進口到美國的所有中國產品全要加徵關
稅。然而，隨著貿易緊張局勢加劇，人民幣匯率大幅下跌
了，這一來，以美元計算的中國出口商品變得更便宜，在一
定程度上抵消了關稅被提高的影響[7]。

華爲已成爲中美科技抗爭的震央。於 2018 年 8 月，川普簽署了一項法案[8]，禁止美國政府或任何想與美國政府做生意的公司使用中國電信巨頭華爲的設備[9]，聲稱華爲對「國家安全」構成威脅；華爲是世界第一大智慧手機製造商。華爲技術有限公司也被從美國的移動通信網路核心設備的供應商名單中排除，自 2019 年 5 月起，被禁止從美國製造商購買電子組件[10]，美國政府不准任何使用美國設備的半導體企業逕自向華爲供貨[11]。華爲創始人任正非曾經是中國軍方工程師，他多次否認該公司經由不當途徑獲取機密資訊、或其他爲解放軍或中國政府從事間諜活動的指控。

華盛頓要求其盟友在他們的第五代或 5G 移動網路不要使用華爲，這方面華府算是比較成功了，盟國被說服華爲和中國情報機構之間存在著聯繫。5G 移動網路比現在的 4G 網路快二十到一百倍，且有望實現遠端定向醫療操作、全自動駕駛和其他需要大量數據的應用程式，這些功能使 5G 科技成爲非常敏感和關鍵的基礎設施。澳大利亞、英國、加拿大、法國、印度、以色列、紐西蘭和幾個東歐國家已經禁止購買華爲的 5G 網路設備，且在那些已經安裝了華爲技術的國家，其華爲 5G 網路將逐步汰換；德國也似乎打算在 2020 年底開始禁用華爲設備。

眾多西方國家因華爲被美國打壓而遭受重大打擊。自從美國政府禁止美國半導體製造商（或使用其許可證的半導體製造商）向華爲供貨以來，情況更是如此。華爲公司承認，

這禁令讓其前途未卜。華為消費者業務執行長余承東表示：「我們的處境很艱難……華為的智慧手機沒有晶片供應。」「由於美國的制裁，華為領先全球的麒麟系列芯片在9月15日之後無法製造，將成為絕唱。這真的是非常大的損失，非常可惜！」《南華早報》在8月的一次發布會上援引他的話說。

對這家在短短幾年內就超越韓國三星成為全球最大智慧手機製造商的公司來說，這項考驗肯定是艱難的。因為它不僅僅已壓低了製作成本，更已開發了自己的麒麟晶片產線，藉此為其高端手機提供動力。由於這些製造商都需依賴美國技術，一旦華府限制嚴苛，華為發現自己被切斷了供應鍊的關鍵部位。這一發展非常嚴重，因為手機占華為收入的絕大部分；在2020年上半年，華為手機的收入達到3650萬美元，遠遠超過電信網路設備。《南華早報》援引新加坡國際戰略研究所網路、空間和未來衝突資深研究員葛列格·奧斯汀（Greg Austin）的話：「（在沒有麒麟晶片的狀況下）華為看起來將在智慧手機銷售上遭受嚴重損失。」

在2020年度第一季出貨的華為智慧手機中，有36%安裝了麒麟900晶片，其中包含了高端機型與中端機型。余承東說，高端Mate 40可能是最後一款配備該晶片的手機。

華為並不是唯一受重挫的。2018年，中國進口半導體價值3100億美元，占全球製造總量的61%。美國、歐洲、日本、韓國和臺灣的製造商（尤其是製造麒麟晶片的台積

電）皆遭受美國制裁之殃。

　　不過，藉由中美貿易戰的前線轉向半導體領域，華盛頓已經獲得了有利的形勢，因為中國企業無法生產最新一代設備所需的高性能晶片。中國可能需要數年的時間才能趕上今天的製造技術：這種技術能把 7 奈米甚至 5 奈米寬的電路刻出來。中國製造商僅能生產 25 奈米電路的晶片，這項落差使中國在生產各種設備方面相當不利。

　　套住華為的套索越來越緊。2020 年 8 月，美國國務卿龐佩奧表示，「川普政府看清了華為的本質──它是中國共產黨監控美國國家的一個觸手」，美國政府更把華為的 38 家子公司加入了禁止接觸敏感技術的公司名單。與此同時，華為也在努力積累半導體庫存，這可以使其至少延長幾個月的生存時間。華為和中國政府顯然都期望民主黨總統候選人拜登能在 2020 年 11 月當選美國總統，並希望美國對華政策發生轉變。

　　這場鬥爭已殃及華為創辦人任正非的家門了。2018 年 12 月，加拿大政府應華府的要求，在溫哥華機場逮捕他的女兒孟晚舟，罪名是因涉嫌違反美國對伊朗的制裁禁令 [12]。孟晚舟是華為的副董事長暨財務長，高金保釋後，目前被加拿大政府軟禁在自家豪宅及鄰近區域，加拿大法院正在審理是否同意引渡到美國 [13]。不多時日，加拿大人斯帕沃爾（Michael Spavor）和康明凱（Michael Kovrig）在中國因涉嫌間諜罪被捕並被拘留 [14]。2019 年 7 月，第三名加拿大公

民在中國被捕並被關進監獄 [15]。

中美貿易戰的初步結果是，從 2019 年 1 月到 6 月期間，中國從美國最大的貿易夥伴的位置降成第三位，無論是進口還是出口都落後給墨西哥和加拿大。

2019 年 6 月，川普和中國國家主席習近平同時宣告貿易戰熄火。在日本大阪舉行的 G20 峰會期間，川普和習近平宣布，即將恢復已延宕數個月的貿易談判。雖然談判看似很快就恢復了，但隨後在 8 月 1 日，川普在他的 Twitter 帳戶上寫道，他將從下個月開始對價值 3,000 億美元的中國免稅進口商品加徵 10% 的額外關稅。而在 8 月 13 日，他做出了部分讓步，將針對筆記型電腦、智慧手機、遊戲機和與健康和安全相關的產品等約十五種產品的措施推遲到 12 月 15 日實施。8 月 23 日，中國宣布對價值 750 億美元的美國產品徵收 5% 至 10% 的關稅。

幾小時後，川普報復性地宣布，從 10 月 1 日起，他將對價值 2500 億美元的中國進口商品徵收懲罰性關稅，從 25% 提高到 30%。此外，他更宣布，原定於 9 月 1 日生效的對價值 3000 億美元的進口商品徵收的關稅將從原計畫的 10% 升至 15%。8 月 25 日，川普命令所有在中國的美國公司立即退出中國，說他們應該在次日即返鄉。川普在推特上寫道：「我們不需要中國，坦白說，沒有他們情況會好得多 [16]。」他繼續嚷嚷：「我們的經濟，在過去兩年半的進步，比中國表現的好得多。我們會一直保持下去！」過沒幾天，

在 8 月 26 日比亞里茨舉行的七國集團（G7）高峰會上，這位美國總統突然態度寬容地說道：「中國昨晚打來電話……說，讓我們回到桌邊吧！所以我們將回到談判桌上會談。」川普還估計達成協議的可能性比以往任何時候都高：「我想我們會達成協議。」

北京和華盛頓之間的貿易爭端讓兩國企業損失了數十億美元。它破壞了製造業和供應鏈，同時導致全球金融市場嚴重動盪，甚至在新冠肺炎大流行之前就導致整體經濟成長放緩。在 2019 年 9 月在聯合國大會上的演講中，川普趾高氣昂地宣告：「多年來，這些濫用（國際貿易規則）的行為被容忍、忽視，甚至被鼓勵……但是對美國來說，這樣的日子已經過去了。」雖然中國同意與美國談判，但也曾警告說，絕對不會屈服於美國的壓力。2019 年 5 月，中國共產黨機關報《人民日報》控制下的英文日報《環球日報》寫道：

> 中國已經準備好與美國打一場長期的貿易戰。與去年美國發動貿易戰時相比，中國公眾更支持採取強硬的反制措施。現在越來越多的中國人認為，華盛頓一些菁英的真正目的是破壞中國的發展能力，這些人已經劫持了美國的對華政策。（Golub, 2019）

2019 年 10 月，二十家中國機構和上市公司以及八家民營企業被美國商務部認為與國家安全部門有關聯，列

入黑名單，以懲罰他們協助中共政權在新疆（前東突厥斯坦）鎮壓維吾爾族社群的行為。這些公司包括視頻監控巨頭海康威視（Hikvision）、專注於人臉識別技術的商湯科技集團（SenseTime Group）和曠視科技有限公司（Megvii Technology Ltd.）[17]，它們現在已被禁止在未經美國政府批准的情況下從美國公司購買零部件。美國商務部長羅斯（Wilbur Ross）表示，美國「不能也不會容忍對中國境內少數民族的殘酷鎮壓」。（Shepardson & Horwitz, 2019）次日，美國國務院宣布，禁止所有與中國鎮壓新疆維吾爾人有關的中國官員獲得簽證。中美衝突至此超越了商業範疇。美國已經從指控大規模系統性掠奪美國技術、竊取人工智慧領域的專有技術和不公平貿易行為，轉變為對中美關係更加嚴重的幻滅論斷：華盛頓現在抨擊北京侵犯人權，並認為中國懷有染指亞洲的領土野心。

　　美國現在已涉入一種長期掙扎。2019 年 10 月 11 日，雙方在華盛頓舉行了為期兩天的談判（中國政府則使用「協商」一詞）之後，美國和中國原則上達成了部分協議，即擬達成的全面協議的「第一階段」。在此前提下，美國同意凍結將其對價值 2500 億美元中國進口商品的關稅從 25% 上調至 30% 的計畫，以換取北京承諾購買價值 500 億美元美國農產品的承諾；以及引入人民幣匯率穩定機制，並承諾就保護智慧財產權達成協議。川普總統和習近平主席設定在年底前簽署該協定的目標。「我們在很多領域都取得了實質性進

展。我們對此感到高興，我們將繼續努力。」中國副總理兼首席談判代表劉鶴在與川普一起出現在橢圓形辦公室時如此表示。美國官員則不那麼樂觀。「我認為，對關鍵問題基本上已理解；我們已經通過大量文案，但要完成的工作還很多。」美國財政部長史蒂文‧努欽（Steven Mnuchin）表示。同時，談判中的關鍵人物、美國貿易代表羅伯特‧萊特希澤（Robert Lighthizer）警告中國，對於原定在 12 月增收關稅的其他項目，川普尚未有任何決定 [18]。

華盛頓和北京終於在 2019 年 12 月 13 日達成商業停戰，當時他們商定了第一階段的條款，並表示這只是更大的第二階段協議的一部分，有關該協議的談判尚未開始。根據這一休戰條款，美國同意暫停對中國產品（主要是手機，電腦，玩具，服裝，汽車）徵收一系列關稅，以換取中國承諾購買價值 2000 億美元的美國產品，其中包含在 2020 年和 2021 年每年 400 億美元的農產品。川普總統於 2020 年 1 月 15 日簽署了該協議。但是，誠如國務委員兼外交大臣王毅在 2019 年 11 月 23 日在名古屋（日本）舉行的 G20 外交部長會議上所說的那樣，這已造成中國人的強烈憤慨。他在會議空檔表示，美國已「成為世界上最大的不穩定因素。」「美國廣泛地參與了單邊主義和保護主義，並正在損害多邊主義和多邊貿易體系。」他還表示：「美國某些政客在世界各地抹黑中國，但沒有拿出任何證據 [19]。」這是中國一名高級官員極不尋常的公開指責。

　　《中國與亞洲即將爆發戰手》（*China's Coming War with Asia*, 2015）作者喬納森・霍爾斯拉格（Jonathan Holslag）是布魯塞爾自由大學（Free University of Brussels）國際政治學教授，他在《世界報》曾說，太平洋兩岸的覺醒是殘酷而痛苦的。在最近一篇文章裡，他評述道：

> 　　直到最近，美國的主流觀點依然是：中國可以轉變為西方的模式，以自由主義和私有化為要義的「華盛頓共識」將被北京雖緩慢但穩定地採納。中國會向西方公司開放，貿易流動將重新平衡。只要國際秩序的自由價值觀維持原狀，中國的發展就不會威脅到西方的安全……可能有一些人持懷疑態度，但他們會被告知，除了試圖把中國帶向這途徑，沒有其他選擇。這種前景——儘管大量投入不同的國際對話論壇，且西方市場對中國幾乎是完全敞開的——尚未實現……歐巴馬政府已經明白這一切，不過，是川普，他決定終止這些美國人現在視為掠奪性策略的。很根本的，華盛頓目前的想法是，在中國發展成軍事威脅之前，先從經濟方面防止它崛起。（Holslag, 2019）

　　在與美國的經濟戰爭中，中國另有一項重要的資產可以作為強有力的反擊手段：稀土。此名稱實際上涵蓋了十七種金屬元素（鑭、鈰、鐠、釹、鉅、釤、銪、釓、鋱、鏑、

鈥、鉺、銩、鐿、鑥、鈧和釔），這些金屬具有理想的電子、催化、磁性和光學特性，它們已經成為汽車、航空、國防和高科技領域不可或缺的一部分，它們存在於磁鐵、平板螢幕、智慧手機、平板電腦、電動汽車電池、風力渦輪機、催化轉換器、太陽能電池板，甚至雷達中。都柏林三一學院礦物學教授胡安・狄戈・羅德里格茲－布蘭科（Juan Diego Rodriguez-Blanco）指出：「在核工業、微波爐……鈥被用來製造非常強的磁鐵，用於製造機器人、汽車、硬碟驅動器和風力渦輪機。」（Sanchez Manzanaro, 2019）稀土還被運用於航空航太和軍事工業，用於製造硬化玻璃、燃料添加劑和雷射器。除高科技應用外，它們也在醫學研究以及肺癌、前列腺癌和骨癌的某些治療中不可或缺。

　　儘管稀土對西方經濟至關重要，然而，目前控制著全球幾乎所有的稀土市場的國家是中國。根據美國地質調查局（US Geological Survey）的資料，在 2018 年生產的 17 萬噸中，中國生產了其中的 71%（12 萬噸），而其他主要生產國（澳大利亞 2 萬噸，美國，1.5 萬噸）遠遠落後。雖然稀土並不罕見，在世界各地都能發現它的蹤跡，如美國就曾經是世界上最大的稀土生產國之一。但現今，美國所需要的稀土幾乎 80% 依賴中國進口。中國政府不僅曾口頭威脅要動用這項經濟武器來達到政治目的，且確實曾使用過這一招。2010 年，中國突然暫停了對日本的稀土供應，以要脅日方釋放一艘被控在釣魚島附近兩艘日本巡邏艇相撞的中國漁

船。一夜之間，數十家日本高科技企業因而無法收到運送稀土的船貨，這恐慌橫掃了整個日本群島。正如專門研究原材料地緣政治的法國記者暨作家紀堯姆‧皮特龍（Guillaume Pitron）所指出的：

> 北京用稀土戰略給對手致命一擊。正如美國，中國是最在意其貯備量安穩的國家……北京很快就明白了壟斷這類稀有金屬帶來的影響力和勢力……中國很不情願提供某些它認定是國家機密的生產數據。其中包含隱藏的股市資訊、地緣戰略因素和外交考量，這也使得市場解讀變得尤其困難，即使是最優秀的專家也不例外。
> （Pitron, 2018: 118, 121）

2019 年 5 月，習近平主席和副總理兼首席談判代表劉鶴到金力永磁公司考察 [20]，這是一座位於中國東南部江西省的首要稀土製造廠。這個舉動的訊息很清楚：提醒美國和全世界，中國控制著這些戰略金屬。

面對這種局面，美國無法視若無睹。2019 年 7 月，川普向國防部長遞交了五份備忘錄，其中他宣布稀土金屬的生產「對國防至關重要」。同年 12 月，美國軍方宣布，願意為稀土開採和加工設施的建設提供資金，以確保這種對軍事用途至關重要的要素能建立起國內供應鏈。很快地，德州礦產資源公司（Texas Mineral Company Resources Corp.）和美

國稀土公司（USA Rare Earth）宣布，即將在科羅拉多州建設一座試驗性生產加工廠，該加工廠於 2020 年 7 月開始營運。該公司的最終目標是在德州西部的圓頂山（Round Top mountain）附近建造一座規模更宏大的裝置，僅靠該裝置就可以滿足美國未來幾十年的所有稀土需求，且該裝置將擁有大量用於電動汽車電池的鋰儲備。

世界大分割：
地緣戰略

　　俄羅斯是北京政府的新盟友。北京在非洲藉著政治和經濟的強大影響力排擠了舊殖民列強，非洲已成為新的中國殖民地。拉丁美洲是中國的下一個的目標。亞洲遠東仍是美國的盟友。日本是抵制中國擴張的碉堡。韓國是美軍部署的另一個關鍵環節。臺灣，雖然並未與美國有外交關係，卻是美國對亞太地區政策的戰略要素之一。北韓持續在中國鋪設的軌道上行進。印度是另一個亞洲大國，也是中國在亞洲的最大競爭對手。東南亞將很快成為中國的經濟保護區。中東正處於沸點。置身於這種隱晦且低調的對峙之中，面對中國和美國的胃口，歐洲諸國正在設法維持自身的獨立性與保持歐盟的步調一致。

　　「隨著美國從世界各處退出，即便是最小的空間，中國迅速占據且讓它變成可資利用者。」

　　　　　　　　——史汀・賈可布森（Steen Jakobsen），盛寶銀行首席經濟學家

　　川普在就職美國總統後第三天，他就開始著手讓美國脫離各項國際事務與協議。2017 年 1 月 23 日，他藉由行政命令，將美國從《跨太平洋戰略經濟夥伴關係協定》（TPP）中撤出；該協議是美國僅在前一年簽署的一項多邊自由貿易協議，旨在整合亞太地區和美洲地區的經濟自由化。TPP 是由美國、加拿大、墨西哥、智利、祕魯、日本、馬來西亞、越南、新加坡、汶萊、澳大利亞與紐西蘭共同成立的協定，該地區涵蓋約 8 億人口，估計占全球 GDP 的 40%，這使得 TPP 成為世界最大的自由貿易區協定。這樣大舉動的撤出行動，震驚了該自由貿易區的美國盟友國，他們認為這是美國企圖疏離的可慮跡象。儘管如此，TPP 的其他參與國家還是決議繼續前進，並於 2018 年 3 月將 TPP 改組、同時簽署了另一項協議：《跨太平洋夥伴全面進步協定》（CPTPP）。緊接著，美國更退出了聯合國人權理事會、聯合國教科文組織、關於《伊朗核協議》的聯合全面行動計畫（JCPOA）、關於氣候變化和全球暖化的《巴黎協定》，以及其他國際協定。川普還同時撤除了對聯合國近東巴勒斯坦難民救濟和工程處（UNRWA）[1] 提供資金。在美國仍是「世界貿易組織」成員國時，川普持續透過阻礙任命「上訴法官」的手段，讓世貿組織的重點功能「爭端解決機制」陷於癱瘓。

　　同時間，中國在國際舞台上的形象持續提升，它對地球大部分地區的影響繼續增強[2]。北京政府鍥而不捨地向世界保證其「立意良善」。中國的外交部長王毅，於 2019 年 9

月在紐約聯合國大會的會議空檔時間發表談話時表述：「追求霸權不在我們的基因之中」，並說「中國無意在世界舞台上參與權力的遊戲」。（China says, 2019）而後，王毅在2020年8月一篇新華社的採訪，這篇當時沒有被特別注目與完整刊出的文章，王毅在該採訪中說，中國並不想與美國進行冷戰，但承認兩國關係處於四十年來「最複雜的局勢」、「今天的中國不是前蘇聯。我們也無意成為另一個美國；中國從不輸出意識形態，也不干涉別國內政」。這些話聽起來讓人安心，只是從事實觀察，中國的某些舉動卻與這些公開表態言行相悖。

　　就目前來看，中美之間的對峙，於戰略和軍事領域，似乎還不能夠稱為勢均力敵。美國在世界各地締建了多個同盟組織，而中國除了巴基斯坦和北韓之外沒有其他盟友，其與「隱士王國」[3]北韓的連結，似乎更多是負擔而不是優勢。截至2017年，美國在五大洲、一百七十七個國家中，共有超過八百以上的軍事基地。這些地方擁有將近20萬名士兵，占全美國軍事人員的10%以上。反觀中國，當時只有一個在非洲國家吉布地（Djibouti）的海外基地[4]，該基地於2017年8月成立。而傳聞中即將在柬埔寨設立的第二個軍事基地則尚未成為定案。另外，傳言柬埔寨位於泰國灣的雷姆海軍基地（the Ream naval base）將提供給中國軍方使用，柬埔寨當局已公開否認。另外，中方試圖透過國營的中國森田企業集團（China Sam Enterprise Group）[5]與索羅門省政

府於 2019 年 9 月達成一項協議：租用圖拉吉小島（the small island of Tulagi），該島擁有深水繫泊設備，能夠使用海軍設施。這企圖如果成眞，該地將會成爲太平洋地區的第三個中國軍事基地。（Lavallée, 2019）在第二次世界大戰期間，該島曾經是日本艦隊的海軍基地。但僅僅一個月後，索羅門中央政府突然撤消了這筆交易，據推測，個中原因是美國透過外交施加壓力。

歐洲、蘇俄

中國常常被說沒有朋友。這種狀況顯然已經改變，自從 2014 年，中國與蘇俄這強大的鄰國的關係已經明顯改善。隨著中美之間的局勢越來越緊張，中俄之間的關係同時逐漸回溫，不少觀察家把北京和莫斯科之間的新蜜月期頻頻做爲話題。習近平上台後，已經訪問俄羅斯六次，與普丁在各種公開場合見面約二十次；同時，中俄經濟合作更加多元化，包括對雙方發展具有戰略意義的方案。習近平從不錯過任何一次可以強調普丁是他「最好的朋友」[6] 的機會。

這兩國新興的友誼，於雙方在 2001 年簽署的《中俄睦鄰友好合作條約》[7] 落實，日後在聯合軍事演習和太空領域的重要合作中具現。2019 年 10 月，普丁讓中俄軍事聯盟邁出更大的步伐，他宣布俄羅斯將提供中國一種新開發用以防禦洲際彈道導彈襲擊的先進預警系統。

「我們的友誼和努力並非針對任何預設目標，」俄羅斯總統普丁如是公開表示……「這件事是極度嚴肅的，這套系統將大大增強中國的防禦能力，目前只有美國和俄羅斯擁有這種等級的防禦能力。」（Russia helping China, 2019）

北京軍事分析員周晨鳴表示，普丁這段話無疑是針對美國而發，他認為新系統最終將涵蓋北京、天津、河北省、長江三角洲和中國南部的大灣區以及中部地區。

近年來，兩國的經濟聯繫也顯著加強。中俄貿易額在 2018 年突破了 1,080 億美元大關，兩國的目標是在不久的將來能夠達到 2,000 億美元。彰顯中俄在經濟方面的友好關係最近期的一個案例，是普丁和習近平於 2019 年 12 月 2 日視訊連線，在電視轉播的儀式中啟動「西伯利亞力量（Power of Siberia）」的天然氣管道連接俄中兩國[8]，這管道長達兩千多公里，是首次把俄國東部西伯利亞的天然氣傳向中國邊境的大型聯結建設。不過，這新聯盟很快就顯示出受到一些因素牽制，例如，俄國相較於中國在經濟方面的疲軟、雙邊貿易的結構失衡而中國是獲利的一方、兩國超過三千公里邊境線上人口數目顯著的落差，以及因過往雙方交惡所助長的不信任。這些因素多多少少對這新修復的邦交是不利的。從當今情勢看來，這兩者的關係是，有一個主導國家，顯然是

中國，一個被主導的國家，俄羅斯。儘管普丁曾感嘆 1991
年的蘇聯解體是「本世紀最大的地緣政治災難」，但他對俄
羅斯當下在世界上的定位抱持著面對現實的態度。他甚至公
開承認美國在經濟和軍事上的至高地位。他也曾在 2016 年
6 月的聖彼德堡國際經濟論壇上宣稱：美國是一個強權——
更可能是當下世界上唯一的超級強權。我們接受這個事實。
（Putin says accepts, 2016）

非洲

　　從二十世紀 90 年代末以來，中國擴大了在非洲、東南
亞甚至拉丁美洲的經濟影響力，戮力使自己成為掌握主導權
的國際競爭者。在非洲，中國政府幾乎完全把法國和英國
這兩個前殖民列強排擠出去，使非洲大陸成為中國的新勢
力範圍。中國以增加了對非洲國家的金融發展援助做為開
場。根據中國商務部的資料，中國與非洲的貿易從 2001 年
的 108 億美元增長到 2011 年的 1660 億美元，2017 年更達到
1700 億美元。中國從非洲進口石油、礦產和木材，出口到
非洲的是消費品、藥品、機械和車輛。法國已逐漸被淘汰出
非洲市場。據法國外貿保險公司科法斯（Coface）統計，自
2000 年以來，法國在非洲出口的市場份額已經減半，從 11%
銳減到 2017 年的 5.5%，而中國的市場份額則從 3% 上升到
18%。與此同時，撒哈拉以南非洲國家的公共債務在三年內

激增 40%，截至 2017 年底達到其 GDP 的 45%，其中中國是主要債權國。根據世界銀行的資料，2018 年有大約 100 萬中國人員在非洲土地上工作，從事零售、農業和建築等。該機構並指出，中國金融機構在非洲的投資從 2004 年前的每年 10 億美元增加到 2006 年的 70 億美元。中國的金融援助也呈爆炸性的增長，僅在 2001 年至 2010 年期間，中國進出口銀行提供的援助總計 672 億美元，而同期世界銀行提供的援助則爲 547 億美元。

這些交流促進了政治和外交等方面更緊密的關係，尤其是與先前曾支持臺灣的國家。中國以自己在 1960 年代和 1970 年代開發中的國家的經驗爲基礎，自詡是個「大哥」，與他們建立親密關係。與西方國家作法不一樣的是，中國在提供非洲國家贈款援助時，對其人權狀況不聞不問。中國在非洲無所不在的第二個跡象是，基礎建設施工方案合同，鐵路、道路、港口、機場等等，項目之繁多數不勝數。

在世界銀行資助的所有項目中，中國企業約占 40%。2012 年 8 月，當時的美國國務卿希拉蕊‧克林頓（Hillary Clinton）訪問非洲時，以未指名是中國的方式責難非洲正陷於「新的經濟殖民主義」。中國總理李克強在 2014 年 5 月訪問衣索比亞時強調，「中國永遠不會像某些國家那樣追逐殖民主義政策。」不過，凡事一體兩面：非洲國家確實是還不起他們欠中國的龐大債務的。肯亞的實例便是令人怵目驚心。到 2019 年 6 月時，肯亞對中國的債務利息償還額占其

對所有貸款人所欠利息總額的 87.08%，而前一年爲 81%。
（Munda, 2019）截至 2019 年 6 月，向中國貸款高達肯亞總
債務的 66.4%。

　　中國透過宣傳攻勢和中國傳媒大舉進入非洲視聽市場，
更加讓人感受到其影響力之無遠弗屆。首先是中國環球電視
網非洲分台「CGTN 非洲」[9]，該公司從未談論過政府腐敗
或人權問題。連接首都奈洛比和蒙巴薩港口的標準軌距鐵路
（SGR）由肯亞與中國合作建設，過程中，對貪污賄賂的指
控和爭辯鋪天蓋地，然而該電視台一直保持緘默。新鐵路於
2017 年通車，「CGTN 非洲」一反先前之噤聲，大事宣揚
這個合作方案是中非關係卓越例證：和諧且雙贏。此外，北
京官方還創辦了《中國非洲日報》（*China Daily Africa*）和《中
國非洲》（*ChinAfrica*）英文月刊只是非洲人對其內容的評價
是：無聊的。（China is broadening, 2018）北京爲非洲記者
設計出龐大的培訓計畫，每年提供一千名到中國進修的獎學
金名額。

　　而今，經濟連結的優勢使中國兩脅生翅，對諸多非洲夥
伴施加強大的政治影響力。

　　第十四屆諾貝爾獎和平得主高峰會議原訂於 2014 年 10
月中旬在南非開普敦舉行，南非政府竟然拒絕發給達賴喇嘛
簽證，這種決定的內幕昭然若揭[10]。面對這種政治干預，
其他諾貝爾和平獎得主紛紛以拒絕赴會來抵制，該次高峰
會議因此被迫取消[11]。南非行政首腦的這種立場激怒了屠

圖（Desmond Tutu），這位前南非大主教暨 1984 年諾貝爾
和平獎得主說，看到他的國家對中國如此「俯首聽命」，他
「羞愧無比」。不過，在香港浸會大學教授中非關係的專家
尚‧皮埃爾‧卡貝斯坦（Jean-Pierre Cabestan）認為，我們
不應該過度高估中國在非洲的現況。「中國在非洲的存在感
與影響力當然是顯而易見的，這對非洲國家至關重要。中國
在非洲確實是無處不在，無論是經濟、政治，甚至軍事等
都是，沒有一個非洲國家看不到中國的涉入。但是非洲國家
的合作夥伴不在少數。前殖民國家的強勢不在話下，例如美
國，另有一些新興市場國家準備在非洲大張旗鼓，尤其是土
耳其：這場競賽是相當開放的 [12]。」

　　日本也試圖在非洲與中國競爭，但勝算機率很低。
這就是為什麼日本政府在第七屆東京非洲發展國際會議
（TICAD）期間承諾提供非洲 3000 億日元（按 2019 年平均
匯率計算為 27.5 億美元）的金援。該會議於 2019 年 8 月在
橫濱舉行，聚集了五十四位非洲領導人。日本政府於 1993
年創立了 TICAD，其目標是促進與非洲的貿易，特別是獲
取其工業所需的原物料。十年之後，中國成立了自己的中非
合作論壇（Forum on China-Africa Cooperation）。2018 年
中非貿易額更達到 2040 億美元，比 2017 年增長 20%。相比
之下，非洲和日本之間的貿易非常有限，2017 年日本對非
洲大陸的出口總額為 78 億美元，進口總額為 87 億美元。在

TICAD 會議期間的會場外，吉布地共和國港務局和自由貿
易區負責人哈棣（Aboubaker Omar Hadi）告訴《日本商業
日報》（*Nikkei*），現代化非洲之角（Horn of Africa）飛地 [13]
的基礎建設所需的 110 億美元投資資金，除了找中國投資，
他們「別無選擇」[14]。新的吉布地自由貿易區於 2018 年開
放，由中國控管 40% 資金。該港口位於紅海出海口，座落
在連接非洲與世界其他地方的海上走廊之關隘上，具有高度
戰略價值 [15]。

亞洲

　　過去幾年中國在亞洲地區的存在感明顯增強著。2017
年，對亞洲諸國的外國直接投資資金中（此排名不包含對
中國的投資），來自中國約 83 億美元的資金排名第四，僅
次於來自歐盟國（222 億美元）、日本（201 億美元）與美
國（136 億美元），超越了韓國和澳洲，也超過了香港。如
果包括香港，中國的外匯存底是 128 億美元，緊追在美國之
後。中國與東南亞十一個國家的經濟和政治關係相當活躍。
從 1990 年代末期開始起步，到了 2001 年，中國與南洋國家
的邦交關係快速進展。2010 年元旦開始，中國－東南亞國
家聯盟（ASEAN）[16] 自由貿易區正式生效 [17]，邁出更深化關
係的重要一大步。東盟國家中如柬埔寨等國以及其他非東盟
國家如尼泊爾，現在都是完完全全在中國的軌道上運行了。

柬埔寨

　　柬埔寨，這個世上最貧困的國家之一，現在隨處可以看到中國人的身影。數萬名中國生意人到這裡操控著施亞努市（Sihanoukville）等城市的經濟運作。直到 2017 年之前，施亞努一直是該國南部一個和平且寧靜的小漁港，2017 年開始，中國人利用其移民政策放寬，大批大批前往當地。現在該地人口 9 萬，中國人約占了 8 萬，到處都聽得到普通話。當地的警察局長 Chuon Narin 說道，差不多 90% 的生意都在中國人手裡：酒店、賭場（現在，施亞努有 88 家賭場，而 2015 年之前只有 5 家）、餐館、按摩室、妓院等等都是中國人在經營 [18]。中國人的湧入，帶來了讓當地居民憎恨並大力譴責的新災禍：非法賭博、賣淫、販毒和洗錢。柬埔寨已成為中國遊客的熱門旅遊地標，2017 年赴柬埔寨旅遊總人數為 120 萬，2018 年增加到 190 萬。許多中國移民在施亞努定居，因為，跟中國比起來，這裡有太多法律漏洞可鑽。金邊大學（University of Phnom Penh）國際研究主任昌達瑞斯（Neak Chandarith）表示：「在中國大陸，地方當局執法和維持秩序的作為向來雷厲風行。來到施亞努的中國人並不全都是來投資的，他們看上這裡，因為這裡的法律漏洞百出，執法人員能力奇差，那些中國人可以大賺非法之財。……目前這些問題很嚴重。」非政府組織《柬埔寨自然之母》（Mother Nature Cambodia）的活動人士岡薩雷斯－大衛森

（Alex Gonzalez-Davidson）對這情勢非常憂慮：「透過當地
完全不受監管的賭場和房地產行業，施亞努極可能成為中國
非法洗錢的重鎮。」（Huang K., 2019）

緬甸、馬來西亞、越南、菲律賓

　　緬甸一直小心翼翼地捍衛其獨立性，但其實與中國已經
相當親近，它為中國提供了通往印度洋的珍貴通路，以及獲
取其豐富自然資源的途徑。2005 年，中國與馬來西亞締結
了共同防務協定，規劃了在軍事領域交流資訊，並加強國防
工業合作的機會；於 2017 年 4 月，兩國建立了兩軍關係高
級委員會，進一步鞏固了兩國關係。雖然中國與越南對南中
國海諸島海域主權歸屬仍有爭端，自 2003 年起，中國海軍
開始與越南海軍在北部灣（Gulf of Tonkin）進行聯合巡邏。
中國與菲律賓在島嶼方面尚有領土爭端，不過自從 2016 年
羅德里戈·杜特蒂（Rodrigo Duterte）上任菲律賓總統以來，
中菲的關係發展對美國是比較不利的。從 2013 年被凍結多
年的中菲年度軍事討論，在 2017 年恢復運作。自 2010 年開
始，中國夙夜匪懈地深化與東盟諸鄰邦的安全關係，算是
相對成功了。但是，中國在南中國海的軍事擴張主義以及其
在亞太地區日益增長的影響，引起了該地區各國的關注與擔
憂，這讓美國有機會得以重新鞏固對該地區夥伴的影響力。

印度

　　直到二十一世紀之初，美國才開始與印度建立起低調但紮實的邦交。印度與巴基斯坦交惡，是中國最大的競爭對手，中國在亞太地區之崛起，是新德里最害怕的。印美友好邁出的第一步，是 2006 年 3 月美國總統布希訪問新德里，之後布希允諾印度有可能售予美國民用核技術。第二步是在 2018 年 9 月，在美國國務卿龐沛奧和國防部長吉姆・馬蒂斯（Jim Mattis）訪問新德里期間，他們與印度政府簽屬了《通信兼容性和安全協議》（Comcasa 協議），這為美國向印度出售武器鋪墊了通道，雙方並得以藉此交換敏感的軍事數據。兩國且同意在 2019 年進行陸海空聯合軍事演習。美國同意特地提供印度有關中國在中印邊界沿線軍事調動的動靜。印度沒齒難忘 1962 年為時一年的邊境戰爭時慘敗在中國手下的恥辱 [19]，而那場戰鬥並未化解北京與新德里的爭端。從那時起，該邊境維持著平和狀態，直到 2020 年 6 月 15 日，雙方於加勒萬山谷再次爆發了衝突 [20]。加勒萬山谷位於印度拉達克地區和阿克賽欽地區的邊界上，阿克賽欽地區於 1962 年中印邊界戰爭後已被中國吞併。這場用棍棒和石頭進行的戰鬥導致二十名印度士兵死亡，中國則未公布中方的死亡人數；雙方都否認自身該對這場衝突負有責任，並同時向該地區派遣了更多的部隊。而在同年的夏天和秋天，該地區又發生了進一步的小規模衝突。這是自 1975 年以來

在喜馬拉雅邊界發生的首次衝突[21]，導致印度與中國的關係驟降。雖然這單一事件不太可能就此將印度推向美國的懷抱，但可能在未來幾年對中印關係造成負面影響。

美印邦交活絡的第三大步是印度總理莫迪在 2019 年 9 月造訪美國。在德州休士頓體育館大型歡迎活動，川普張開雙臂熱烈擁抱莫迪。該歡迎盛典由印度僑民舉辦[22]，吸引 5 萬名美國人參與，有眾多印裔美國人，據稱該歡迎會盛況唯有教宗訪美時可以媲美。

印裔美國人占美國人口 1%，藉此盛會，川普賣力為他的連任競選拉住這些印裔美國人的選票[23]。在當天，印度——這個世界上人口最多的民主國家，和美國——這個世界上最資深的民主國家，互相正視著對方，權衡著他們共同的戰略利益。印度一直很在意一己的獨立性，絕不會成為美國的附庸國。就美方而言，巴基斯坦仍然是重要盟友，尤其是在對抗激進派伊斯蘭主義的戰鬥時。明顯地，自從莫迪在 2018 年 4 月造訪北京後，印度一直在尋求平息與北京的動盪關係。已經發生的改變是，為了取悅北京，印度政府對其部長們與達賴喇嘛之間的接觸已嚴加限制；1959 年 3 月，從西藏出走流亡到印度尋求政治庇護後，達賴喇嘛一直駐錫在印度北部的達蘭薩拉[24]。

尼泊爾

　　經過這些年，中國也成功地把尼泊爾從印度的影響範疇逐漸轉移到它自己的。2019 年 10 月習近平到加德滿都進行國事訪問，中國與尼泊爾共賀雙方關係邁入「新紀元」，當北京承諾在 2020 到 2022 年對尼泊爾提供 35 億元人民幣（5.26 億美元）[25] 的援助時，雙方友好臻至高峰。中國更近一步表示，在必要時，中國保證協助尼泊爾去「捍衛主權」，這在中國外交史上是絕無僅有的。尼泊爾許多中學都實施用簡體中文授課。在另一方面，尼泊爾迫於中國的壓力，簽訂了一條引渡條約，主要對象是越過邊界來到這喜馬拉雅山脈小共和國尋求流亡的西藏人。尼泊爾目前約有 2 萬個西藏難民。在現在試圖越過尼泊爾邊境前往印度的西藏難民，幾乎都被有組織地攔截並移交給中國警方。2019 年 7 月 8 日，在這個佛陀出生的喜馬拉雅山脈的小國 [26]，原擬舉辦慶祝達賴喇嘛 84 歲壽誕的正式慶祝活動，突然遭到北京政府干預被迫取消 [27]。

巴基斯坦

　　中國與巴基斯坦長久以來維持著友好關係。無論是在雙方官方文件、宣言還是談話，在在表明中國和巴基斯坦的友誼是「金石之交」，這種友誼「比蜂蜜還甜」、「堅不可

摧」，並且「經得起時間的考驗」[28]。斯德哥爾摩國際和平研究所（SIPRI）的研究員杜戀之（Mathieu Duchatel）認為，中巴之間的「全天候友誼」是出於企圖遏止印度力量的「共同利益」。（Dall' Orso, 2016 年）北京政府甚至暗中幫助巴基斯坦發展核武器。伊斯蘭堡和北京政府的外交關係源於1950 年，當年巴基斯坦與中華民國（臺灣）斷交[29]，承認中華人民共和國是中國的唯一合法代表，巴基斯坦是第一個如此表態的穆斯林國家。據《紐約時報》報導，2018 年底，北京和伊斯蘭堡同意於正在建設的中巴經濟走廊（CPEC）（約三千公里的公路、鐵路、石油和天然氣管道，需約 620億美元投資）沿線建立軍事同盟，這將提供從中國西部到靠近波斯灣的阿拉伯海的鏈接[30]。

　　據報導，兩國更進一步提出了一項「祕密建議」：北京為巴基斯坦空軍配備中國製造的軍用噴射機、武器和其他硬體。《紐約時報》聲稱，該項目包括深化兩國太空合作的計畫。該報表示，雖然北京一再宣告那純粹是出於和平目的經濟項目，但軍事項目後續亦被納入中國倡議的「一帶一路」是不爭的事實。（Abi-Habib, 2018）習近平在 2019 年 10 月去印度進行正式訪問之前，特地歡迎巴基斯坦總理伊姆蘭‧汗（Imran Khan）前來中國進行為期兩天的國事訪問。在棘手的喀什米爾問題上，中國支持巴基斯坦盟友。七十年來，對兩國邊境的喀什米爾地區，印度和巴基斯坦一直爭論不休，雙方都聲稱擁有該地區的主權且皆占領一部分區域。巴

基斯坦長期以來一直希望透過國際調解來解決當前世上歷史最長久的邊境爭端之一，但印度則斷然拒絕。對新德里來說，這關係著國家的主權。

臺灣

臺灣，亦即中華民國，這個島嶼曾被稱為福爾摩沙[31]，是美國在亞太地區最重要的地緣戰略議題。臺灣是該地區政治棋局上的「皇后」，是對抗中國最具影響力的碉堡，因而華府會不計代價地保有臺灣的安全，這是美國成為中華民國軍事設備的主要供應國的主要原因。臺灣約有 2,300 多萬居民[32]，雖然其中有 96.45% 是華人[33]，但絕大多數人民反對與中國大陸統一。臺灣在 1895 年到 1945 年曾是日本的殖民地，而今，當中共領導的中華民族於 1950 年「和平解放」西藏、1997 年香港以及 1999 年澳門分別回歸中國主權後，臺灣是中共能否實現統一大中華的最後一道關卡。根據陸委會在 2019 年 3 月代表臺灣政府進行的一項調查，在臺灣，十個人裡面有八人反對接受被中國統一。在外交層面，臺灣是被孤立的（截至 2021 年夏天僅有十五個國家與臺灣保持邦交關係），然臺灣完全擁有一個獨立國家所需具備的所有政治要素如人民、領土、主權、政府、軍隊等等。根據 1979 年 4 月通過的《臺灣關係法》（*Taiwan Relations Act*），美國承諾給予臺灣軍事援助，以使其擁有國防自衛能力。該法案規

定，「美國將向臺灣供應足以使臺灣保持自衛能力所需數量
的國防用品和國防服務。」雖然華盛頓在 1979 年元月承認了
中華人民共和國，但它在台北設有「美國在臺協會」，雖是
一個非官方的大使館，但大部分臺美雙邊關係皆透過它進行
著。該協會工作人員超過四百五十人，他們負責代表美國在
貿易、農業、領事服務和文化交流等領域的權益。2020 年 1
月，讓北京頭疼的蔡英文競選總統連任成功，她堅決反對臺
灣與大陸中共政權統一。她以壓到性勝利擊敗了代表國民黨
參選總統大選的對手韓國瑜，韓國瑜對北京持比較開放的態
度。蔡英文當選連任後，她在打破臺灣近期外交孤立方面取
得部分進展，其中包含與美國官員進行了幾次臺美間史無前
例的官方接觸，尤其是在 2020 年 9 月來臺訪問的副國務卿基
思‧克拉奇（Keith Krach），他負責經濟增長、能源和環境
事務，是自從 1979 年美國與中華民國斷交這四十一年訪問臺
灣的美國國務院級別最高的官員，蔡英文親自接待。在克拉
奇之前，在 8 月先有美國衛生部長阿札爾（Alex Azar）訪臺。

日本

　　日本，是現今世界第三大經濟體，是美國的親密盟友。
日本與中國的關係是跌宕不安的，肇因於記憶猶新的 1937
年到 1945 年長達八年的日本侵略中國的戰爭，日本皇軍殺
人盈野血流成河的滔天罪行，至少 2,000 萬中國人慘死 [34]。

日本政府雖已口頭表示「遺憾」，但中國與曾被日本殖民的國家韓國，依然在等待日本正式道歉。北京很技巧地利用這些歷史的黯黑篇章去影響日本政治，指責日本並未完全認知過去的罪行並負起責任。2001 年到 2006 年間，日本首相小泉純一郎多次參拜位於東京的靖國神社，這裡供奉著日本的「戰爭英靈」，其中包含於二次世界大戰曾被判為戰犯的軍人，這是引發兩國關係緊張的導火線。他的繼任者安倍晉三試圖改革日本憲法的意願也在中國內部引發了質疑。這部由美國人起草的憲法於 1947 年生效，明文禁止日本訴諸戰爭手段來解決國際爭端。圍繞釣魚台列島（尖閣諸島）的海域爭端更加惡化中日關係。儘管如此，日本仍是中國在亞洲最重要的貿易夥伴，占中國進口總額的 15%。中國則在 21 世紀開始時取代美國，成為日本最大的貿易夥伴。長期以來，日本一直是中國官方發展援助的主要供應國。從 1979 年日本首次向中國提供公共援助，直到 2005 年，日本向中國提供了總計近 265 億美元的援助。自 2000 年代後期以來，隨著日本商界領袖陸續成為中國本土的主動投資者，一種新的相互關係已然成型。

　　中國無法信任這個鄰國的另一個重要因素，顯然是美日之間從二戰之後的戰略性友好關係。日本憂慮著中國在亞洲的崛起、以及中國在軍事預算上的巨額增幅。對美國而言，日本在現今是對抗中國至關重要的堡壘：打從 1960 年簽訂

《美日安保條約》[35]開始，日本與美國建立了休戚與共的關係。超過 45,000 名美國官兵駐紮在日本本土和群島上。日本擁有超現代化的海軍軍力，能夠抗衡中國海軍在東亞的影響力。不過，日本因本土缺乏大多數必要的能源，例如對經濟和人民都極重要的石油百分之一百皆仰賴進口，從這方面來看，這個國家是很容易受打擊的。再者，約 1.27 億日本人居住在 377,944 平方公里（145,925 平方英里）的面積上，平均密度為每平方公里 336 個居民，然而，其實絕大部分人口是高度集中在城市空間裡。面對這些安全、人口和經濟的挑戰，戰後的日本很快的找到最適合自己的新盟友：美國。

北韓（朝鮮）、韓國（南韓）

　　對中國來說，北韓這盟邦雖親近但也問題重重。在 2016 年 6 月習近平到平壤進行罕見的國事訪問後，北韓領導人金正恩形容兩國的關係是「堅定不移」，兩國的邦交「永不改變」。在 1961 年 7 月，當時的周恩來總理和北韓的獨裁者金日成簽署了《中朝友好合作互助條約》，從那時起，這兩個比鄰的國家從此就連結在一起。在朝鮮戰爭（1950 － 1953 年）期間，中國派遣了 50 萬士兵到朝鮮半島協助北韓對抗韓國與美軍，從而介入。中國是朝鮮的第一個也幾乎是唯一的經濟夥伴。中國的進口構成一種經濟注入，對北韓政權的存有至關重要。中國供應北韓 90% 的能源、80% 的製

成品和 45% 的食品。儘管兩國意識形態大致相近，但北京
對平壤執意進行的政策之影響力非常有限。中共無法遏止這
位鄰國進行核子試驗，也未能制止其發射彈道導彈。自 1993
年以來，中國無可奈何地同意聯合國安理會（United Nations
Security Council）對北韓實施更加嚴厲的十二項制裁決議。

　　與北韓這個令人頭疼的鄰邦結盟，並未妨礙北京與韓國
建立密切關係。1992 年 8 月，中國與韓國建立了正式的外
交關係。北京希冀對朝鮮半島這兩個敵對政權保持中立，習
近平 2019 年 5 月之首爾之行便表明了這個立場。韓國精彩
的經濟發展進一步加強了與中國的交往。但追根究柢，韓國
依然是美國的親密盟友。1953 年，韓國與美國簽訂了共同
防禦條約。大約有 29,000 名美國士兵駐紮在韓國領土上；
韓國和美國軍隊每年都會不顧北韓的抗議進行聯合軍事演
習。韓國、日本和美國三方藉由「日韓軍事情報保護協定」
（GSOMIA）共享北韓與中國的軍事情報而連結在一起 [36]。

新加坡

　　另一方面，中國與新加坡這個城市國家保持著高度密切
關係。新加坡自從 1965 年 8 月被馬來西亞國會驅逐出馬來
西亞聯邦後，隨即成為一個獨立國家 [37]。新加坡擁有強大
的華人社群，占其人口的 75%，且與中國建立了牢固的文化
和經濟往來。許多新加坡學生選擇去中國繼續進修。新加坡

的「國父」李光耀與中國領導人建立了密切的關係，並提供歷任中國領導者許多政治建言。新加坡傳奇還有一個特殊之處，即歷屆新加坡政府都表明其持續的冀圖：對抗共產主義對這個資本主義島國所產生的影響；在當今堅固的貿易背景下，新加坡與中國維持著友善關係。從 2000 年起，新加坡和中國加強連結，2014 年新加坡武裝部隊和人民解放軍舉行了首次聯合演習。自 1990 年代以降，眾多中國人移民新加坡，隨著移民人數增加，中國能對新加坡施加壓力的段數也提高了。

大洋洲 澳洲

澳洲是美國的盟友，是華盛頓在地緣棋盤上從美洲伸展到亞太地區相當重要的區塊，但終究，中國和澳洲擁有緊密的經濟連結。然而，近來坎培拉對中國人企圖左右澳洲政治提高了警覺。澳洲情報單位在 2015 年驚異地發現，該國所有政黨都曾獲得一些積極且慷慨的獻金，而捐贈者其實是中國共產黨代理人 [38]。中國滴水穿石地深入澳洲的大學和研究機構去擷取技術。澳洲媒體透露，數以千計的中共特務，透過誘惑、奉承、金錢、威脅甚至恐嚇，已滲透到公眾生活和國家公務人員機制的層峰。北京的首要目標是破壞澳洲與美國的聯盟。在澳洲政治圈，針對中共干預內政的警告不絕如縷。

澳洲眾議院情報與安全聯合委員會（Joint Committee

on Intelligence and Security）主席安德魯‧哈斯提（Andrew Hastie）聲稱，中國一直在祕密干預澳洲的媒體、大學和政治。哈斯提於 2019 年 8 月發表的政論激怒了同儕；他大力抨擊威權中國之崛起，對同儕把習近平的思想和意圖之額手稱慶的行事，比擬為二次大戰前歐洲諸國對德國納粹的反應 [39]。中國在澳洲各個經濟領域的強大涉入，致使澳洲國會在 2018 年 6 月底通過一系列對抗間諜活動和外國干政的法令 [40]。其中一條明確禁止政黨接受外國政治獻金，以免政黨為外國戰略利益服務。工黨參議員山姆‧鄧森（Sam Dastyari）在 2016 年接受華裔富人政治獻金後，聲援了中國在南中國海海域擁有主權的主張 [41]。2019 年元月，54 歲的華裔澳人楊恆均遭中共拘捕，這位曾是中共外交人員的作家、學者和商人，他被起訴的罪名是間諜罪 [42]。

中澳關係在 2020 年持續惡化。春天時，坎培拉公開呼籲北京支持國際組織深入調查冠狀疫情，北京勃然大怒。隨後，北京對澳洲大麥徵收關稅並禁止從四家屠宰場進口牛肉，澳洲官員要求協商，中共置若罔聞。這些變化啟動了澳洲對數十年來在經濟方面過度依賴中國的重新思考；澳洲出口商品的三分之一由中國購買，迄今是最大的貿易夥伴。同年 8 月，中國當局逮捕中國環球電視網（CGTN）英語節目主持人澳籍華人成蕾，9 月時，留在中國的最後兩名澳洲記者，澳洲廣播公司（ABC）的比爾‧伯特爾斯（Bill Birtles）和《澳洲金融評論》（AFR）的邁克‧史密斯（Michael

Smith），由於澳洲外交人員警告他們可能會遭到拘留，兩
人趕緊倉促離華。

拉丁美洲

在地緣上看來，拉丁美洲像是美國的後院，但近年來它
已成爲北京另一個遊樂場。儘管在歷史上雙方的文明和文化
少有接觸，但是兩者之間的貿易關係正以驚人的速度增長。
根據美國智庫《美洲對話》（*Inter-American Dialogue*），中
國在 2005 年至 2014 年期間向拉美企業提供了超過 1,000 億
美元的貸款。按照中拉金融數據庫（China-Latin America
Finance Database）顯示，大約在同一時期，中國的兩家主
要銀行，國家開發銀行和中國進出口銀行，爲該地區總計
1,022 億美元的項目提供了融資。同時，依據聯合國拉丁
美洲和加勒比經濟委員會（UN's Economic Commission for
Latin America and the Caribbean）的研究，中國與拉美加勒
比地區（LAC）之間的商品貿易額，從 1990 年幾乎是零到
2000 年達到 100 億美元，然後在 2017 年飆增到 2,660 億美
元，與美國在該地區國家的貿易金額不相上下。2016 年，
中國已成爲阿根廷，玻利維亞，巴西，智利，哥倫比亞，
厄瓜多爾和祕魯的最大或第二大貿易夥伴；同時中國也成爲
伯利茲，哥斯大黎加，洪都拉斯，墨西哥，尼加拉瓜，巴拉
圭，烏拉圭和委內瑞拉等國數一數二的進口來源。

聯合國

　　中國是聯合國預算與維和行動的第二大出資國，近年來在爭取主要國際組織的領導權方面大有斬獲。2019 年 6 月，於新興國家的大力支持下，在第一輪投票時，中國農業部副部長屈冬雨打敗了法國的候選人凱瑟琳‧蓋斯蘭－拉內爾（Catherine Geslain-Laneelle），當選為聯合國糧食及農業組織（FAO）的總幹事 [43]。這個組織利害關係重大。糧農組織已由新興市場國家的代表經營了三分之一世紀，糧農組織對全球頗大的一部分人類是相當重要的機構 [44]。新科總幹事於答謝致辭說道，「今天是個特別的日子……開啟歷史的新篇章。」由於 6 月 23 日也是國際奧林匹克日，他期許：「FAO也追求『更高、更快、更強。』」他允諾：「恪守公平公正、開放透明原則，秉公辦事，保持中立。」

　　這樁外交勝利僅是中國十年來在主要國際機構占據關鍵位置戰略的最新一步 [45]。例如，2018 年 11 月，中國通信和信息技術（IT）工程師趙厚麟再次當選為國際電信聯盟（ITU）主席，任期四年。2015 年 3 月，中國的劉昉當選為國際民航組織（ICAO）祕書長。2013 年 6 月，經驗豐富的中國經濟和金融經理李勇被任命為聯合國工業發展組織（UNIDO）祕書長。由聯合國祕書長安東尼奧‧古特雷斯（Antonio Guterres）指名任命聯合國經濟和社會事務部的領導人也是中國公民。此外，於 2007 年至 2017 年領導世界衛

生組織的是中國的陳馮富珍（Margaret Chan）。中共曾推舉
其副公安部長孟宏偉當上國際刑警組織（ICPO）的主席，
這組織執行在全球跨國的刑警合作任務，不過，孟宏偉在
2018 年 9 月從里昂回到中國述職的旅程中「被消失」。直
到 2019 年 6 月，中國官方媒體引述天津市人民檢察院第一
分院宣稱，孟宏偉已經就收受逾 200 萬美元賄賂的指控當庭
認罪。於 2020 年 1 月，孟宏偉因受賄罪被判處 13 年半監禁，
他當庭表示服從判決，不再上訴 [46]。

近年來，中國在聯合國於紐約的總部運作了極有效率
的遊說活動，大大增強其影響力。一位派駐在聯合國的記者
告訴我，「在整個聯合國的所有場合裡都看得到他們——數
十名『小幫手』與沒有正式身分的『實習生』，他們無所
不在。」中國從 1971 年起是聯合國安理會的五個常任理事
國之一，平常鮮少行使否決權，不過若要與俄羅斯聯合對抗
美、英、法時則另當別論。然而，在聯合國組織裡，中國擁
有越來越多成功阻擾議案的業績了，尤其是在日內瓦的人權
理事會，當西方國家試圖通過決議譴責中國的人權狀況時。
2019 年 7 月，北京政府甚至設法讓人權理事會通過中國提交
對中國大大有利的決議。該決議聲明，在眾多事務中，「發
展對享有所有人權具有重大貢獻，實現人民對美好生活的嚮
往是各國的優先任務，……呼籲各國推進可持續發展、加強
發展和消除貧困的國際合作 [47]。」同時期，北京在 2019 年
的全球大使館和領事館數量上超過了華盛頓：中國有 276 個

外交使團，而美國僅有 271 個。（China now has, 2019）在維持和平行動部分，中國派出了先鋒隊。現在，超過 2,500 多名中國軍人擔任聯合國維和人員，常駐於黎巴嫩、馬里、剛果民主共和國和南蘇丹。

網路

　　擁有 8 億網路用戶的中國，近年來已成為網路戰和工業間諜活動的主導者。在 2018 年和 2019 年的駭客攻擊中，有四個針對空中巴士的分包商。與此案關係密切的幾個安全部門，根據可靠的消息來源，提到了一個與中國當局有聯繫的組織，其代號為 APT10。另根據從事網路安全的行業人士的說法，還有一群專門研究航空航天的中國駭客：江蘇省國家安全部（JSSD），屬於東部地區國家安全部（MSS）的地區分支機構[48]。當中國官方被詢問時，中國外交部則以空泛的原則聲明進行回應。中國外交部發言人耿爽表示：「我可以清楚地告訴你，中國是網路安全的堅定捍衛者，反對一切形式的網路攻擊。」但於 2012 年 2 月，當時的美國總統歐巴馬，從專門研究電子安全的美國麥迪安網路安全公司（Mandiant）收到了一份長達 74 頁的報告，該報告是經過六年調查的結果。報告表明，數百名中國駭客正在人民解放軍（PLA）61398 部隊的指導下，從事網路工作。根據報告顯示，該部隊的總部是位於上海一座十二層樓高的建築，由

高級指揮官的高度監督和指導一支網絡軍隊。該報告稱之為
「高級持久威脅1」組。該公司宣稱,該部門自2010年以
來,已從20個不同領域、共計141家的美國公司竊取龐大
的資訊。中國更動用了大量資源,在人民解放軍第三部門的
領導下,建立了專門的網絡空間內部安全部隊。

　　2015年,北京成立了一個與「美國網路司令部」(US
Cyber Command)[49]不相上下的「戰略支援部隊」,匯聚了
人民解放軍在網路、太空、電子戰的資源。

　　中國也是美國網路戰的接收端。中共英語日報《環球
時報》報導,中國是來自美國IP地址的數千起網絡攻擊的
主要目標。該報引用中國專家的分析預測,美國人準備大張
撻伐網路戰爭,而中國則秣馬厲兵隨時迎戰痛擊。《環球時
報》引述北京一位精通網路安全的軍事專家的話:「除了植
入病毒,長期以來,美國一直從中國客戶的終端竊取資訊,
並一直利用應用程式來獲得、偷取資訊且進行分析所獲的資
訊。」(Sun & Zhao, 2019)

　　美國軍方於2010年成立了網路司令部,總部設在馬里
蘭州的米德堡,聘任了6,000位專家。不過華盛頓仍然需依
賴許多活躍於網路保護和破壞領域的美國國防公司。2018
年11月,在聯合國教科文組織(UNESCO)總部巴黎舉行
的國際網路治理論壇(IGF)會議上,法國總統馬克宏發起
了《巴黎網路空間信任與安全呼籲》(*Paris Call for Trust and
Security in Cyberspace*)。迄今,這份呼籲制定網路空間安全

共同原則的聲明已吸引 564 名支持者，其中包括 67 個政府，358 個私營公司以及 139 個國際組織和民間社會團體。中國和美國沒有加入。反而，中共政府控制訊息，並以「防火長城」[50] 審查網際網路。中共領導人立意經由過濾任何被認為有害的資訊來防範外部影響以及內部風險（異見、分裂主義）。該系統通過自我監管（由服務提供商從事審查）、基於關鍵詞的自動過濾系統，以及 5 萬名監控網路的特工之密切監控等進行運作。國家安全部和各地地方辦事處負責執行這些不時更動的條規。

南中國海

北京宣稱其在南中國海[51] 所有的島嶼的所有權是無庸置疑的，尤其是東南亞的南沙群島和西沙群島。北京用頗有爭議性的「九段線」[52] 來表述一己之見，這是一條從中國南部沿海延伸到馬來西亞南部的 U 形線，面積約 350 萬平方公里的海域。2016 年，菲律賓向海牙常設仲裁法院（PCA）提出南海仲裁案，裁決結果是「中國的主張因無國際法基礎故而無效」。北京並未就此罷休，提出並未經過嚴格考察的歷史遺物為根據，宣布對這些島嶼和礁島擁有主權。北京聲明南沙群島和西沙群島已經成為中國領土將近兩千年了。中國引述古籍，說這些島嶼是中國所有，並以在這些島嶼上發現的陶器和硬幣作為證據。就北京而言，其歷史資料（真

實性尚待驗證）顯示，大約在公元前 110 年，漢朝（公元前
206 年至公元 220 年）在中國大陸南方的海南島上建立了一
個行政區，其領土包括南沙群島和西沙群島。對於其他國家
的專家來說，漢代貨幣的存在，對南海諸島屬於中國領土一
說並不具說服力，不如說是彰顯了古中國與東南亞之間有著
商業關係。現在，不只是中國，包含越南、臺灣、菲律賓、
馬來西亞和汶萊，皆紛紛聲稱對南海其中的部分島嶼擁有主
權。今天，關於這個區域主權的爭議之演變成國際焦點，主
要因為中國將南海問題軍事化。自稱擁有島嶼和礁石的其他
國家，大家爭奪的主因，多為了可觀的漁獲財富和極可能存
在的豐富海底石油與天然氣礦藏。全世界百分之十的漁獲量
是在南海產生的。這海域是北太平洋和印度洋之間的最短路
線，也讓該區域成為最重要的貿易路線戰略十字路口。中國
從 1987 年實行占領戰略，經過多年經營結果，現在確實控
制了所有的西沙群島和一大部分的南沙群島。中國在 2015
年 6 月公開宣揚擁有該區域超過 1,200 公頃的土地，相對之
下，越南為 32 公頃，馬來西亞 28 公頃，菲律賓為 5 公頃，
臺灣 3 公頃。越南持續抗議中國船隻入侵其專屬經濟海域
（EEZ）[53] 但徒勞無功，菲律賓和印尼亦然。這些國家中沒
有一個擁有足夠的軍事實力來抵抗中國的壓制，在可見的未
來，中國在南中國海的勢力極有可能變得更加強悍。

　　美國學者格雷厄姆‧艾利森的看法是，今天的中國一
如古代的中國戰略家們，繼續抱持著「海權成就一個民族強

盛」的觀念。（Allison，201）這些年，中國在多個島礁精衛填海般擴建著人工島嶼，同時建構深溝高壘的軍事基礎設施，包括戰鬥機升降的跑道並部署導彈，大手筆鞏固其在南海屹立的態勢。中國在該地區積聚了上千枚反艦導彈和龐大的沿海艦隊，有數十艘裝備能夠擊沉敵艦的魚雷和導彈的潛水艇在這些水域巡邏著。2018 年，它在南沙群島的兩個設防哨所：美濟礁和永暑礁（越南稱之為圍巾環礁和十字礁）上安裝了電子戰設備，這些功能強大的電台能夠干擾通信和雷達系統。2018 年 4 月，中國在永暑礁、渚碧礁、美濟礁等南沙島礁部署了地對海和地對空的導彈，這些島礁位於越南東部、菲律賓西部，距離中國大陸領土的最南端甚遠 [54]。艾利森分析道，「透過部署能夠威脅美國航空母艦和其他主力艦的軍事能力，善於運籌帷幄的中國正逐步趕出在鄰近海域的美國海軍。」專家指出，反衛星武器使中國有能力干擾甚至摧毀美國在該海域接收情報、監視和通信衛星的能力。「這一來，對與中國接壤綿延數千英里的海洋走廊，美國就不再擁有原來無可爭議的海空控制權了。」（資料同上）

　　2019 年 8 月，白宮指責中國在南中國海的南部和東部使用「恐嚇戰術」。時任白宮國家安全顧問的約翰‧博爾頓（John Bolton）在推特上表示：「中國最近不遺餘力地阻擾南海其他國家開發資源，這些行徑令人惴惴不安。」美國第七艦隊派軍艦通過臺灣海峽以加強其「航行自由」權力 [55]。「美國必定會堅定地支持那些反抗用脅迫行為和恐

嚇手段來威脅地區和平與安全的人。」他補充道。美國第七
艦隊定期派軍艦通過臺灣海峽，以強調「航行自由」權力。
在過往，法國也是每年派軍艦巡視臺灣海峽兩次，北京皆無
特別反應，直到 2019 年 4 月，法國護衛艦「葡月號」（the
Vendémiaire）穿過臺灣海峽時中國派軍艦尾隨，北京向巴
黎嚴正抗議該舉是「極度危險的」。2019 年 9 月初，似乎
是回應中國在該地區日益增長的野心，美國與十個東南亞國
家在泰國灣舉行了史無前例的海軍聯合演習，共出動了八艘
軍艦、四架戰鬥機和一千多名士兵[56]。美國第七艦隊司令暨
海軍中將菲爾・索耶（Phil Sawyer）表示，這些演習讓參加
國的軍隊能夠「在該地區共同的海上安全重點事務上展開合
作」。

　　2020 年 7 月中旬，美國國務卿龐佩奧揭櫫了美國對中
國在南中國海領土主張的強硬政策。他發表聲明：「我們明
確表示：北京對南中國海大多數地區離岸資源的索求完全不
合法，與其為控制這些資源採取的霸道行為如出一轍[57]。」
龐佩奧援引了海牙常設仲裁法院於 2016 年的裁決，該裁決
駁回了北京在該地區的主張。美國立場有了重大改變[58]，在
此之前，對該地域的領土爭端，美國拒絕表態，只是不斷重
申「航行自由」的權利。七月初，在這聲明之前，中國於西
沙群島周遭進行軍事演習，導致以漁獲量豐饒著稱之該地
區緊張局勢驟然加劇。針對這情勢，美國隨即派出雷根號
（Ronald Reagan）和尼米茲號（Nimitz）兩艘航空母艦前往

西沙群島進行演習；自從 2014 年之後，這般高層次的軍事部署未曾出現。

新聞媒體

　　中國政府擁有一套龐大的宣傳機器，不僅針對公民內宣，也用來國際外宣。如同軍隊、司法和教育體系，中國的媒體是在共產黨的直接權威控制之下，官媒幾乎占據了整個中國媒體的版圖。從 2019 年秋季開始，在官方媒體工作的記者被要求參加考試，一來評估他們對政權和政黨的忠誠度，同時測試他們對「習近平思想」的熟悉程度。2019 年 9 月，中共中宣部媒體監事會播放的通函公開宣布，在北京十四家媒體機構工作的一萬名記者和編輯，在十月初全國考試前，需接受一系列試點測試。終其職涯，凡有關國家的，記者應當報導「正面新聞」。除了以多種語言出版的各種雜誌之外 [59]，北京還擁有一整套精密複雜的廣播和電視頻道在國外播出。中國中央電視台（CCTV）旗下的中國全球電視網（CGTN），繼 2012 年在華盛頓和肯亞首都奈羅比建構了區域中心，提供「具有中國觀點」的歐洲商業與政治的新聞，2018 年亦在倫敦成立一個類似性質的區域中心並站穩了腳跟。中國國際廣播電臺（CRI）擁有五十多台短波發射台，是亞洲最大的對外廣播媒體，美國東部沿海的大多數主要城市都能透過中波收聽中國國際廣播電臺節目。新華通訊

社（新華社）於 1931 年由中國共產黨創辦，至今在全球一百四十多個國家設有辦事處，員工一萬多人。新華社附屬於國務院，發布嚴格遵守黨的官方路線的新聞。英文的《中國日報》（*China Daily*）[60] 負責在全世界三十多家報紙購置費用昂貴的定期插頁業配文，主要是頌讚黨與習近平主席的精彩卓越，多達三十多家報紙，包括《紐約時報》和《費加洛報》（*Le Figaro*）等，可觸及一千三百多萬個讀者。中國在非洲亦經由在報章雜誌的篇幅增刊來輸出軟實力 [61]。

　　在中國境內，新聞雜誌完全被控制著。外國媒體的傳播受到嚴格限制和嚴格審查。這就是為什麼這麼多年來谷歌（Google）、Instagram、臉書（Facebook）、推特（Twitter）和色拉布（Snapchat）等一直被中國「防火長城」擋的牢牢的。國際媒體的網站遭到同等對待，北京對《紐約時報》、BBC、《衛報》、《華盛頓郵報》、路透社、法新社、El País、《印度教徒報》、《明鏡週刊》、《經濟學人》、《世界報》、《解放報》、《法國國際廣播電臺》等等一致固若銅牆鐵壁。在北京，外國記者無時不刻被監視著，尤其是能說一口流利中文的記者更會受到密切關注。那些違反審查人員不成文規定的記者要麼被驅逐，要不他們的居留簽證不獲續簽。2019 年 8 月，北京驅逐《華爾街日報》記者王春翰，聲稱對中國進行「惡意抨擊」的記者是「不受歡迎」的。王春翰與另一名記者溫友正（Philip Wen）合寫一篇報導，關於習近平主席的表弟齊明因洗錢被澳洲執法單位拘捕。新

加坡公民王春翰從 2014 年就在這家美國報社的北京分社工作，他的簽證不獲續簽，表示他不能繼續在這國家工作 [62]。次年二月，另一名合寫者溫友正亦遭到記者工作證不獲續簽的待遇 [63]。

孔子學院

中國從 2004 年打造了另一個實力強大的軟實力工具：以網狀系統遍布全球的孔子學院 [64]。這些非營利性文化機構的靈感來自網狀系統的法國文化協會和英國文化協會。孔子學院標榜的宗旨是推廣中華文化並提供中文教學，師資由北京負責招聘和付薪水。截至 2019 年，包括法國 14 所，全球共有 548 所孔子學院，每年提供約 12,000 小時課程。除此之外，另有 1,193 個「孔子學堂」開設在在中小學。北京相信，透過這些機構，外國人對中國文化會更感興趣，對中國在國際舞台上崛起更可以接受。不過，觀察家認為這些學院實質上是中共大外宣的工具，營造一個和平且發展良好的中國形象來安撫人心 [65]。

米榭‧蓁（Michel Jean）認為中國推展軟實力的範疇有其局限：

中國領導者已經成為其軟實力的狂熱崇拜者，現正努力把「中國模式」推崇成令人欽羨的，吹噓著自己的

過去和民族文化。它利用一己歷史來合理化領土主張，宣揚中國例外論、愛好和平的傳統和非擴張主義的神話，與此同時，禁止提及帝國以及共產黨政權最黑暗的篇章。（Jan, 2014）

西方的中國觀察家普遍認為，「中國模式」並不是真正可以輸出的。尤其多年來北京在推廣形象方面表現欠佳。中共施加於新疆的維吾爾人、西藏人和香港的政策持續嚴重地損害了中國的形象[66]。中國應對新冠肺炎疫情的方式更是相當引人反感。美國皮尤研究中心（Pew Research Center）最近對十四個已開發國家進行的一項調查發現，美國人民對中國的負面看法達到了歷史最高點。「在大多數國家，人們對中國的觀感從去年開始明顯惡化」，報告指出這種轉變，是在「中國應對新冠肺炎大流行的方式受到廣泛批評之際發生的」。話雖如此，在應對疫情方面，受訪者給中國的分數仍然高於美國，習近平也打敗了川普。進行這項調查的研究人員強調：「這些改變在去年是很明顯，但在有些國家，那是更大的發展軌道裡的一部分。」在某些國家，對中國的負面觀感已持續增長很多年了。儘管相較之下，年輕人對中國的觀感仍然比年長者好一些，但調查第一次發現，多數澳洲年輕人和美國年輕人對中國的觀感負面多於正面。（Pew Research Center, 2020）

兩個巨人的戰場：
高科技領域博弈

　　美國是否會失去全球未來科技領航者的主導地位？在塑造未來的科技領域，北京投注了巨額資金，矢志成為世人不得不刮目相看的全球冠軍。那麼，該怎麼看待被用來做為社會高壓統治制度新工具的人工智慧和機器人——那個將決定人類未來數十年發展方向的領域？

　　許多小人物，在小地方，做著小事情，改變了世界。

　　　　—— Eduardo Galeano（1940-2015），烏拉圭記者、作家和小說家

　　中國已昭告天下其成為科技強國的決心。中國的「四大發明」（印刷術、火藥、指南針和造紙術）惠澤世界文明已久，今朝，其揭櫫重振昔日發明大國地位的鴻鵠之志。2015年，中國國務院公布了「中國製造2025」計畫，冀圖在十個被認為對未來至關重要的產業擁有舉足輕重的影響力：資訊技術、機器人、航空航太、先進海軍和鐵路產業、零排放汽車、能源、農業設備、新材質開發與生物醫學。從2008年到2017年的十年間，中國研發支出增長了900%，到2020年時，更達到四千億美元。「太震驚了！」法國國家科學研究中心（CNRS）北京辦公室主任安東尼‧邁納德（Antoine Mynard）說。（Robert, 2018）2019年9月，法國前外交部長于貝爾‧韋德里納（Hubert Védrine）在法國國際和戰略事務研究所（IRIS）最新版的《危機與衝突地圖集》（*Atlas des crises and des Conflicts*）發表會上表示：「很明白地，在未來十到十五年之間，沒有什麼能阻止中國在所有領域──包括科技──成為世界第一。美國人顯然不能接受這種趨勢，必定殫精竭慮防範這情形發生，而中國也在為這必然的發展未雨綢繆著。整個世界的制度正在圍繞這局勢而進行重新組構中。」（Boniface & Védrine, 2019）今天，中國有超過8億的網路用戶，其中絕大多數擁有智慧型手機：目前中國大陸的智慧型手機數量為13億，是美國的三倍多。2017年，中國的消費者花費了8兆美元，是美國消費者的50倍。經過多年發展過程中依賴著外國科技，今天，中國尋求轉變

成自主創新且高踞下一波工業革命的中樞。在過去的十年裡，中國在研發投資方面已經成爲世界第二，僅次於美國，更超越了第三的日本。其目標是 2020 年將 GDP 的 2.5% 用於科學研究，而 2016 年爲 2.05%。爲什麼要這麼汲汲營營？因爲習近平主席指示：「不能總是用別人的昨天來裝扮自己的明天。在這場關鍵的競爭中，我們不能落後。我們必須迎頭趕上，努力超越其他國家 [1]。」中國企業界對這如雷貫耳的訊息奉爲圭臬，德文特和科睿唯安（Derwent and Clarivate Analytics）聯合遴選出的〈2018-19 年度全球創新百強企業與機構〉（2018-19 Derwent Top 100 Global Innovators） 就清楚闡示了這一點。在 2016 年，尚未有中國公司排上名單。2017 年華爲上了排名，2018 年汽車製造商比亞迪和智慧型手機製造商小米亮了相。但是，一個禁錮個人自由的國家眞的會是一個能夠創新的地方嗎？馬特·希恩（Matt Sheehan）[2] 認爲：「沒有政治自由的國家不可能眞正創新，沒有言論自由的人民不可能創造繁榮的文化產業。這是一個深深編織在每個美國人心靈中的眞言。」但是今天中國所顯示的事實，似乎恰恰相反。

　　美國高科技產業的搖籃是名揚全球的矽谷，從舊金山往東南延伸 40 公里，位於聖馬特奧市（San Mateo）和佛利蒙市（Fremont）之間。矽谷大約有 260 萬居民，其中 39% 的人年齡在 20 歲到 44 歲之間，這裡的居民平均年收入爲 7.5 萬美元。大約 11,500 家高科技公司在那裡運營，雇用了約

42萬名員工，年銷售額達到1,000億美元。如果矽谷是獨立的領土，它將是世界第十二大經濟體。在美國，超過15%的專利申請是由座落在矽谷的公司、大學或實驗室申請的，該地區與軍事和國防工業有著密切的聯繫。1947年，電晶體誕生於此；1961年，積體電路也誕生於此；1971年，微處理器還是誕生於此；1976年，蘋果公司第一部個人電腦依然誕生於此；1995年，第一個入口網站還是誕生於此。法國地緣政治研究所（French Institute of Geopolitics）主任洛朗‧卡魯（Laurent Carroue）指出，「這裡也是眾多高科技公司的總部所在地。」（Carroue, 2019）巴黎經濟戰爭學院主任克利斯蒂安‧哈布羅特（Christian Harbulot）的分析是：「科技巨擘（GAFAM）[3]和其他矽谷企業的經濟發展，得益於科技發展初期時尚未有同行競爭，且獲得美國國防部門的大力支持。」他補充道：「新一代美國菁英採用的征服數位世界的隱形戰略，強化了與強權政策的『無形連結』。」（Harbulot, 2017: 94-95）中國以位於北京西北海淀區的中關村來回應著矽谷。這個被譽爲「中國矽谷」的高科技中心，占地488平方公里，匯聚了中國科學院41個研究所和北京大學、清華大學、北京工業大學等十多所中國的頂尖大學，以及210多個研究所和各類實驗室。每年有十萬多名學生從這些院校畢業。2019年，中關村科技園區有超過一萬九千家公司致力於開發新科技，包括新浪、百度和聯想[4]（Lenovo）等大型入口網站企業和諸多電腦行業的旗艦

企業均設立於此。中國近一半的「獨角獸企業」[5]已經在那裡立足，每天有大約 80 家新創公司於這裡成立。早在 2009 年，這個宏偉的中國企業培育中心在催生高科技首次公開募股（IPO）的數量上就已經超過了矽谷，而且在可預見的未來，這一趨勢還將繼續下去。北京政府從 2021 年在北京以西 60 公里的門頭溝區建設一個占地 55 公頃的科技園區，耗資 21 億美元，預計於 2024 年對外開放，該園區將完全投注於人工智慧的研究用途。

2018 年，美國的網路公司創造了 2.1 兆美元的收入，占該國 GDP 總額的 10%[6]，這表明該領域在美國人日常生活中的重要性迅速上升。「網路」是美國人的發明，第一個電腦網路於 1969 年 11 月 21 日在加州大學洛杉磯分校和國際史丹佛研究所（Stanford Research Institute）之間建立；同年 12 月 5 日，在猶他大學和加州大學聖塔芭芭拉分校之間再增加一條網路連接，一個有四個端點的網路世界誕生了。美國電子巨頭英特爾公司（Intel）和超微半導體公司（AMD, Advanced Micro Devices）在半導體和微處理器領域仍是無庸置疑的世界領導者，在這些領域，美國工業保持著顯明的全球科技領先地位。中國電腦巨擘聯想進軍國際市場的所有電腦產品都配備了美國的處理器。英特爾公司由戈登·摩爾（Gordon Moore）、羅伯特·諾伊斯（Robert Noyce）和安德魯·格羅夫（Andrew Grove）於 1968 年 7 月創立，按營業收入計，是全球收入領先的半導體製造商。超微半

導體公司總部位於矽谷聖塔克拉拉鎮，由仙童半導體公司
（Fairchild Semiconductor）的一群工程師和行政主管在 1969
年 5 月創立，這兩家製造商的處理器主導著全球的個人電
腦市場，不過，中國很快就追上來了。2019 年，中國的半
導體產量占全球的 16%，2020 年穩居全球半導體市場領先
地位 [7]，並計畫在 2025 年達到全球的 70% 占有率。2018 年
5 月，習近平會見了重點研究人員和工程師，鼓勵他們努力
實現中國在該領域的技術獨立研發能力。同年 10 月，中國
政府設立了 290 億美元的基金，專門用於發展國家半導體產
業。矽谷專攻人工智慧的研究員皮耶羅・斯卡魯菲（Piero
Scaruffi）認為：「問題不在於中國是否擁有製造半導體的
工程師，而是他們能否製造出有競爭力的產品。」2019 年
12 月初，中國共產黨下令所有中國官方當局在 2022 年底前
停止使用「外國」的軟體跟電腦硬體，無庸置疑，該指令
針對的就是美國製電子產品，此一命令約莫波及 2,000 萬到
3,000 萬台電腦，想像可知，這些電腦將以聯想或其他中國
製造商生產的產品取而代之。

領銜全球人工智慧者是美國和中國。人工智慧（通稱
AI, 是 artificial intelligence 縮寫；指使機器模仿人類認知過
程的技術統合）將是徹底改變未來的關鍵領域。根據普華永
道（PWC，一家專門從事審計、會計和諮詢的國際網路公
司）預估，到 2030 年，人工智慧的發展將為全球 GDP 帶來

15.7 萬億美元的增長，而其中將近 7 萬億美元的財富歸入中國財庫。2019 年，全球一半的人工智慧之投資，是由中國北京、上海、廣州這三大都會的公司進行的。2018 年 8 月，在墨爾本舉行第一屆世界人工智慧大會，因里亞‧薩克雷研究中心（Inria-Saclay Center）主任博川‧布倫瑞克（Bertrand Braunschweig）觀察道：「有三分之一的成果呈現來自中國的實驗室。」

　　不久前，美國還是人工智慧研究領域裡不容置疑的領導。白雲蒼狗，中國現在已走在這發展迅速的領域的前端。法國國際戰略事務研究所研究員暨人工智慧專家查爾斯‧棣布（Charles Thibout）如是研析：「2017 年 7 月，中國政府揭示了它的人工智慧發展鴻圖。最初，年度預算是 200 億美元，預估到 2025 年將上升到 600 億美元，但可能早已超過這些數字了。根據五角大廈，中國的人工智慧年度預算可能已經達到 700 億美元。這遠遠超過美國每年投注在這領域的 40 億美元公共資金，而美國向來是人工智慧的強國。」不過，在美國，這個領先投資的，一直都是私營企業。蒂布補充道：「去年，GAFAM 投資在人工智慧研究的經費約在 400 億到 600 億美元之譜。」（Tellier, 2019）今天，BATX（中國網路四巨頭：百度、阿里巴巴、騰訊和小米）將自己定位為美國的競爭對手。李開復是其中一位頂尖的人工智慧專家。這位創業家暨研究者出生於臺灣，在美國成長並求學，曾任蘋果、微軟、Google 頂尖科技公司全球副總裁等重要

職務，目前在北京工作。他著作等身，其中《AI新世界》(*AI Superpowers, China, Silicon Valley and the New World Order*)在全世界暢銷熱賣中。(Lee K.L., 2019)在一次訪問裡，他解釋道：

> 今天，我們有兩個國家是這場人工智慧革命的驅動力：美國和中國……在中國，競爭尤其激烈，企業家們不眠不休日以繼夜瘋狂的工作著。其中有一個文化因素，因為，在中國，他們是第一代能夠擁有這樣的機會，這些人的父母輩都非常窮困。當這種歷史現象發生時，職業道德與工作意願都非常強烈旺盛，人們從不疲累。終於，中國中央政府和地方政府都大力支持人工智慧產業。

李開復並預測，在 15 年內，美國現有的 40-50% 的職業將不復存在，特別像是研究助理、翻譯、會計、卡車司機、潛水人員、血液分析人員和農業工人。2017 年 9 月，俄國總統普丁會晤俄羅斯年輕人時，他告訴大家：「誰能成為人工智慧領域的領導者，誰就將成為世界的主人。」(Tanguy, 2017)

人工智慧中的人臉辨識被中國當局物盡其用了。在舉世稱奇的經濟繁榮後，各大城市分別部署了數百萬部監控攝影機，這個人工智慧系統已經讓當局得以在街道上辨識出哪些

人犯了罪，隨即跟蹤，並且派員拘留或逮捕。但是，兩億多台監控攝影機配合人臉識別算法，縱使所犯的是微不足道的不禮貌舉動，執事當局員警也能夠干預並加以懲處，基本上是侵犯人民的私人生活領域了。吾人不可能不聯想到喬治・歐威爾（George Orwell）在其反烏托邦經典傑作《1984》[8]中「老大哥」打造的恐怖世界。（Orwell, 1949）在全中國布下天羅地網的「社會信用體系」在 2020 年實施，經由包括監控和人臉辨識系統，對「好」或「壞」老百姓的某些特定行為給予「好」或「壞」的分數。例如，在公共場域抽菸、粗魯、不付款或未繳稅、使用過期的火車票等等等，這些違規行為可能受到的懲罰包括：禁止搭火車或飛機、禁止從銀行貸款，甚至不准買房。（Bougon, 2019）另一方面，舉報罪犯可以得到加分。根據中國國家信用資訊中心的一份報告，2018 年，中國禁止 1,750 萬「失信」的人民購買機票，另有 550 萬「失信」的百姓無法購買火車票。（Cohen, 2019）中國的學校和大學已經部署了監視錄影機來跟蹤學生的出勤和行為，現在，中國學生在課堂上偷玩智慧型手機已經難逃法眼了。從 2019 年 12 月開始，依照中國工業和資訊化部門規定，人民想要擁有智慧型手機 SIM 卡者，必須接受人臉辨識系統掃描，為的是「保護人民在網路空間的權益」。2019 年 9 月底，中國工程師推出了一款超高清監視錄影機，能夠辨識大型空間如體育場內所有的觀眾。同時間，在西方國家中，對這類大規模監控的抵制決策持續增加

著。2020 年元月，歐盟委員會在很迅捷地通過五年內停止在公共場域使用人臉辨識的科技。在美國，加州舊金山、麻州薩默維爾市，以及後來跟進的加州奧克蘭市，皆明文禁止使用這種有爭議性的科技。但中國卻有加無已，甚至規定全國人民從出生開始就必須做基因檢測，他們在新疆的維吾爾人身上試驗了這前所未有的政策。

　　2019 年 8 月，在華歐盟商會（European Chamber of Commerce In China）敲響警鐘，在一份《分數決定命運——企業社會信用體系如何規劃市場主體》的報告書裡指出，社會信用體系現在針對企業進行評鑑與控制，「企業界的社會信用體系可以決定個別公司或生或死，這並非空穴來風[9]。」（Berger,2019）該組織諄諄告誡，在企業界的這體系雖與社會信用體系不盡相同實際上是殊途同歸的，這是歐洲企業應該警覺的時候了，必須覺知中國當局的操作將會如何衝擊到他們的營運。9 月中旬，《南華早報》報導，中國當局已對三億三千多萬家國營企業進行評估，北京計畫在 2021 年建構一個對所有公司評量分級的唯中央獨有的資料庫。已有不少商家採用人臉辨識科技。顧客購物時，不再需要掏出信用卡或智慧型手機來支付購物費用。你只要站在攝影機前，它就會迅速識別你，接著從你的銀行帳戶中扣款付費。「你不再需要隨身攜帶手機；你可以不帶任何東西出去購物。」味多美的資訊科技總監胡博宣揚道。（En Chine,

2019）這家廣受歡迎的烘焙連鎖店販售符合華人口味的西點麵包和蛋糕，在數百家銷售點使用人臉辨識終端系統。儘管特斯拉（Tesla）電動汽車的自動駕駛系統也使用了人工智慧，但創辦人美國企業家伊隆・馬斯克（Elon Musk）對這項技術的仍持謹慎態度。2019 年 8 月 29 日，在上海舉行的第二屆人工智慧大會上，馬斯克與阿里巴巴前董事長馬雲針鋒相對。馬斯克警告說，電腦的運作速度變得如此之快，當電腦與人類溝通時，會覺得人類很慢。「電腦將會對試圖與人類溝通感到厭倦，因為相比之下我們的思考會比電腦慢太多。人類的講話對於電腦來說將會像是緩慢的低頻信號，有點像鯨魚的聲音，」馬斯克解釋說。「而電腦能夠輕易地在兆兆位級別上進行溝通，所以電腦只會覺得不耐煩，跟人類說話就像與一棵樹說話一樣。」馬斯克還擔心人工智慧最終會與人類作對。（Samama, 2019）馬雲很冷靜地避開正面回應，他認為機器沒有智慧，「電腦只有芯片，人類有心靈。智慧是來自於人的心靈。」差不多同時期，2019 年 10 月 6 日，微軟首席執行長薩提亞・納德拉打破他一貫的保守態度，抨擊美國封殺中國的作為，尤其是在人工智慧領域：

> 「許多人工智慧的研究都是公開進行的，整個世界都是從這些公開的知識中獲得益處。……對我來說，從文藝復興和科學革命以來都是如此。因此，我認為，設

置障礙，在實質上造成的傷害可能會多於提升，無論在哪裡。」。（Lee D., 2019）[10]

在另一方面，美國仍然坐穩它在超級電腦[11]的龍頭寶座。1945 年於賓州大學，美國創造了第一台電腦：ENIAC（Electronic Numerical Integrator And Computer，電子數位積分器和電腦）。它重達 30 噸，運算能力差不多與現代的一台小電腦相當。2019 年 10 月，谷歌發表了一項科技里程碑的大突破，一台名為 53-Qubit Sycamore 的量子超級電腦，用三分二十秒完成了之前最大超級電腦需要上萬年的時間計算。在這以前，美國位於田納西州橡樹嶺國家實驗室（Oak Ridge National Laboratory）的「巔峰」（Summit）超級電腦領先了中國；2018 年 6 月 8 日，這台世界最強大的電腦開始啟動，運算速度達每秒 143.5 千萬億次（千萬億次是每秒一千萬億次浮點運算），超越了中國最快的「神威‧太湖之光」的每秒 93 千萬億次。

另一方面，2019 年 10 月，中國國家主席習近平在主持中央政治局集體學習時發表談話，正式表態支持中國加快發展名為「區塊鏈」[12]的新技術，他強調中國要在這領域成為「世界的領導」。他說：「要強化基礎研究，提升原始創新能力，努力讓我國在區塊鏈這個新興領域走在理論最前沿、占據創新制高點、取得產業新優勢。」（Mable, 2019）區塊鏈的技術尚處於早期發展階段。它可以被看作是一種數據

庫，其中包含自創建以來其用戶之間進行的所有交易的歷史記錄。

這個資料庫是分布式的——由其不同的使用者所共享，而無需中介。它是安全的——每個人都可以監視與操作。加密貨幣是該技術的衍生應用。網路使用者之間的事務按塊進行分組，每個區塊都由稱為「礦工」的網路節點驗證，使用的技術因區塊鏈而不同。「比特幣」區塊鏈使用了一種所謂的「工作證明技術」，該技術包括解決要選擇的複雜算法問題，以選擇驗證交易。區塊鏈潛在的開發領域是非常巨大的：銀行、保險、製藥、供應鏈管理、農產品行業、國際貿易、零售配送、航空和汽車。區塊鏈科技已經在中國廣泛運作，涉及數位金融、物聯網、智慧製造、供應鏈管理、電子商務等領域。於響應習近平的號召方面，中國南方大城廣州當局分秒必爭咄嗟便辦，即時宣布設立一個 10 億元人民幣（約 1.42 億美元）的投資基金，專門用於開發這項新技術，並呼籲其他城市踴躍跟進。而後，在 2019 到 2020 年的冬天，中國宣布計畫盡快推出加密貨幣，成為第一個推出加密貨幣的國家。

中國和日本共同領導全球的高科技領域是製造機器人。2017 年，僅中國一個國家就占了全球機器人產量的 36%（138,000 台），超過了美國和歐洲製造的總和，然而日本仍然是世界冠軍，占有 56% 的市場配比，而且中國在平均

單體工人的機器人產量方面依然落後日本。在亞洲的其他國家，對機器人的應用都非常熱衷。根據國際機器人聯合會（IRF, International Federation of Robots）《2020 年世界機器人報告》顯示，全球自動化程度最高的國家，第一名是新加坡，每一萬名員工有 918 台機器人，韓國排名第二，每一萬名員工有 868 台機器人，日本（364 台）和德國（346 台）分別在第三和第四，美國排名第七（228），中國排名第十五（187 台），和法國第十六（177 台）。全球平均每萬名員工有 113 台機器人。以中國是汽車、電子設備、電池、半導體和微芯片的主要生產國，縱使在中國有某幾家公司部署的機器人數量相當驚人，例如富士康，但相較其他國家，這個排名令人困惑；不過，中國常誇耀自己擁有世界上最大的勞力資源，且習近平強調「勞力密集」，機器人與人的比例是較低的不難理解。國際機器人聯合會（IFR）於 2020 年 9 月 24 日公布最新的《2020 年世界機器人技術》分析 2019 年工業機器人報告顯示，亞洲仍然是工業機器人最強勁的市場，尤其中國地區增長了 21%，在 2019 年達到了約 783,000 台。日本位居第二，約有 355,000 台，增長了 12%。值得一提是印度，約為 26,300 台，在五年之內工業機器人數量翻了一番。根據國際機器人聯合會發布的中國世界機器人初步數據顯示，由於中國最早有效地以封鎖控制了 Covid-19 疫情，機器人生產工業恢復正常作業，2020 年工業機器人的銷售增長了 19%，總共運送了 16 萬 7 千台工業機器人 [13]。

　　打從 2012 年底開始，習近平已經在策劃一項巨大的計畫：促成位於中國南部珠江三角洲的「粵港澳大灣區」（GBA）誕生。這項計畫方圓涵蓋了 6 萬平方公里，連結廣東省七個城市——廣州、深圳、珠海、佛山、中山、東莞、惠州、江門、肇慶，當然也包括了香港和澳門兩個特別行政區。該地區總人口約 8,000 萬，單香港就有 750 萬人。這個新灣區，不僅要跟包括矽谷的舊金山灣區一較高下，也要與東京灣區和紐約灣區鬥麗爭豔。在粵港澳大灣區的城市裡，專業化的工業星羅棋布。深圳主導著行動電話領域（華為總部在深圳）和消費電子領域，佛山專門生產家用電器（咖啡機、電鍋、冰箱等），東莞是運動器材，珠海則雨露均霑。大灣區居民的 GDP 約兩萬歐元 [14]（約兩萬三千七百美元），中共當局設定在 2030 年達到 5 萬歐元——與德國不分軒輊！

　　深圳位處這迅速發展區域的中心，四十年前，它僅是一座不起眼的寧靜小漁村，居民只有數千人。點燃這個巨變的啟動信號，源自 1980 年，鄧小平指定：深圳作為經濟改革開放新政策中的經濟特區之一。四個經濟特區深圳、珠海、汕頭和廈門都在南方省分，廣東和福建。從那時候開始，深圳就開始一番石破天驚的蛻變，成為中國的社會資本主義首要實驗中心。今天，這座與香港為鄰人口 1,250 萬的城市，已成為中國生物技術、互聯網、新能源、信息技術、環保等產業的搖籃。在深圳，所有的計程車、巴士、摩托車，都是

電動的。300 萬家公司，大大小小，在這裡開設工廠，包括雇用 15 萬名工程師的 5,000 家所謂資訊科技（IT）解決方案提供商，以及 4,000 家工業設計工作室。漢學家米歇爾‧簡回憶道：「在 1970 年代，我們從廣州搭火車去香港時會在深圳停靠，那時，只是滿滿稻田的小村莊。」深圳開放創新實驗室主任李大維認為，這城市在中國經濟裡扮演了核心角色：

　　深圳的開放性造就其成為中國第一個經濟特區。這城市已變成中國新經濟制度最恢宏的實驗室。經過四十年，深圳的 GDP 已躋身中國排名第三的城市。它包辦了全國 90% 的家電和 70% 的行動電話。從一無所有開始，深圳已發展成中國獨特的科技中心。深圳投注在研發經費的比率比上海、北京和廣州都要高出許多，這項眾所週知的特點已持續十多年。傳音公司剛在證券所成功地掛牌上市。這家公司目前每年出口一億隻行動電話。它單在非洲就獨占了行動電話市場的 35%，但是走出非洲大陸，你可能聽都沒聽過這廠牌。如今，中國和美國的科技公司這麼齒唇相依，很難想像怎麼把他們分開。想想看，美國巨頭高通公司銷售的手機，80% 的零件都在中國製造。蘋果的行動電話約 99.9% 在中國組裝。美國在半導體和微處理器領域高踞主導地位，中國在工業應用領域略勝一籌。

當你踏上深圳，隨即有巨型看板歡迎你告訴你：「實現你的夢想」，以及這是一座「未來之城」。你不需要到中國領事館申請簽證。深圳是向世界開放的城市。如果你是從香港過來，不到一小時你就可以獲得一張去深圳的特別簽證。在這城市，夜幕降臨時，商業區摩天高樓萬家燈火璀璨閃亮，連埃菲爾鐵塔也要相形失色。在 2019 年 10 月初，我趁旅遊香港之便到深圳一遊，漫步在主要街道和廣場，無時不刻都在監控攝影機監視下。我以前從沒來過深圳。閒逛到大芬油畫村的巷弄間，在這個超現代的大都會裡有這麼一處靜謐的綠洲，很驚豔。在畫室裡，我看到一些肖像畫，主角包括這座城市的大貴人鄧小平，當然有習近平，同時有象徵中國企業精神的成功人物馬雲，更驚訝的是，竟然有比爾‧蓋茨！

大灣區建設規劃計有七大發展範疇：建設國際科技創新「樞紐」；加快基礎設施互聯互通；構建具有「全球」競爭力的現代產業體系；推行「前瞻性」生態保育計畫；建設宜居宜業宜遊的優質生活圈；與「一帶一路」配合參與建設；以及，深化粵港澳合作 [15]。最先進技術的大型基礎建設項目已在這地區運作服務，處處可見其非比尋常的蓬勃活力。以連接廣州和香港耗資 108 億美元的高速鐵路為例，兩大城市距離 100 公里，過去需要 2 小時的車程，它在 2018 年 9 月開通後，現在僅 48 分鐘就可穿梭兩地。它且連接了全世界

最長的高速鐵路京廣線；京廣線在 2012 年 12 月通車後，將
北京到廣州 2,298 公里的行程從 24 小時縮短到 8 小時。世
界上最長的跨海大橋港珠澳大橋，連接了香港、廣東省珠海
市、前葡萄牙殖民地澳門，這巨大的工程在 2018 年 10 月 23
日落成開通。這座建築傑作克服了無比艱鉅的技術挑戰，它
跨越 55 公里，投注 220 億美元並耗時 9 年才完工。在廣港
高速鐵路開通一個月後，港珠澳大橋緊接著通行；這條海上
高速公路，串連分別座落在珠江口的幾座大都會，暢行無阻
了。

　　民用航空是另一個中國即將縮小技術差距的領域。目
前，全球整個產業，由歐洲空中巴士（Airbus）、美國波音
（Boeing）和法義合資的 ATR 製造的飛機主導著。航空領
域的成長非常強勁，儘管目前疫情橫行，在未來幾十年，這
個領域仍被看好具有無限拓展前景，而北京正夙興夜寐培養
競爭實力。COMAC C919[16] 中程商用飛機——第一架由中國
設計和製造的最大型客機，當局在 2010 年時宣布將在 2014
年首飛，後來延到 2017 年 5 月 5 日首飛。首批飛機預計將
在 2022 年前交付，這比原計畫晚了四年[17]。這款窄體客機
原定於 2020 年取得適航證，但到 2021 年夏天，歐洲航空安
全局和美國管理局尚未批准適航證[18]。該型飛機鎖定的直接
競爭對手是空中巴士的 A320 系列和波音的 737 系列飛機。
這款客機是由中國商用飛機公司（COMAC，中國商飛）設

計，標準配置可載客 158 人，航程達 4,075 公里，較高密度
配置可達 174 人，最高滿載航程可達 5,555 公里。截至 2018
年底，C919 已取得來自 28 家客戶的 815 架飛機確定訂單、
期權和購買承諾，主要客戶是國內飛機租賃公司，也有來自
中國國際航空、中國東方航空、中國南方航空和海南航空等
航空公司。（Ricci, 2019）[19]

　　中國能否取得由美國製造的 C919 關鍵零組件，這
是外界深切關注的[20]。C919 的關鍵部件，從引擎到飛
行控制系統，都依賴進口的產品。因此，保持與美國奇
異 公 司（General Electric, GE）、 漢 威 聯 合（Honeywell
International）和羅克韋爾柯林斯（Rockwell Collins）等美國
供應商的商業合作，對未來交付這批新機型極其重要。儘管
中國航空工業打算盡快投入研製國產引擎，不過，C919 最
初原本計畫使用由 CFM 國際（CFM International）研發生
產的 LEAP-1C 引擎提供動力，而 CFM 國際是美國奇異公司
和法國賽峰集團（Safran）的合資企業，是 A320 和波音 737
最新型引擎的製造商。

　　參觀中國商飛在上海浦東工業區的總裝製造中心時[21]，
訪客對這空間之明淨敞亮至極，印象必定很深刻。在長 600
公尺寬 150 公尺的大廳中央，停放著一架編號 6 號的飛機；
這架飛機是量產前的最後一架原型機。一面 20 公尺長 10 公
尺寬的巨幅中國國旗俯瞰著大廳。那天是星期六，約莫二十
名年輕工程師和技師孜孜矻矻地工作著。參觀路線限制在一

座高起的行人天橋上，禁止訪客拍照，每次參觀最多十分鐘。這家工廠製造的飛機 30% 將內銷到中國市場，其他則外銷。該機型的開發成本大約爲 100 億美元，與波音花在 737 和空中巴士花在 A320 的相關成本約莫相當。中國商飛在研發這款飛機的工程上，號召了最優秀的航太工程師和約 200 名西方顧問來共襄盛舉，當中包括數名空中巴士和波音的資深人士 22。C919 方案廣攬美國和歐洲最好的分包商。飛機布線工作交付賽峰集團（每架飛機配備 5 萬根電纜）23。就這些西方公司而言，選擇僅有兩種：拒絕與 COMAC 合作，或簽下合同；他們心知肚明，中國人是志在必成的。像賽峰集團這層級的企業，他們在研發方面投下巨額資金，爲的是力保技術優勢，一路領先競爭對手以及可能抄襲仿製他們設計的同行。C919 主要由金屬而非複合材料製構成。中國商飛計畫在第一階段每年生產 50 架這型飛機。此外，中國商飛和俄羅斯聯合航空公司（United Aircraft Corporation, UAC）正在共同研發一種長途民航客機，寬體 C929。在不久的未來，這型飛機將是空中巴士 A350 和波音 787 競爭對手，C929 航程可達爲 12,000 公里，載客量爲 260 人次，預計在 2023 年進行首飛，兩年後正式投入服務。中國航太工業也在製造其首架區域航線商業客機 MA700（又稱新舟－700），該飛機正在西安飛機製造公司的工廠中進行組裝。這款渦槳飛機的航程爲 2,700 公里，可搭載 78 名乘客，此機型設計與法義合資的 ATR 72 － 600 相似程度極爲驚人，擺

明就是要直接成爲其競爭對手的山寨品。MA700 在 2020 年 12 月下旬完成飛機首飛前最後一項全機工況試驗，預計該飛機將於 2022 年進入市場。

在不久的未來，中國將擁有與西方競爭對手一樣機型齊全且效能高的民用飛機，價格卻會便宜許多；C919 的製造成本，據推測，僅達波音 737 和空中巴士 A320 的一半。航太領域是「中國製造 2025」策劃的十大重點之一 [24]。在肺炎疫情波及全球之前，中國原被寄望在 2022 年到 2024 年之間成爲全球主要的商業航空市場。中國製造的飛機在未來必有成長空間，尤其是考量到全新訂單和全球機隊更新的需求，在未來二十年內，大概需要 35,000 架到 40,000 架飛機，其中約 42% 的需求來自亞洲。2018 年，航空公司運送旅客人次達 43 億人，創下歷史新高。根據波音公司的預估，到 2038 年，單單中國一個國家就需要購買 8,090 架新飛機，購機支出約爲 30,000 億美元。而在十年內，全球五分之一的商業飛機將會由中國製造。（Reid, 2019）雖然，這些估計是就疫情爆發前的情況來推測計算，而航空業在疫情期間確實遭受嚴重打擊，不過，這可能只是把中國航空業的增長稍稍延後幾年而已。從一個數字可以看出這種增長的潛力：目前中國人均每年出行次數僅爲 0.43 次，而美國則是 2.7 次。

任何人都可能會質疑，飛機複雜且精密，何以美國和歐洲要投注幾十年時間才研發成功，中國竟能以這種難以置信的速度趕上？人們提出了一個質問：中國是否利用產業間諜

來加速其在這領域努力的成果？根據專門保護企業免受網絡攻擊的數聯資安廠商 CrowdStrike 調查，2010 年到 2015 年期間，與美國國家安全部有關的中國企業，針對幾家西方航太公司進行了網路間諜活動，C919 飛機之研發可能是得利於此。中國嚴正否認這些產業間諜的指控。（Crowdstrike, 2019）

民航業擴展後所需要的更大基礎設施，中國亦快馬加鞭地建設了。2019 年 9 月，全球最大的飛機場——北京大興機場——落成。大興機場擁有四條跑道和 268 個停機位，到 2025 年達到滿載後的年旅客吞吐量可達到 7,200 萬人次。機場另有擴建計畫，在 2040 年完成擴建時，每年吞吐量可達 1 億人次。該機場由巴黎機場（ADP）的子公司巴黎機場集團建築設計公司（ADP Ingenierie）與英國的札哈·哈蒂建築事務所（Zaha Hadid Architects）合作設計。屋頂由 12,000 塊不同形狀建構的玻璃連接組成天窗，面積相當於 25 個足球場。地鐵站和高鐵站就位於航廈下層。乘搭快線可在約 20 分鐘內到達市中心。（Chine : le nouvel aéroport, 2019）這個耗資 1,200 億元人民幣（170 億美元）的機場工程，動用了 4 萬名人員。如果把鐵路和公路連接配套的成本考慮進去，項目總成本增至 4,000 億元人民幣（610 億美元）。我清楚記得我在 1980 年首次前往這個中國首都的旅程，當時飛機降落在北京一個軍民合用機場。它類似一個小型的省級機場。新建的大興機則再次具現了中共對巨大化的著迷。

　　中國終將擁有多種類型的商用衛星發射器，這是它征服航太領域的最後一個要素。中國長征火箭有限公司是國企中國航天科技集團有限公司的子公司，在 2020 年發射新型捷龍二號火箭，此火箭能夠將 500 公斤的載荷送上 500 公里高的軌道。捷龍三號計畫於 2022 年升空，將把 1.5 噸重物送上同前高度相近的軌道上 [25]。這些火箭和長征系列火箭使中國擁有強大的商業運載能力，足以與一些運載能力卓越的火箭競爭，包括美國和俄羅斯的火箭、歐洲的阿利安五型火箭（將於 2022 年被阿利安六型取代）。中國長征火箭有限公司在 2019 年 8 月發射捷龍一號，並成功地把三顆衛星運載到軌道上。2019 年 7 月，中國私人企業星際榮耀空間科技公司（iSpace）成功發射一枚衛星，成為第一家完成這項成就的中國私人公司。

　　中國主導電動汽車產業多年。根據國際能源署（IEA）的數據，在 2018 年約有 125 萬輛電動汽車在中國賣出，這個占全球銷售量一半以上的數字創下世界記錄。中國電動汽車的巨頭比亞迪（BYD）以 248,000 輛的成績擊敗了美國特斯拉的 245,000 輛銷量。中國市場的電動車狂潮，起因於中央當局提出一個政策：政府提供多元並大量補貼來支持電動車產業，希冀到 2020 年時，國內要達到 500 萬輛使用電池供電、燃料電池和油電混合動力的新能源汽車數目。目前約

有 500 家中國企業投入這一熱潮。截至 2018 年底，中國國內擁有 342,000 個充電站，美國僅有 67,000 個。挪威依然是電動車使用率最高的國家，2019 年 3 月的汽車銷售額中有58% 是來自電動車，相較之下，中國只有 4%。以及，當我們講「電動車」時，也意味著「電池」。在電池製造業這方面，中國毫無疑問是榜首，中國的鋰離子電池產量占全球三分之二。單單國內電池製造商巨頭「寧德時代」的產量就占全球四分之一，領先日本的國際牌、韓國的樂金化學（LG-Chem）和國內的競爭對手比亞迪。歐洲目前遠遠落後，只占全球產量的 1%。這個市場在 2027 年可能達到 450 億歐元，其中歐洲地區將占當中的 20% 至 30%。面對中國在這個戰略領域的主導勢力，歐洲終於作出回應。2019 年 12月，歐盟執行委員會（European Commission）通過了一個名爲「汽車電池空中巴士」（Airbus of batteries）計畫 [26]。這個重大舉措是，授權 7 個已參加這龐大計畫的國家，包括法國和德國，提供 32 億歐元（合 38 億美元）的補貼，贊助一個由 17 家公司組成的聯盟生產鋰離子電池。該聯盟的成員必須另外投資 50 億歐元，亦即未來幾年，投資總額將超過80 億歐元。

2018 年中國汽車總銷售量下滑 3%，是數十年以來第一次減少。到 2019 年更是急劇下滑，那年前八個月的總銷售量下跌了 11%。電動車的銷售也面臨相同狀況，個中原因很大程度是由於政府補貼大幅減少，政府在 2019 年提供達到

580 億美元的補貼，但這項政策擬定在 2020 年時會完全被取消 [27]。當歐洲和美國仍在嘗試大量生產電動車，中國已領先西方競爭對手一步，並正在研究一種新技術：氫燃料電池車。該技術要求汽車安裝一罐壓縮氫氣，把氫氣透過燃料電池轉化為電能，從而為電動機提供動力。這系統擁有汽油和柴油汽車的自主和補充燃料的速度，以及全電動汽車的優點（包括靜音和零排放）。不過，這類系統在歐美尚處於起步階段。「我們必須建設出一個氫能社會。」負責中國經濟長期戰略規劃的全國政協副主席萬鋼說。他是二十年前說服中國政府押注電動車的人。萬鋼表示，雖然目前氫能汽車因製造成本和工業障礙銷售量偏低，但如果把氫能列為國家重點發展項目，將有助於克服這些障礙 [28]。（Liu, Tian, Whitley et al., 2019）截至 2019 年 6 月，中國政府在這新技術的開發上已投資 120 億美元。北京的目標是在 2020 年上路的氫能汽車達到 5,000 輛，2025 年達到 50,000 輛，2030 年達到 100 萬輛 [29]。

近年來，民用核能已成為中國另一個成就斐然的領域。在多方助益下，尤其是來自法國，中國迅速整合了最先進的核電廠科技，現在已掌握了全方位的技術。中國民用核能項目始於 1985 年。21 世紀初，中國僅建造了三座發電廠。直到 2005 年，中國在溫家寶總理領導下真正開始投注更多資源在這個領域上。習近平在 2012 年當權後加快了進

程。法國公司已開發出新一代歐洲壓水式反應堆（European Pressurized Reactor，EPR），但座落在諾曼底弗拉蒙威爾（Flammville）的法國國內首個 EPR，卻因技術原因多次被迫延後啟動時間，預計或許在 2022 年底可以開始試行運作。然而，中國屏氣凝神，在 2018 年 12 月首座 EPR 併網發電，2019 年 9 月，台山核電站二號機組緊接啟動。如果沒有法國民用核能開發廠商法國原子能公司（Framatome）的技術支援，中國不可能成為全球首個把 EPR 投入運作的國家。法國原子能公司的主要股東是在該國主導的法國電力公司（EDF）。法國國營企業 EDF 持有台山核電合營有限公司的三成股權，該合營企業負責建造和運營兩座裝機容量達 1,750 兆瓦的核反應堆。而中國廣核集團和廣東省能源集團有限公司分別持有 51% 和 19% 的股份。台山兩個核反應堆的運作彰顯了法國和中國核工業合作成功。據 EDF 宣稱，在開發高峰期間，曾有超過 15,000 人在現場工作，其中包括 200 多名法國工程師，約莫 40 家法國企業參與其中。（Amalvy, 2019）

　　2019 年，中國約有 46 座反應堆進行運作。到 2030 年時，中國有可能 110 座反應堆同時運作，從而超越法國和美國，榮登世界民用核能國家冠軍寶座。在輸出核電廠到國外方面，中國甚至擊敗競爭對手如法國、美國和俄羅斯。中國正在巴基斯坦興建幾家核電廠。英國欣克利角（Hinkley Point）未來核電廠的三分之一資金來自中國[30]。阿爾及利

亞、阿根廷、肯亞、羅馬尼亞、南非、蘇丹和土耳其等國，
都是中國輸出發電廠的接收國。

　　中國的電力生產相當倚重煤炭，煤炭是一種污染非常
嚴重的燃料。2018 年，化石燃料發電量占中國發電量的
71%，其中煤炭約占 67%，天然氣約占 4%。另外，水力發
電量約占 19%，風能占 5%，核能占 4%，其餘的是太陽能和
生物質發電。中國政府的目標是在 2030 年把核電廠的總裝
機容量提升到 12 萬甚至 15 萬兆瓦，等同目前發電量三倍。
中國是「核融合」（又稱核聚變）研究的先鋒，核融合在可
再生能源中堪稱是「聖杯」。

　　2017 年，中國的反應堆已經率先打破了維持核融合運
行時間的世界紀錄。2018 年 11 月，安裝在中國東部安徽
省合肥市一座核融合反應堆，成爲首個把核融合所需條件
維持一百秒的反應堆，締造了重大技術壯舉。合肥反應堆
所進行的，是法國東南部大型 ITER ──國際核融合研究
（International Nuclear Fusion Research）──各種核融合試
驗的一部分。在 2019 年 11 月，它打破自己創下的記錄，
運行溫度達到一億度──等同太陽核心溫度的六倍。它使
用了先進超導托卡馬克實驗裝置（Experimental Advanced
Superconducting Tokamak），其以英文首字母縮寫的
「EAST」更廣爲人知 [31]。托卡馬克利用強大的磁場去控制
融合原子核所需要的驚人高溫。核融合（nuclear fusion）不
應與「裂變」（fission）混淆，裂變是發生在常規的核電廠

中的原子核分裂。核融合因為擁有與太陽能量一樣的無限性，而且不會產生污染或持續的輻射，被認為是明日能源。「我們希望透過這座裝置（EAST）拓展國際間的合作，讓中國在人類未來使用核融合方面有貢獻。」參與此實驗反應堆項目的中科院等離子研究所副所長宋雲濤說道。（Wang, 2019）

法國目前正在南部聖波萊迪朗克（Saint-Paul-lez-Durance）建造一座反應堆，這是 ITER 計畫中的一部分，該反應堆的溫度預計將達到攝氏 1 億 5,000 萬度。自從 1985 年核融合國際合作方案開展作以來，ITER 的聯盟成員國──中國、歐盟、印度、日本、韓國、俄羅斯和美國──投入這方案已達三十五年，數千名工程師和科學家參與 ITER 的設計、建造和運作這項試驗，焚膏繼晷用志不紛，寄望能在 2025 年進行首次運行測試。宋雲濤表述，與此同時，中國已有企圖心建造另一個核融合反應堆，與 EAST 不同的是，該反應堆將與電網連接發電，並有望在本世紀中葉即開始供電。（出處同上）這個「後 ITER」方案的預算是 60 億人民幣（9 億 1,400 萬美元）[32]。

中國讓競爭對手難以望其項背的另一項科技成就是高速鐵路。在十年之間，中國建製了世界上最鴻章巨構的高鐵網絡。中國鐵道建築集團有限公司（中國鐵建）是譽滿全球的鐵路建設巨頭，它在 2020 年擁有約 35,000 公里高鐵軌道，這數目是 1980 年代初期開通的法國高速列車（TGV）網絡

的二十一倍，占全世界高速鐵路網絡的三分之二。之前，
從北京到上海，搭乘老邁破舊且不舒服的火車，車程需花上
24 個小時，2011 年 6 月京滬高鐵開通，新車型「復興號」
以 3 小時 58 分鐘完成 1,305 公里的行程，行駛速度平均每
小時 329 公里，榮膺世界最快的高鐵列車。2019 年 10 月，
在新建的在 2019 年 10 月的京張城際鐵路試行中 [33]，中國高
鐵甚至創下每小時 385 公里的速度記錄，這條新的高鐵線路
在 2019 年底於河北省北方正式營運，是全球第一條自動高
速鐵路 [34]。世界銀行（World Bank）中國局局長馬丁‧芮澤
（Martin Raiser）指出：

> 中國建構了世界上最大的高速鐵路網。其衝擊力所
> 及，遠遠超過鐵路範疇，還包括城市發展模式的改變、
> 旅遊觀光業的興盛蓬勃，以及促進區域經濟活力增長。
> 現在，相較於過往，諸多民眾更容易出門旅遊，且更可
> 以掌握行程，同時，高鐵網絡同時為未來降低溫室氣體
> 排放奠定了基礎。（World Bank, 2019）

　　泛亞鐵路，一條連接雲南昆明與新加坡的高鐵線路，已
在中國鐵建統籌下展開建設，預計在 2026 年前完工。這是
一個規模宏大的計畫，跨越 3,000 公里，通過寮國、泰國和
馬來西亞。就這項記錄，且補充一個資訊：美國至今尚無任
何高鐵火車線路；曾經提出從舊金山到洛杉磯的唯一高鐵計

畫，已經被擱置了。與此同時，中國已經開始輸出其高鐵火車。最近的例子是，大型企業集團泰國 GP 集團與中國鐵建簽署了價值 74 億美元的合同，將承建 220 公里長的高鐵線路，此線路連接曼谷蘇凡納布機場、廊曼機場和深受西方遊客喜愛的南部城市芭堤雅的機場。這高鐵網路在 2020 年底動工。不過，中國的鐵路開發正面臨一個急迫的難題：上市的中國鐵建因這些鴻圖大展而債台高築，估計背負了 54,000 億元人民幣（8,320 億美元）的巨額債務。

隨著中美科技競賽升級，美國對產業間諜活動 [35] 和竊取知識產權的公開指控日漸增多。2019 年 7 月，美國聯邦調查局（FBI）局長克里斯托弗・瑞伊（Christopher Wray）在美國參議院司法委員會發言時披露，對中國的企業、機構和大學涉嫌竊取知識產權的案件已進行了上千次的公開調查。「我認為目前沒有任何國家會比中國對這個國家（美國）構成更嚴重的反情報威脅。」他告訴參議員，並補充北京是針對所有美國產業而來。次日，中國外交部發言人華春瑩回應對這些指控，嚴正否認並謂所有指責純屬空穴來風子虛烏有。「中國一不偷、二不搶、三不撒謊。」她說。（"We don't steal", 2019）美國政府則估計，僅在 2014 至 2017 年期間，知識產權竊取造成的損失高達 12,000 億美元 [36]。

軍事領域，由美國
持續掌控的無聲競賽

　　在未來很長一段時間內，美國仍將是世界軍事領域的主宰者。唯一有能力同時對地球上所有戰區投射軍事力量的國家。但中國作為 1964 年以來的核武擁有者且擁有世界第二大國防預算，二十年來一直致力於將其軍隊快速現代化。中國已經將其領土擴展到遠離南海海岸的地方，並意圖控制臺灣海峽，這是中國主張擁有主權的國際海上交通和戰略軸心。

　　「當你戰勝了對手時，不要屈服於侮辱他的誘惑。不要嘲笑你的對手，不要激怒他們，每次你贏了，當滿足於不在言行上誇耀自己的那種勝利喜悅。」

——朱爾·馬薩林（Jules Mazarin），
《政治家摘要》（*Bréviaire des politiciens*），1864

　　2019 年 12 月，川普簽署了 2020 年的美國國防預算，總額達到 7,380 億美元 [1]，這個數字超過了地球上其他國家的總和。在未來數十年內，美國很有可能繼續擁有全球最多的軍事預算。2018 年北約軍費支出達到 9,630 億美元，這是在美國軍費支出不斷增加、以及美國的 29 個盟國努力改進川普重複要求的「分擔負擔」四年來明白可見的成果。這位美國總統將中國列為美國的主要威脅，從而打開了重新武裝的大門。2018 年，美國國防預算為 6,490 億美元，這是自 2011 以來的首次成長，而這樣的趨勢在 2019 年和 2020 年仍然繼續著。英國安全和情報專家查爾斯‧舒布里奇（Charles Shoebridge）認為美國 2019 年創紀錄的 6,860 億美元軍事預算，顯示華盛頓正在為國家之間的常規戰爭做準備，而不僅僅是為了應對恐怖組織。在川普的承諾下，2019 年美軍獲得創紀錄的預算，比 2018 增加了 540 億美元，美國 2019 年的軍事預算，只差個幾十億美元之譜，就相等於瑞士或沙烏地阿拉伯整國一年的生產總額。

　　現在，讓我們來看第二名。根據世界經濟論壇（World Economic Forum）的統計，2015 年時俄羅斯的國防預算為 660 億美元，而法國則是 550 億美元。2018 年時，法國以 560 億美元超越俄羅斯的 510 億，不過全球國防預算的第二名既非法國，也非美國老牌對手俄羅斯，而是中國。中國的國防預算，在 2000 年到 2016 年這短短的十六年間增加了五倍；2000 年僅有 410 億美元，2016 年已達 2,160 億美元之

譜，世界排名也一路從第六飆升至第二，僅次於美國。這樣的數字，而且是廣被許多專家認為被嚴重低估的數字[2]，讓中國成為當今亞洲最重要的軍事強權。中國的主要競爭者印度，國防預算以接近 570 億美元位居全球第六，但是這僅是中國的四分之一。這幾年中國繼續增加投注在軍事領域的費用，2020 年時已經達到 1.3 萬億人民幣，比起 2019 年成長了 6.6%，儘管因人民幣貶值使美元價值相較於 2016 年看來是下降至 1,780 億美元。

不論是預算的規模或是在全球部署的能力，美國軍力依舊是世界第一。美軍擁有大約 140 萬名現役軍人，而且在全球每一洲都有軍事基地。2020 年美國共部署了 11 艘現役航空母艦，這數目是全世界所有國家最高的[3]。每一艘航空母艦都有由 10 艘軍艦（神盾巡洋艦、驅逐艦、護衛艦、潛艇和補給艦所組成的小型艦隊）組成的艦艇編隊伴隨，以確保整個艦隊的防衛能力和後勤補給。有了這些艦隊，美軍可以迅速干涉地球上任何地方。

中國航空母艦的數量很快地躍居了世界第二。中國第一艘航空母艦是從烏克蘭購買的並「改裝」的二手船「遼寧號」，於 2012 年正式服役。第二艘「山東號」則是完全在中國設計和建造，於 2019 年服役。至於第三艘則是處於建造階段，目標在 2025 年加入服役。山東艦於 2019 年 12 月下水，排水量為 50,000 噸，長度比遼寧號（長 315 公尺，寬 75 公尺）更長，可運載 25 架戰機。這兩艘航空母艦皆是

由傳統發動機作爲動力來源，這些發動機會產生大量黑色廢氣尾跡，遠至數公里外都能看見。美國國防情報局（US Defense Intelligence Agency）在 2019 年的一份報告中表示：「作爲首艘『中國製造』的航空母艦，山東艦最主要的工作將會是地區性防禦任務，北京當局可能還會使用這艘航母針對南海甚至印度洋投射軍事力量。」（Axis,2019b）但中國的第三艘航空母艦將是由核能驅動，因此將能夠執行遠離中國海岸的任務。迄今爲止，只有美國和法國擁有核動力航母。中國對於航空母艦的發展不會就此止步，到 2030 年，中國可能擁有另外三艘航空母艦。

　　中國海軍第一艘攻擊型核潛艇於 1974 年 8 月服役，第一艘彈道飛彈核潛艦「092 型」於 1981 年 3 月命名爲「長征 406 號」，於 1987 年正式服役。中國海軍現在擁有 600 艘戰鬥艦艇，總噸數位居世界第二，超越俄羅斯，位居亞洲之首。據估計，中國人民解放軍在 2015 年有 150 萬名軍人[4]，習近平掌權後，以中央軍事委員會主席[5]的身分，加速推動軍隊現代化，定下了深入整頓並且強化海軍的明確目標。2019 年 10 月 1 日，天安門廣場舉辦盛大慶典慶祝中華人民共和國成立 70 週年之際，中國首次展示了能夠攜帶多枚核彈頭的新型洲際彈道飛彈（ICBM）「東風 41」彈頭，射程達 14,000 公里，足令美國全境都在其射擊範圍之內。專家估計，在 2008 年時，中國東部海岸部署了面對臺灣 1,050 至 1,150 枚能夠攜帶常規或核彈頭的東風 15 和東風 11 短程彈

道飛彈。從那時開始，這數目有增無減[6]。

如果北京決定對臺灣發動軍事行動，從戰爭的第一秒到登陸侵略開始的那一刻，「這些飛彈將向臺灣海岸咆嘯，機場、通訊樞紐、雷達設備、交通節點和政府辦公室等等都在它們的打擊範圍。」這是專門研究東亞地緣政治的美國研究員坦納·格林（Tanner Green）想像中的場景。令人意外的是，格林認為美軍需要一定的時間才能夠做出反應以及前來協助臺灣軍方。

> 與此同時，祕密穿越海峽的潛伏特工或特種部隊將開始暗殺行動，目標針對總統和內閣官員、民進黨其他領導人、主要官方機構官員、知名媒體人士、重要科學家或工程師和他們的家人。這一切行動具有兩個目的。在狹義的戰術意義上，解放軍希望盡可能地摧毀位於地面上的臺灣空軍，由此所製造的混亂足以癱瘓臺灣空軍能夠迅即對抗中國對臺灣天空的制空權。解放軍登陸臺灣陸戰開始後一星期之內，他們將進軍台北；在兩星期之內，他們會實施嚴屬的戒嚴令，以便把這座島嶼改頭換面，轉變成解放軍防禦預期中日本和美國的反擊的前線基地。（Tanner Green, 2018）

人民解放軍擊潰臺灣軍隊的凱旋快速到來，這座島嶼於是乎正式回歸「祖國」懷抱。

　　情節是不是會這麼輕易地以這種態勢開展，且待觀察。
事實上，臺灣在自我防衛上擁有相對完善的武裝能力。美國
政府雖然承認北京政府和「一個中國」政策，但仍然是臺灣
主要的武器供應者。臺灣在 1990 年向法國購買了 6 艘拉法
葉級巡防艦，然後在 1992 年購買 60 架幻象 2000-5 戰機。
這次軍售引發了巴黎和北京之間的外交危機，以至於除了美
國外，沒有其他國家願意冒著與中國破壞關係的風險向臺灣
出售軍事武器。華盛頓沒有理會中國的報復威脅，持續向臺
灣出售軍事裝備。2019 年 7 月 8 日，美國國防部宣布向臺
灣出售 108 輛 M1A2 主戰坦克和 250 套短程刺針飛彈，總金
額為 22 億美元。同年 8 月 21 日，美國再度出售 66 架 F-16
C/D Block 70 戰機和 75 台通用電氣（GE）F110 發動機，總
額估計為 80 億美元。中國表達強烈抗議，但徒勞無功。負
責美國軍事裝備出口的機構（國防安全合作局）發布的新聞
稿表示：「擬議出售的這些軍備和支持不會改變該地區的基
本軍事平衡。」還補充說道：「由於這項擬議的軍售支持了
（臺灣）繼續在軍備武裝現代化方面的努力，使其得以維持
足夠的防禦能力，如此，符合了美國的國家、經濟和安全等
方面的利益。」新出售的 F-16 戰機「將有助於改善接收國
的安全，並有助於維持該地區的政治穩定、軍事平衡和經濟
進步。」臺灣總統蔡英文表示：「隨著國防能力的加強，臺
灣在面臨安全挑戰時，必定能夠更好地確保海峽和地區的和
平與穩定。」

　　臺灣軍隊是否能夠抵擋解放軍攻擊？這是個大哉問。
這也需要端看兩岸發生軍事衝突時，美國對臺灣的軍事支
援會到什麼程度。多年來臺灣在許多國防工業領域都相當
活躍。2019 年臺灣公布的國防預算爲 3,460 億新台幣（依照
2019 年平均匯率計算爲 112 億美元），占國內生產總值的
2.16%[7]。其中 736 億新台幣（比 2018 年增加 51.4%）是用於
臺灣自行生產的武器系統。這樣的數字彰顯了臺灣政府是相
當認眞對待中國的威脅。

　　2019 年 8 月 2 日，美國退出了 1987 年與蘇聯簽署的《中
程飛彈條約》（INF）。這個舉動讓美國可以進行核武和傳統
武器庫的現代化。美國退出的原因之一就是擔憂中國，因爲
中國沒有簽署 INF，並不受到這個條約限制。在美國宣布退
出條約幾個小時後，五角大樓明確宣告用飛彈包圍中國的意
圖。當時的美國國防部長馬克・埃斯珀（Mark Esper）正出
訪澳洲，他對記者說，五角大樓希望「儘早」在太平洋部署
中程飛彈，他還補充說自己則希望在數個月內就能完成。埃
斯珀拒絕透露這些飛彈基地的位置，但不論在哪裡，這些飛
彈的射程都能讓中國沿海地區以及所屬的太平洋島嶼處於危
險之中。2019 年 9 月 12 日，陸軍部長萊恩・麥卡錫（Ryan
McCarthy）明白了當地指出新部署的飛彈「將會改變東南
亞的戰略格局」。麥卡錫發表上述言論的前一天，美國海軍
陸戰隊才在日本沖繩附近的伊江島，進行登陸敵方領土和奪

取簡易機場的演習，展現了美軍進攻爭議島嶼並建立空中加油站的能力。在海軍陸戰隊網站上，貼出參與這次演習的第 31 海軍陸戰隊遠征部隊少校安東尼・希薩羅（Anthony Cesaro）的觀點：「這類突襲行動讓（美軍）印太地區的指揮官，有能力對潛在爭議的沿海環境中投射力量，並進行遠征行動。」

2019 年 9 年 13 日，海軍陸戰隊演習的同時，美國飛彈驅逐艦邁耶號（USS Wayne E. Meyer）在西沙群島巡航，維護該海域的「航行自由」，也反擊北京對該群島的主權聲明。這是在 2019 年前九個月內，美軍第六次執行這種行動，而美國海軍在 2017 年和 2018 年總共進行了八次。在歐巴馬總統的整個任內（2009-2017 年）僅僅只有六次。

2019 年 8 月 19 日，在中程飛彈條約告終後不到一個月，美國宣布在加州附近的聖尼古拉斯島測試了一枚原本被條約禁止的中程飛彈。中國也快速回應。中國外交部發言人耿爽表示，美國的試射行動「將引發新一輪軍備競賽，導致軍事對抗升級，對國際和地區安全局勢有嚴重負面影響」。（Lee, 2019）2019 年 9 月 4 日，南韓《朝鮮日報》透露，美國計畫於 2020 年初開始在亞太地區部署第五代 F-35A 隱形戰機，目標是在 2025 年時完成部署 220 架。《朝鮮日報》援引南韓軍方發言人的談話道：「美國從戰略角度出發，考慮在亞太地區部署 F-35 戰機，不僅針對北韓，也針對中國。」南韓已經接收並部署數架首批訂購的 40 架 F-35A 戰

機，第一架於 2019 年 12 月加入服役。（Gady, 2019）2020
年 9 月，有報導指出南韓爲了正在設計的輕型航空母艦，將
再跟美國購買 20 架 F-35A 戰機和 20 架具備短距離起飛和垂
直著陸能力的 F-35B 戰機。（Vavasseur, 2020）

　　美國還在亞太地區安裝了終端高空防禦系統，也就是俗
稱的薩德反飛彈防禦系統（THAAD），南韓參與了這項行
動。這套系統自 2008 年開始服役，設計用來摧毀中程飛彈
或中程彈道飛彈，主要目的是爲擊落從北韓和中國發射的飛
彈。

　　美國和太平洋上的盟友擁有一支令人印象深刻的艦隊。
華盛頓和東京特別在日本領土上建立了一個精心設計的雷達
系統。日本的 FPS-3 和 FPS-5 型防空雷達以及美國的 FBX 機
動性雷達，大部分東海海域的飛機行蹤和可能的飛彈發射都
在監測範圍之中。美軍特別畏懼中國可攜帶核彈頭的中程
「東風 21」反艦彈道飛彈（DF 21）。兩國在該地區部署了
一支由 15 艘驅逐艦組成的艦隊，裝備著宙斯盾彈道導彈防
禦系統（Aegis Ballistic Missile Defense System）防空雷達。
日本還有 4 架 AWACS 空中預警機和 10 架 P-1 反潛海上巡邏
機。與此同時，美國擁有 8 架配備了聲納的最新一代 P-8 海
神式海上巡邏機，能夠追蹤該地區的中國潛艇。美軍還開
發了一種稱爲拖曳陣列聲納（Towed Array Sensor System）
的精密系統，以便在東海和南海海域進行電子偵監。在這
份不算詳盡的名單上，美國將華盛頓號核動力航母（USS

Washington）和附屬艦隊長期部署在這個地區，並以離東京南方 65 公里的日本橫須賀海軍基地為母港。整體而言，美國海軍在西太平洋擁有大約 34 艘驅逐艦、17 艘核子彈道潛艇和 2 艘航空母艦。（Holslag, 2015）美軍 U-2 偵察機可在其於日本群島南部的沖繩島普天間的空軍基地起飛降落，在該地區執行特定的監視任務。所有這些尚未包括美軍在太平洋關島的軍事設施。美國還可以更倚重由超現代艦艇組成的日本海軍，以及日本空軍，尤其是日本正在採購的 42 架美製多用途 F-35A「閃電 II」戰機。

中國於 1964 年 10 月 16 日在新疆西北部的羅布泊試驗場進行了第一次核子試驗，並於 1967 年 6 月 17 日進行了第一次氫彈試驗。中國的詳細的核武庫存數仍不被外界所知。西方估計，2006 年中國擁有約 200 枚核彈頭，2007 年為 450 到 500 枚，2010 年代約為 800 枚。一位俄羅斯將軍評估中國的核武庫為 1,600 至 1,800 枚彈頭，而 2011 年一家美國智庫曾提到 3,000 枚這個數字。相比之下，美國的核武庫比中國大上不少。根據《原子科學家公報》（*Bulletien of the Atomic Scientists*）的美國科學家報導，美國在 2019 年初擁有大約 3,800 枚核彈頭，其中 1,750 枚已經投入使用，剩下的 2,050 枚被封存。使用中的 1,750 枚核彈頭中，1,300 枚被裝在彈道飛彈上，300 枚被放置在美國的戰略轟炸機基地，另外 150 枚放置在歐洲基地。

　　當今，隨著 096 型唐氏級潛艇的發展——該潛艇能夠發射遠程 JL-3 核導彈，據信其射程至少可達 8,000 公里，北京正在獲得一種確保核報復性的打擊能力，足以置美國所有主要城市於潛在的核威脅之中。在冷戰期間，莫斯科和華盛頓意識到核子武器的風險，而此時此刻，中美兩國也深知在危機中必須克制，限制傳統武器的使用，以免引發一系列的危機，導致主要城市被徹底摧毀。但在 2019 年 5 月 31 日至 6 月 2 日於新加坡舉辦的香格里拉論壇期間，美國代表和中國代表說的話可一點都不含糊。

　　出席香格里拉論壇的中國代表魏鳳和將軍，身兼中國國防部長、中央軍委六名成員之一，是中國有史以來出席這個論壇的最高層級官員，就中國的根本利益以警告的方式發表了一段話。「至於最近美方挑起的貿易摩擦，如果美方想談，我們會敞開大門。如果他們想打，我們就打到底。如果有人敢把臺灣從中國分裂出去，中國軍隊別無選擇，只能為民族團結不惜一切代價而戰。」美國代理國防部長帕特里克‧沙納漢（Patrick Shanahan）在沒有直接點名中國的情況下回應「競爭並不意味著衝突」，然後補充說：「中國必須停止侵蝕其他國家主權和激起對中國不信任的行為。」（Guibert, 2019）

　　中國外交部長兼國務資政王毅在 2019 年 9 月 26 日告訴聯合國，中國身爲世界第五大武器出口國，已經準備好「盡快」簽署聯合國武器貿易條約（ATT）。美國並非該條約的簽署國。

　　美國在太平洋上的盟友面臨了一個大問題：「在太平洋地區，與中國軍隊相較，美軍仍保有優勢嗎？」美國和西方的專家都已經開始質疑了。中國鍥而不捨步步爲營進展著，在太平洋上，可能實力已經勝過對手美國。歷史學家暨地緣戰略專家的弗朗索瓦・基爾（Francois Gere）是法國戰略分析研究所（IFAS）的創始主席，他闡述道：

　　　　中國軍事力量的崛起是新近的現象，可以追溯到大約十五年前……這一轉變伴隨著新的外交姿態——中國崛起爲世界第二大強國，且堅定地轉向公海……並向大氣層外太空開發一己的衛星定位系統，同時發展反衛星計畫。雖然中國正在崛起，但仍無法假裝有能力與美國抗衡……另外，在整個太平洋地區，美國擁有強大的盟友，像是日本、韓國、澳洲。中國只能靠自己。在這種情況下，中國雖然有條不紊地在進行轉型，但並未冀望進行全面性的對抗——至少一個世代。但無論是在海洋還是太空，美國遢圖禁止任何造次之舉。（Ces experts, 2019）

　　美國政府問責署（GAO）負責美國國會審計和對於政府行政部門的監督和調查，它們在 2019 年 2 月提出的一份報告中提到，美國陸軍在「重建戰備」方面有進展，但仍然在「爲不斷發展的部隊尋找人員、裝備的維修和現代化以及針對未來潛在的大規模衝突進行訓練面臨挑戰」。（Pendleton, 2019）美國在過去十年中參與各式大小衝突，它們發現資金問題和人員的耗損影響了部隊的作戰能力，解決這個問題成了華盛頓的優先事項。該研究強調，美國陸軍的頻繁的部署「降低」了戰備狀態，而美國的「對手」則不斷提高它們的軍事潛力。

　　更嚴重的是，雪梨大學美國研究中心於 2019 年 8 月發表一篇名爲「避免危機：美國在印太地區的戰略、軍費開支和集體防禦」的報告，認爲美國在印太地區的軍事優勢已經不再，甚至表示在中國影響力不斷增長下，美國已經難以捍衛印太盟友抵抗中國的威脅。報告寫道：「美國在印太地區不再享有軍事優勢，美國維持有利情勢的能力越來越不確定。」（Townshend, Thomas-Noone & Steward, 2019）中國「不斷增長」的飛彈數量威脅著美國和盟國的基地的軍備，

　　這些設施「極可能在爭鬥開始幾小時裡因遭受精準攻擊而完全癱瘓，解放軍的導彈威脅挑戰了美國在整個前線地區自由操作其部隊的能力。」（出處同上）。儘管美國在情報領域、彈道飛彈和最新一代戰機上仍然保有優勢，仍難以阻止上述的情境發生。中國無法像美國那樣仰賴盟友，但它在

太平洋中心的地理位置和不斷進步的科技，讓中國成爲「能
夠與美國抗衡的超級大國」（出處同上）。「中國的反干預
系統削弱了美國把軍事力量投射到印太地區的能力，提高了
中國以有限軍力在美國有效回應之前獲得既成戰果的勝利之
風險；且在過程中挑戰美國的安全保障。」（出處同上）。
該報告總結道，美軍是「一股正在萎縮的力量，沒有爲印太
地區的大國競爭做好充分的準備、裝備或備戰。」（出處同
上）。

　　這份報告，如果評估正確的話，將對許多深深仰仗美國
來保障安全的盟友——像是澳洲、臺灣和日本，後果堪慮。

　　　　面對地區安全局勢競爭日趨激烈和可資運用的國
　　防資源有限，美國軍方不再確信自己有能力可獨自在印
　　太地區維持有力的力量平衡。相較之下，中國大規模投
　　資先進軍事系統勵精圖治的碩果即是，更能以軍事力量
　　於地區秩序分庭抗禮。（Townshend, Thomas-Noone &
　　Steward, 2019）

　　實際的狀況是，美國把軍事力量過度分散於世界各地，
而中國沒有承擔全球事務的包袱，可以將武裝力量集中在太
平洋戰區。物換星移，澳洲在太平洋地區的國防安全不能
夠繼續僅僅仰賴美國了，而應該加強與日本等國家的聯盟關
係，縱橫捭闔，結合盟國軍力以確保「集體防禦」之效益。

該報告如是總結道。

　　大衛・奧奇曼涅克（David Ochmanek）是蘭德公司（RAND Corporation）[8] 的軍事分析師，他也質疑美國的軍事實力：「在我們的模擬中，當我們（美軍）與俄羅斯和中國作戰時，藍方潰不成軍[9]。」（Axe, 2019a）2019 年 3 月，在華盛頓特區的新美國安全中心（New American Security）的小組討論中，奧奇曼涅克倡言，美國在太平洋的基地很容易受到中國遠程飛彈的攻擊，在公海上航行的大型軍艦也是如此。「那些依賴複雜的基礎建設的設施，像是跑道和油箱，即將有艱難的時候了。而在海面上航行的日子也將要難過了。」奧奇曼涅克這麼說。（出處同上）

　　而今，中國在太平洋公開測試美軍和盟軍的反應。2019 年 7 月 23 日，四架中國和俄羅斯轟炸機在南韓和日本沿海進行前所未有的空中聯合演習，根據法新社引述分析師們的說法，這是中俄兩國挑戰美國在該地區影響力的「一大進展」。

　　南韓和日本齊聲抗議這次演習，兩國皆聲稱兩架俄羅斯飛機中的其中一架侵犯了它們領空。南韓攔截機發射了超過 400 次警告射擊，聲稱這架飛機侵入獨島附近的領空。「獨島」由南韓實質控制，但日本也聲稱擁有該島主權，並稱之為「竹島」。日本也緊急部署戰機，並向莫斯科提出抗議。「這是樁大事，因為顯示了中俄兩國空軍有協調巡航的把握，這種巡邏方式幾乎肯定會給該地區帶來不穩定性。」蘭

德公司資深政策分析師萊爾・莫里斯（Lyle Morris）表示。中俄關係日趨密切，已經多次進行聯合軍演。

　　再者，由於該聯合巡航是在造成日韓外交摩擦爭端的島嶼附近舉行，它顯然有著特殊目的。在首爾成為研究員的脫北者安燦日（Ahn Chan-il）認為，中俄侵犯領空的行為是經過「深思熟慮」，他表示：「在朝鮮核武議題上，中國和俄羅斯企圖與美國互別苗頭。」亞當・尼（Adam Ni），一位雪梨麥考瑞大學中國研究員，認為雙方參與這次演習的轟炸機——中國兩款「轟六」和俄羅斯兩款「Tu95」也相當重要，因為兩者都具有攜帶核武的能力。「這傳達了額外的訊息……從區域安全的格局來看，這是一個相當重大的發展。」（出處同上）。在法新社引述的幾位分析師觀察裡，中俄的合作已經超越經濟領域，雙方旨在成為一種顛覆現狀的更廣泛的夥伴關係。「這也彰顯了中俄已經駕輕就熟相輔相成的聯合作業，他們現在可以進行聯合巡邏。」華盛頓全球臺灣研究中心（Global Taiwan Institute）駐台北資深研究員邁克爾・科爾（J. Michael Cole）說，「在我看來，這對美國在印太地區的聯盟體系構成了直接挑戰。」（出處同上）

　　當專家們指出了美軍在太平洋的弱點時，美國政府從2020年初開始迅速採取行動進行重新武裝以面對日益茁壯的中國軍力，目標是重振雄風。美國戰略的徹底改變，可以追溯到美國國會關於2021年度軍事預算的辯論。這份預算提案包含了在亞太地區部署海對地和地對地戰斧飛彈。美軍

還計畫加快部署新一代反艦飛彈。這項新戰略的優先事項之一，是計畫將駐紮在西太平洋的日本、臺灣、菲律賓和婆羅洲美國海軍陸戰隊小型機動單位，裝備反艦飛彈。2020 年 3 月 5 日，海軍陸戰隊司令邁克爾・伯傑（Michael Berger）告訴眾議院軍事委員會的議員，這些裝備精確飛彈的機動小隊，可以鼎助美國海軍重新掌控中國沿海海域。

「戰斧飛彈是讓我們能夠達到這個目標的有效工具之一。」伯傑說。打從 1991 年波斯灣戰爭開始一直使用的海對地飛彈，被進行更新和改裝成射程 1,600 公里海對海以及地對海的飛彈。根據路透社引用的美國高級軍事官員的表述，改裝後的戰斧飛彈將在 2022 年開始測試，並於 2023 年操作。「美國正在強勢回歸。」路透社引用了澳洲政府前高級國防官員羅斯・巴貝奇（Ross Babbage）的話：「到 2024 年或 2025 年，解放軍即將面臨瞠乎其後的風險。」（Lague, 2020）

中國不是中程飛彈條約（INF）的簽署國，俄羅斯和美國受此條約限制，被禁止部署射程 500 至 5,000 公里的飛彈，中國則在東部海岸部署了大量此類飛彈，其中一部分針對臺灣。中國軍艦和戰機也配置了極精密的遠程飛彈，特別是反艦飛彈，如果衝突爆發，對美國第七艦隊極可能造成相當重大的破壞。路透社引用美軍官員的談話，中國在過去十年研發和部署飛彈，讓中國在西太平洋地區比美軍更具有明顯優勢。2020 年 3 月，於海軍陸戰隊指揮官伯傑與國會議員會

談次日，美國國防部長馬克‧埃斯珀（Mark Esper）告訴記者，他打算在未來數個月內在亞洲部署陸基導彈。美國國防部編列了 32 億美元的預算研發遠程超高音速飛彈，這些飛彈主要部署在亞太地區，潛在的目標無疑就是在南海、東海和黃海的大約 400 艘中國軍艦。

美軍計畫透過部署將於 2020 年代中期讓遠程 B-21 隱形轟炸機參與服役，致力加強亞太地區的空中力量。在太平洋地區的美軍層峰表示，B-1 轟炸機已經部署在太平洋地區，並且很快地將配備射程達到 800 公里的新型反艦飛彈，以應對「緊急作戰需求」。根據五角大廈，到了 2025 年美國空軍和海軍陸戰隊會接收 400 枚此類飛彈。前美國海軍陸戰隊軍官羅伯特‧哈迪克（Robert Haddick）告訴路透社：「專注於遠程對地和反艦巡航飛彈，是美國和盟國在西太平洋重建遠程常規火力的最快途徑。」（Lague, 2020）哈迪克是 2014 年預言書《水上之火》（Fire on the Water）的作者，對中國在該地區持續精進的軍事實力及其對美國現今的主導地位提出警告。不過，迄今，關於美國在自家領土上部署飛彈基地的這種做法，日本、南韓和菲律賓皆困心衡慮，不敢貿然答應[10]。

美國與中國和俄羅斯之間的軍事較勁也延伸到了外太空，提高了在地球表面之上發生衝突的可能性——這般前景越來越被認知爲「星際大戰」（Star wars）。

在 2019 年 8 月 29 日美國「太空司令部」成立的官方儀

式上，川普宣告這機構乃負責抵禦中國和俄羅斯構成的威脅，捍衛美國在太空的重要利益。「這是設下里程碑的一天——認識到太空對美國國家安全和國防的重要性。」川普說，太空司令部（SPACECOM）「將確保美國在太空的主導地位永遠不會受到質疑和威脅，因為我們知道預防衝突的最佳方法，就是為勝利做好準備。」2007 年 1 月 11 日至 12 日晚上，中國首次測試了衛星殺手飛彈。一枚飛彈摧毀了運行在地球上空 860 公里太空軌道上仍在運作的「風雲一號」中國氣象衛星。在美國情報部門看來，這是一次成功的反衛星武器試驗。這枚中程彈道飛彈從四川省西南方發射，其彈頭為動能攔截器。美國和俄羅斯已經進行過此類測試。下一步將是用衛星擊殺衛星。中國和俄羅斯可能已經在尚未將衛星部署到太空的情況下測試成功了。2020 年 7 月，美國太空司令部宣布有證據顯示，俄羅斯在該月早些時候測試了一種「天基反衛星武器」。（Gohd, 2020）

　　2019 年 4 月 21 日，在收到 1977 年至 1981 年擔任總統的卡特所寫的信後，川普打電話給卡特討論中國問題。卡特後來在教堂聚會時描述了這次談話，他說川普對中國如是「超越我們」表示擔憂，卡特也同意事態確實如此。

> 「你知道為什麼嗎？我在 1979 年正常化與中國的外交關係。自從 1979 年至今，你知道中國參與過幾次戰爭嗎？沒有任何一次。而我們一直在戰爭之中。」

他說……（卡特）稱美國是「世界歷史上最好戰的國家」，因為美國傾向於試圖強迫他人「採用我們的美國原則」。卡特表示，中國一直在投資建設自己的基礎設施，而不是戰爭，並提到中國擁有 18,000 英里的高速鐵路。「我們這個國家有幾英里的高鐵？」零，信眾回道。「我認為我們浪費了 3 萬億美元」卡特談到美國的軍費開支時說。「……這超出你的想像。中國沒有在戰爭上浪費一分錢，這就是為什麼他們領先了我們。幾乎在所有方面。」（Hurt, 2019）

CHAPTER 6.

新絲綢之路，
中國擴張主義的工具

這個名為「一帶一路」倡議（Belt and Road Initiative）的宏大計畫，在中國當代歷史上前所未有，多年來，中國鮮少跨出自己疆域出去冒險；這個計畫戒慎恐懼地把美國排除在。迄今為止，共有138個國家首肯合作這個計畫，中國打算利用這個項目擴展自己對全世界各地方興未艾的影響力。不過，由於一些合作夥伴察覺這是一種經濟控制的工具，他們抗拒的態勢越來越強，因而習近平的態度被迫收斂了一些。倘若比鄰的中亞仍是中國投資的特權領域的話，全世界的經濟終將被發揚蹈厲的北京完全鯨吞蠶蝕殆盡。

大海平靜淡定，不過，我們可以感受到那水流小心翼翼地擴張著，已經蓋過魚池的黑色柵欄。

——雅克·沙爾多納（Jacques Chardonne），《感傷的命運》
（*Destinées sentimentales*），巴黎，格拉塞（Grasset），（1934-1936）

　　「絲路」（Silk Road）這個總稱，是指曾經將中國與羅馬帝國聯繫起來的數條特定路線。絲綢是一種柔軟、閃亮和耐用的織物，在歐洲擁有極高的價值。從西元前三千年中葉開始，只有中國握有製造絲綢的祕訣。除了商品貿易，絲路也促進信仰和傳統的交流。神話傳說中，黃帝的正妃嫘祖發現解開家蠶蠶繭的祕密，黃帝（神話中的統治者，統治時間從西元前 2697 年至 2598 年）被認爲是中華文明的始祖。絲綢的生產一向交由婦女執行，如果洩露製造機密，將被處以死刑。幾個世紀之後，這些絲線編織了一個連接中國和羅馬的龐大商業網路。這條穿越中國西北地區蜿蜒曲折的漫長路線，印烙了兩千多年悠久歷史。這條路線從古都洛陽和西安出發，在中國西部蘭州渡過黃河，然後進入甘肅走廊，循著沙漠綠洲和高山的邊緣地帶前進。這些貿易行爲隨著中亞的商人流動。除了絲綢，他們還運送馬、牛、皮革和毛皮，以及象牙和玉石等奢侈品。他們也把黃瓜、堅果、芝麻、棗類、苜蓿和石榴等農產品引入中國，同時帶來了新的知識——包括壓榨葡萄釀酒的技術，大大豐富了中國古代文明。

　　古代絲路最初指的是連接中亞和中國的古老貿易路線，綿延數千公里，紀念碑和歷史遺跡星羅棋布其間。開始時，中國人只在自己帝國境內進行絲綢貿易。他們的商隊長途跋涉到西部領土，在那裡經常遭到中亞人的襲擊，他們覬覦商人所攜帶的貴重物品。爲了保護商隊，漢朝（西元前 206 年至西元 220 年）的漢武帝（西元前 141 年至 87 年）派遣張

騫將軍（西元前 164 至 114 年）出使西域，與邊界地區的游牧小國建立外交關係。張騫從漢朝首都長安（今日的西安）出發，邁進廣大的西域，然後深入中亞。在那之後，商人們進行絲綢貿易安全度增高許多。隨著貿易商人探索新路線，絲綢貿易開始傳播到世界其他地方。在 7 世紀時，由於阿拉伯世界和伊斯蘭教的擴張以及東漢時中國內戰頻乃，絲路遭遇被廢棄的命運。唐朝（西元 618 到 907 年）是絲路的鼎盛時期。到了 11 世紀，當時的亞洲霸主蒙古人再度為絲路注入了新的活力。威尼斯人馬可波羅（Macro Polo）證實了絲路的存在，他在 13 世紀前往蒙古，晉見了成吉思汗的孫子忽必烈大帝。馬可波羅在其著作《馬可波羅遊記》（*The Traveled of Marco Polo*）中，精準詳實地描述了這條連結歐亞兩洲的道路之存在。但由於長途旅行的風險越來越大，更重要的原因是海上運輸日益發達，絲路沿線各地的貿易開始衰退。雖然中國人依舊在原來的絲路北方與俄羅斯人用絲綢交換毛皮，但到 14 世紀末，這條路線上的貿易和交通已經大量減少。

「新絲綢之路」的企圖心高強太多了。2013 年 9 月，習近平於訪問哈薩克期間宣布了這個稱作「一帶一路倡議」（Belt and Road Initiative, BRI）或「一帶一路」（One Belt One Road, OBOR）的方案。某些觀察家認為這是自從二戰後馬歇爾計畫（the Marshall Plan）[1] 以來規模最大的投資項目，「一帶一路」是一項建設港口、鐵路和公路等基礎建

設的龐大計畫，從中國一路延伸到地中海盆地的中心。其目標是方便中國取得原物料，特別是更穩妥地滲透到 138 個亞洲、非洲和歐洲夥伴國家的市場。這些夥伴國家的 GDP 占全球 55% 左右，44 億人口占世界總人口的 70%，並蘊藏 75% 的世界能源儲備。「一帶一路」倡議的投資期約為 35 年。第一個項目的估計成本約為 9 千億美元。不過，中國對夥伴國的貸款可能達到 8 萬億美元的天文數字。

「一帶一路」倡議對環境產生的巨大衝擊，《巴黎協定》[2] 中計畫在 2100 年時將全球暖化控制在低於 2°C 內的設定目標面臨風險。清華金融與發展中心的一項研究估計，「一帶一路」所產生的碳足跡必須減少 68%，才可能將全球暖化程度保持在協定的限制範圍。如果不這樣做，單單是「一帶一路」的工程就會導致全球升溫近 3°C。產生最多碳排放量的名目包括港口、管線、鐵路和高速公路。2015 年，「一帶一路」簽約合作的國家之溫室氣體排放量占全球總量的 28%，中國的排放量另占全球總量的 30%。

除了多如牛毛的數字和疊床架屋的宣布事項，「一帶一路」倡議還可能意味了一場全球性的貿易革命。刨根問底，它是一個強大的政治和經濟控制工具。在 2017 年 10 月召開的中共十九大期間，習近平總結了這個計畫的目的：「到 2050 年，中國的全球實力和國際影響力要上升到世界第一。」具體而言，「一帶一路」由兩條主要國際路線組成：一條沿著歷史悠久的陸地絲路由中國進入中亞；另一條海上

航線從中國通往東南亞、南亞、非洲和歐洲。在亞洲，「一帶一路」專案由一家專門機構提供融資：亞洲基礎設施投資銀行（AIIB，下稱亞投行），成立於 2012 年，總部設在北京。亞投行為中國國企發起的大量項目提供融資。亞投行成立七年後，它累積的投資成果每每令人瞠乎其後。不過，「一帶一路」是否會繼續在簽署國順利進展，仍然是一個懸而未決的問題。一些夥伴國家質疑著中國的動機：「一帶一路」是兄弟之愛的偉大體現？還是地獄般的債務陷阱？毫無疑問地，接受國的領導們已經意識到，如果再不恐懼戒慎小心面對，增加的債務可能會使他們變得不堪一擊，甚至可能被迫將建造中的基礎建設——甚至是將部分的國家主權拱手讓給中國。然而，對急需要資金來建設現代化的國家，「一帶一路」提供了直接且具體的經濟利益，再說，高水平的債務問題，畢竟是在未來或許才會發生的風險。

　　據估計，在這十年間，亞洲新興國家每年需要耗資 1.7 萬億美元來投資基礎建設，而「一帶一路」回應了大部分的財務需求。與當地原來具有的經濟規模比較，某些工程的建造成本資金數目幾乎是不可思議的。以寮國的老中鐵路[3]為例，這條鐵路從 2016 年開始建造，當時是寮國有史以來最大的外國投資，外資相當於寮國全年 GDP 的 35%；在柬埔寨這個 GDP 略高於 220 億美元的國家，中國的投資高達 180 億美元，促成了建設熱潮。緬甸於 2018 年簽署了價值 13 億美元的合約，在若開邦建設一個深水港，連接中國和東盟五

國的東西經濟走廊。緬甸當局支持中國的「一帶一路」戰略。緬甸時任國務資政翁山蘇姬與建設部長、交通部長和通訊部長於 2017 年 5 月前往北京參加「一帶一路」國際合作高峰論壇。在 2018 年 8 月巴基斯坦總理伊姆蘭・汗（Imran Khan）當選幾天後，中國就向巴基斯坦提供 20 億美元的貸款。（Carmona & Pham, 2019）

　　巴基斯坦是計畫中的一員，一個耗資 540 億美元的大型工程，目標是將中國與瓜達爾港相連，提供中國企業一條通往印度洋的便捷陸路，它在 2018 年時瀕臨無力償債的困境。2018 年 12 月初，巴基斯坦政府向國際貨幣基金組織申請緊急貸款。雖然，巴基斯坦與國際貨幣基金組織在次年達成一項 60 億美元貸款的協議，但由於拒絕實施某些改革措施，支付款面臨被擱置的命運。新冠肺炎大流行讓巴基斯坦的財政狀況更進一步惡化，幸而巴基斯坦在 2020 年利用 G20 集團國家提供的援助進行債務重組。至於馬來西亞，因為後續資金難以為繼，已經取消了 3 個中國建設方案，包括一條耗資 200 億美元的鐵路路線。中國計畫建造一條連接蒙特內哥羅的巴爾港和塞爾維亞的高路公路，而這條公路上 70% 的工程是由中國公司承包，國際貨幣基金組織對蒙特內哥羅的債務狀況頗為疑慮，因已經達到難以償還的程度：幾乎相當於該國 GDP 的 80%。受惠國家的名單，合作協議中的所有少數民族國家夥伴，仍然不斷增長。還包括非洲、拉丁美洲、中歐和東歐的諸多國家。接受這些貸款的理由相當

簡單：對於其中許多國家來說，進入國際資本市場的難度較高，而中國提供了「兄弟情誼」的資金來源。但這些貸款把國力最脆弱的國家帶入了無法控制的債務陷阱，最後只能靠交出資產才能逃離困境。

中國的新興市場國家夥伴們正在陷入惡名昭彰的「債務陷阱」。事實上，已經有爲數衆多的國家被債務所困。最引人注目的案例之一就是斯里蘭卡。從 2010 年到 2015 年，馬欣達‧拉賈帕克薩總統（Mahinda Rajapaksa）將國家政策轉向符合中國利益，以換取「一帶一路」倡議下的重大基礎建設項目。但由於無法履行償債義務，斯里蘭卡下一任政府被迫將漢班托塔深水港（Hambantota Port）以及的相鄰的 6,000 公頃土地割讓給中國，租期爲 99 年，以換取 11 億美元的債務。這一來，中國得以在距離其歷史宿敵印度僅數百英里的印度洋擁有落腳之處。根據全球發展中心智庫，8 個原已經負債累累的國家的債務風險，因爲「一帶一路」貸款更加大幅提升：蒙古、寮國、馬爾地夫、蒙特內哥羅、巴基斯坦、吉布地、塔吉克和吉爾吉斯。在 2018 年 1 月的峰會上，法國總統馬克宏向習近平直言，新絲路「絕不能成爲新霸權的道路，讓途經的國家成爲附庸之地。」

位於雪梨的獨立澳洲國際政策研究機構洛伊研究所，於 2019 年 10 月的一項研究中提出警告，參與「一帶一路」的南太平洋小國家，像是巴布亞紐幾內亞和萬那杜，因爲發現自己無法償還積欠北京的巨額債務，過度依賴中國的風險不

斷提升。在 2011 年至 2018 年間，中國向這些小國提供了總計 60 億美元的貸款，相當於該地區 21% 的 GDP。這些貸款中的大部分，大約 41 億美元，流向了巴布亞紐幾內亞。中國在這段期間成為東加、薩摩亞和萬那杜的最大債權國。

研究發現「中國貸款的龐大規模，以及缺乏強而有力的制度性機制來保護借款國的債務可持續性，這些都帶來明顯的風險。」（Rajah, Dayant & Pryke, 2019）這幾年南太平洋一直是中國與美國、澳洲之間激烈競爭的舞台，各自都嘗試加強自己在當地的地緣政治影響力。中國對這些擁有豐富漁場、地處戰略性海上航線的國家祭出積極引誘的政策，高階官員也多次出訪。北京目前擁有該地區 6 個國家的債務：庫克群島、斐濟、巴布亞紐幾內亞、薩摩亞、東加和萬那杜。

2019 年 5 月，義大利與中國簽署瞭解備忘錄（MOU, memorandum of understanding），成為首個加入「一帶一路」的 G7 國家和歐盟創始成員國。義大利在沒有與歐盟夥伴協商的情況下與中國祕密談判數個月，這項協議在習近平正式訪問期間達成。它為中國公司提供進入義大利 4 個港口、電力市場和跨國國防承包商李奧納多公司（Leonardo）的特權。義大利因此為「一帶一路」提供了進入歐洲的切入點。更具體來說，熱那亞和的里雅斯德港口與國有集團中國交通建設公司（CCCC）和中國招商局聯手，讓後者接管部分業務。巴勒莫和拉溫納也和中國航運公司建立了合作夥伴關係。「我們的港口將成為新絲路的歐洲碼頭」義大利總理朱

塞佩・孔蒂（Giuseppe Conte）欣喜若狂。（Zaugg, 2019）北京冀望透過由鐵路和公路與歐洲其他地區相連的地中海港口運輸產品，讓中國更快地進入中歐和北歐市場。隨著協議的簽署，義大利就像楔子般插入 G7 陣營，中國在政治層面上取得了巨大的勝利。「這是中國成功的外交妙計。」麥卡托中國研究所的揚・魏登菲爾德（Jan Weidenfeld）說。「義大利成為首個 G7 國家和第一個正式支持一帶一路的歐盟創始成員國。」（Zaugg, 2019）

　　歐盟顯然為此憂心，但無能為力，只能無助地看著中國在歐洲的心臟地帶取得進展。針對義大利與中國的協議，法國總統馬克宏公開表態：「歐洲天真的時代已經過去。多年來，我們的步調一直不一致，而中國利用了我們的分歧。」經濟學家吉恩－保羅・常（Jean-Paul Tchang）表示：

　　　　義大利人看到了可以為曾經輝煌的的里雅斯德庭園找回生機的方式，並趕上德國、英國和法國對中國出口產品的進展。然而，對港口的讓步實際上等同對主權的放棄。這是不需要武力威脅的慷慨讓步。中國人是孫子兵法的高手，他們將祖先的傳統帶到今日，習近平和藹可親的微笑與之相伴。（Questions, 2019）

　　數個歐洲國家，包含克羅埃西亞、捷克、斯洛伐克、匈牙利、保加利亞、羅馬尼亞、葡萄牙和馬爾他等國已經簽署

了類似的協議。但正如倫敦大學亞非學院中國研究所所長曾銳生所強調的「它們不具義大利那樣的象徵意義」。在 2018年 7 月的印太商業論壇（the Indo-Pacific Business Forum），美國國務卿龐佩奧宣布，即將啟動亞洲基礎建設發展計畫，預計美國將投資 1,130 億美元。這個計畫是華盛頓對中國「一帶一路」倡議相對無力的回應。美國曾多次猛烈批評「一帶一路」，並警告有興趣加入「一帶一路」的國家防範不可持續的債務的潛在風險。

伊夫·卡爾莫納（Yves Carmona）和范明（Minh Pham）指出，在歐洲「中國的一帶一路投資快速推進」。希臘是歐洲的首批目標之一。2016 年，希臘簽署了一項協議，根據該協議，希臘將比雷埃夫斯港，這個規模最大且位於歷史悠久的雅典港口，其中 3 個碼頭中 2 個的管理權，以 17 億美元的價碼交給中國。中國還著眼於：

……西班牙、葡萄牙、馬爾他和塞普勒斯的類似設施，創造一個海上利益鏈，在地中海發展出強勢地位。如果這種海上連結符合各國利益，它也會在歐盟內部創造出一條斷層。它讓將「一帶一路」視為特洛伊木馬──在無害的外表下藏有危險──的西方和北方成員國，與那些喜迎倡議的南方、中部和東部成員國相互對立。於是在 2017 年，這條斷層導致希臘阻擋歐盟在聯合國發表批評中國人權政策的聲明……總而言之，現實

是做為一體的西方世界無法找到與之相抗衡的有效戰略。除了透過宣傳緊縮預算的優點，藉此譴責「一帶一路」是債務陷阱外，美國、歐盟和其他國家的反應實在太少、太慢而且效果不彰。在這場沒有宣戰布告的戰爭中，他們必須在沒有明確的前線、沒有明顯更為積極的政策和預算，以及沒有一個清晰可見的目標可供狙擊的情況下，對抗中國。目前，西方正在苦苦掙扎。（Carmona & Pham, 2019）

　　無論如何，歐盟並沒有就此停滯不前。為了同時面對中國和美國，歐盟現在正尋求展示新的團結，傳達出相同的聲音。這就是為什麼法國總統馬克宏在 2019 年 11 月正式訪問中國期間，官方代表團中增加了一名德國部長和一名歐盟專員。2019 年 3 月，習近平出訪法國之際，馬克宏身邊有著德國總理梅克爾和歐盟執委會（European Commission）[4]主席容克（Jean-Claude Juncker）。2020 年，在德國擔任歐盟輪值主席國期間，梅克爾主辦了一場 27 個成員國與中國國家主席的峰會，由於新冠疫情，峰會以視訊會議的形式舉行。早在一年前，梅克爾就曾呼籲歐盟成員國調整對中國的政策，諄諄警告：因為人權議題和通訊科技關係陷入緊張時，與中國單獨行動會產生「災難性影響」。「最大的危險之一⋯⋯是歐洲國家各自制定對中國的政策，然後會發出混亂的訊息。」她告訴德國立法者。梅克爾補充道：「這

將會產生災難性的後果，不是對中國，而是對我們歐洲。」（Merkel calls for Europe, 2019）

　　歐盟也在期待日本為制衡中國對「一帶一路」做出回應。這是何以 2019 年 9 月歐盟執委會主席容克和日本首相安倍晉三在布魯塞爾的歐盟－亞洲論壇上簽署了一項重大協議，目標協調連接歐洲與亞洲的運輸網路、新能源和數位基礎建設，其中歐盟、開發銀行和私人部門擔保 600 億歐元（相當於 710 億美元）的投資額。容克說「該協議強調在環境和財務層面實行上『永續性』的重要……連結性也必須是可以財務永續的。這是為了給後代子孫留下一個彼此聯繫更深的世界，一個更乾淨的世界，沒有堆積如山的債務」。容克非常隱諱地提及中國的「一帶一路」。（容克，2019）「這也是為了在世界各國之間建立更多的連結，而不是更加地依賴單一國家」他補充道。（來源同上）「無論是一條道路或是一個港口，當歐盟和日本開始行動時，我們能夠建立從印太地區到西巴爾幹地區和非洲，一個可持續的、遵守國際規則的連結。」安倍晉三在論壇上如是表述。（Emmot, 2019）

　　雖然歐盟在面對中國時曾經表現得頗為膽怯，但已經開始發出一致的聲音，並在 2020 年夏天採取了更強硬的語調，展現歐盟在中美歐三角博弈中，企圖占據一席之地的態度。在當年 6 月 22 日線上舉行的中歐峰會中，歐盟執委會主席烏爾蘇拉·馮德萊恩（Ursula von der Leyen）向中國國

家主席習近平致詞時承認，歐中關係「充滿挑戰」和「複雜」。她指控中國當局沒有兌現他們會保護歐盟在中國投資、尊重人權和氣候變遷方面的承諾。馮德萊恩聲稱歐盟與中國的關係是「最具戰略意義和最具挑戰性的關係之一」。她指責道，來自中國的網路假訊息以及針對醫院和電算中心的網路攻擊有所增加，「我們明確地指出，這是無法被容忍的。」馮德萊恩明白指出「中國在追求完成投資協議的談判上面更有野心」。不過，在中國官方提供的新聞出版物中，這些評論完全不見蹤影。相反的，他們強調習近平發表的言談，顯然是企圖消弭北京和布魯塞爾之間的分歧。習近平侃侃而談，「中國要和平而不是霸權」，中國是歐盟的「夥伴而非對手」，中國將繼續改革和開放，將為歐洲提供新的合作發展機會，「無論國際形勢如何變化，中國都會站在多邊主義這邊，堅持全球治理理念。」。歐盟高峰會（European Council）[5] 主席查爾斯・米歇爾（Charles Michel）在向中國總理李克強致詞時說：「我們必須認知到，我們在價值觀、政治制度或多邊主義上的做法有所不同。」這明顯與歐盟官員過往的語態有差異了。歐盟雖然不想跳入美國陣營，且打算與之保持距離，但明確表示意圖加入美國和中國正在進行的大博奕。這些聲明與歐盟執委會副主席瑪格麗特・維斯塔格（Margrethe Vestager）和內部市場專員棣埃里・布雷頓（Thierry Breton）發表的白皮書僅有幾天之差，在 2020 年底之前，這份白皮書中會看到歐盟終於推出有效的保護措

施，讓歐洲公司免於受到來自國家補貼的企業不公平收購的影響。

CHAPTER 7.

太空，
新的征服目標

　　在征服太空方面，美國一直保持著重要的領先地位，不過，中
國冀望躋身於這個二十年前它幾乎沒有立足之地的領域之全球巨頭
行列。本章將美國太空總署（NASA）的新目標（包括它從私營部門
獲得的資助）與雄心勃勃的中國計畫進行比較。美國人正計畫重返
月球並征服火星。

　　「太空是我們的，只要我們知道如何觀察它。」

——艾倫·阿亞奇（Alain Ayache），編輯、商人

　　美國至今仍是領先世界的太空大國。很多人仍然記得著名的阿波羅 11 號太空飛行任務，以土星 5 號（Saturn Ⅴ）運載火箭把第一批人類送上月球的非凡成就。1969 年 7 月 20 日，全世界都在電視上親眼見證太空人阿姆斯壯（Neil Armstrong）登陸月球，並聽到 20 世紀最著名的一句話：「個人的一小步，全人類的一大步（One small step for man, one giant leap for mankind）」。就在 2019 年，美國和全世界熱烈慶祝這太空壯舉的五十週年紀念；是這項成就，使原本在冷戰期間由蘇俄在太空領域居先的美國，得以重新叱咤風雲。

　　直到 2020 年，擁有掌握著送人類上太空的科技的國家，仍然僅有美國、蘇俄和中國。美國擁有最大的衛星網絡以監測整個地球，這在戰爭以及和平時期都是一個不容忽視先聲奪人的優勢。目前，在我們的頭頂上，約有一千五百個民用和軍用衛星，在低、中、高或與地球旋轉同步的軌道上疾駛著。在五到十年後，將會增加到六千個。從 2000 年起，單單美國一個國家的開支就占全球太空軍事支出的 90% 以上。而自從小布希政府在 2001 年掌權以來，為了稱霸太空，美國戮力於技術日益更新。對美國來說，太空是維繫國家安全、軍事及科技霸權的的一個主要因素，「太空控制」（Space Control）和「太空優勢」（Space Dominance）兩種學說都做出了這般總結（Villain, s.d.）。2019 年 3 月，川普政府宣布加速美國的太空計畫，美國太空人最遲於 2024

年重返月球。在那之前，美國國家航空暨太空飛行總署（NASA）一直認為在 2028 年之前並不可能重返月球。然後，在 7 月於白宮舉行的阿波羅 11 號任務五十週年紀念活動上，川普宣布新登月計畫只是朝把太空人送上火星的目標更邁進一步。「他們說，要到達火星，你必須先登陸月球。」川普在橢圓形辦公室說 [1]，旁邊站著兩位那時還健在的阿波羅 11 號太空人——伯茲・艾德林（Buzz Aldrin）和麥可・柯林斯（Michael Collins）（阿姆斯壯於 2012 年辭世，柯林斯於 2021 年辭世）[2]。川普在 7 月初在推特發文警告：「為了所有我們花的金錢，NASA 不應該再說要去月球——那是我們五十年前就做到的。他們應該把焦點放在我們正在進行的更宏大的目標，包括火星（月球是其中一部分）、國防與科學！」NASA 隨後解釋，整體計畫是先在 2024 年登陸月球，然後在接下來的十年內登上火星。美國已為其登月計畫命名：阿提米絲（Artemis）。那時，川普向 NASA 承諾，將額外提供 16 億美元，以確保能夠達成 2024 年的目標。為此鴻圖，波音公司正負責開發一種 SLS（太空發射系統）新式巨型火箭，該火箭於 2020 年 9 月試射了助推器。民間企業如藍色起源（Blue Origin）和 SpaceX，都在設計載人月球飛行器的公司陣營裡。

　　美國私營企業非常積極參與美國重新進入太空的計畫，尤其是億萬富翁埃隆・馬斯克（Elon Musk）旗下的 SpaceX（官方名稱為「太空探索技術公司」）。他在 2019 年 9 月

發布了星艦（Starship）發射器的第一張照片，並在推特上寫道，「星艦將讓我們能夠居住在其他世界。」這位 SpaceX 首席執行長胸懷征服太空的雄心壯志，包括將人送上月球，然後再前往火星。在 2018 年底，他公布了第一位將會搭乘星艦環繞月球軌道的人士：日本億萬富豪前澤友作（Yusaku Maezawa）。SpaceX 員工超過七千名，總部在加州，營運著四個發射設施，分別是在佛羅里達州的卡納維爾角空軍基地 40 號航太發射複合體、甘迺迪航天中心 39 號發射台，以及加州范登堡空軍基地太空發射複合體，以及在德州南部波卡奇卡正在興建中的第四座發射場。自從 2011 年「美國太空梭計畫」結束之後，美國就沒有使用自己的發射器將人類送上太空，不過在 2019 年 10 月 10 日，NASA 時任署長吉姆・布萊登斯坦（Jim Bridenstine）宣布，SpaceX 的載人龍飛船（Crew Dragon）將能夠在 2020 年第一季送一名太空人上地球軌道。布萊登斯坦的預告僅有些微偏差而已。2020 年 5 月 31 日，SpaceX 完成了商業機構首次載人航天任務；兩名太空人乘坐由 SpaceX 獵鷹 9 號（Falcon 9）火箭載運的載人龍飛船，升空前往國際太空站。這項歷史性成就對美國也具有非常重要的現實意義──近十年來，美國由於完全終止發展太空梭而必須依賴蘇俄把太空人送上國際太空站，這種情勢至此算是告一段落了 [3]。在這段時間，2019 年 10 月 19 日，NASA 完成了第一次由全由女性進行的太空漫步。潔西卡・梅爾（Jessica Meir）與克莉絲蒂娜・柯克（Christina Koch）

在國際太空站外頭停留了七個小時。美國軍方還擁有一艘 X-37B 太空無人機，在環繞地球的軌道上執行祕密任務。2019 年 10 月 27 日，這艘未取名、由波音公司製造的無人機在執行了 780 天的任務後返回地球，打破了該型號太空船的軌道飛行時間記錄。對這些太空無人機航空任務的目的，美國空軍在在三緘其口[4]。提到其他正在進行使命的，例如 1977 年 9 月 5 日發射的 NASA 雙探測器航海家 1 號（Voyager 1）和航海家 2 號（Voyager 2），在飛過木星、土星、天王星和海王星之後，它們現在已經離開了我們的太陽系，進入星際空間[5]，這兩個探測器都已行駛數十億公里，至今仍繼續傳輸著珍貴的科學數據[6]，吾人對這種冠絕古今的非凡壯舉，怎可能不讚嘆稱奇？

在 2019 年 10 月太空領域的年度大會第 70 屆國際宇航大會（International Astronautical Congress），NASA 署長布萊登斯坦廣發英雄帖，邀請歐洲友邦參與登月計畫，提供了非美國籍的人士踏上月球土壤的機會。「月球上的空間大的很，我們需要全部的國際夥伴和我們一起去月球。」在第一天的記者會上，署長補充道，「如果，我們能夠討論出所有國家在這結構裡如何參與和貢獻並達到協議，那麼，當然我——我實在找不出理由為什麼我們不能和我們所有的國際夥伴一同在月球上頭。」（NASA wants international partners, 2019）

接下來的一個月，二十二位歐洲太空總署（European

Space Agency, ESA）成員國的首長，個個回應了響亮的
「Yes」，且答應對阿提米斯計畫（Artemis project）投資數
億美元。在西班牙塞維雅市舉行的同性質會議上，對 2020-
2025 期間的預算，大家竟然通過高達 144 億歐元（171 億美
元），額度之高，是自從這跨國組織於 1975 年成立以來前
所未見的——這麼一來，歐洲在這鴻鵠之志上可以占一席之
地了[7]。當布萊登斯坦在 10 月的記者會推出這個提議時，
歐洲太空總署署長揚‧沃納（Jan Wörner）亦表態道：「我
們正在跟 NASA 商議，我們要歐洲太空人踏上月球地面——
當然，我們歐洲人的目標是這樣的。」稍後，沃納告訴法新
社，「2024 年當然只會有美國太空人，」他認為歐洲的太
空人，「要等到 2027 年、2028 年之類的。」同時間，日本
宇宙航空研究開發機構（JAXA）理事長山川宏表示，「對
我來說這是一個非常簡單的問題，因為 JAXA 希望把日本太
空人送上月球表面。」（NASA wants international partners,
2019）

　　美國喜出望外地獲得了澳洲大力支持。2019 年 9 月 22
日總理莫里森（Scott Morrison）造訪華盛頓時宣布，澳洲要
出資 1.01 億美元來參與全新的美國月球探險旅程[8]。

　　畢竟，我們不該忘記還存在著聚集了十五個國家（美
國、蘇俄、日本、加拿大以及十一個歐洲國家）的國際太空
站（International Space Station, ISS）：

……質量達 420 噸，表面積為 108X73 公尺，造價約 1,500 億美元，它是世界歷史上繞行地球軌道最巨大的人造結構體。……國際太空站在 1998 年 11 月 20 日開始建構模組組裝，首先，一支蘇俄的質子火箭將曙光號（俄文 Zarya，意為「日出」）功能貨艙組件送上軌道。約三個星期後，第一個由美國製造的團結號（Unity）節點艙由奮進號太空梭（Endeavor）升空進行與曙光號兩個艙室對接。第三個組件，星辰號服務艙（Zvezda，俄文意為「恆星」），於 2000 年 7 月抵達，這次是為同年 11 月 2 日首批太空人登上此太空站之人類長期駐留鋪路。……自從國際太空站創建後，計有 141 次發射升空參與此太空站的建構和使用。到 2013 年 12 月初，蘇俄計發射了 91 次 [9]，主要是發射載人飛船聯盟號和無人駕駛貨運飛船進步號，同時也將俄製組件送到太空站。太空梭（space shuttle）曾造訪太空站 37 次，其有效荷載能力比其他飛船優越，發揮了重要功能。（Esslinger, 2019）

縱使月球再度成為熱門焦點，但 NASA 並沒有忽略火星。2020 年 7 月 30 日，它發射了毅力號（Perseverance）火星探測車，它將在 2021 年 2 月降落在這顆紅色星球上 [10]。其主要任務在處理這個令我們困惑的疑問：在地球以外是否存有生命？火星車將降落火星赤道附近 45 公里寬的耶

澤羅隕石坑（Jezero Crater）[11] 中。法國國家太空研究中心（CNES）主任尚・伊夫・勒加樂（Jean-Yves Le Gall）說明，「我們知道三十多億年前這裡曾經是河流三角洲匯集成湖泊的地方。」毅力號將執行第一次鑽探火星的土壤的任務。每次採集大約 15 克的樣本，然後利用複雜的機械系統將它們密封在試管內。在任務結束時，收集到的 350 至 500 克樣本留在地表，等 2030 年計畫中的任務時取回並帶回地球。

在這場登陸火星競賽中，中國並未作壁上觀：2020年 7 月 23 日，長征五號運載火箭發射成功，展開長達七個月飛往火星的飛行，它載著天問一號探測器。美國哈佛—史密森天體物理學中心（Harvard-Smithsonian Center for Astrophysics）的天文學家強納森・麥道威（Jonathan McDowell）認為，「由於這是中國第一次嘗試，我預估它能做的不會超越過往美國已經達到的精彩成就。」（Ehret，2020）不管怎樣，在首次任務時，中國的目標是達到 NASA 從 1970 年代以來數次登陸火星的成果：將探測器送入軌道、放置著陸器、部署一部在地表進行實驗的火星車。「只要（天問一號）安全降落在火星表面並傳回第一張照片，這項任務就是……巨大的成功。」專門研究中國航天工程的 Go-Taikonauts.com 網站 [12] 分析師陳藍如是說。（資料同上）命名該任務為「天問一號」，向上天提問，並向一首與宇宙相關的中國古詩致敬 [13]。該任務使用的火星車重量超過兩百公斤，具有四個太陽能板和六個輪子，計畫運行三個月 [14]。

它的任務包括：進行分析與拍攝土壤和大氣，對正在進行的火星測繪工作有所貢獻 [15]。

以中國神話中的月亮女神命名的太空探測器嫦娥四號，在 2018 年 12 月 13 日進入月球軌道。兩週後，2019 年元月 3 日，它在位於南極—艾托肯盆地（South Pole–Aitken basin, SPA）的馮‧卡門（Von Kármán）撞擊坑 [16] 軟著陸，這項科技壯舉在全世界都廣受讚譽，中國成為第一個登陸月球另一端的國家。這成就發生在中國太空人首次太空漫步十年後 [17]。嫦娥四號是中國發射到月球的第八艘太空船，第二艘成功登月的太空船，它配有一台著陸器和登月車。在 2019 年秋天，它從月球背面這個不為人知的區域，將一些驚人的鏡頭傳回地球，舉世震驚。2020 年 11 月 24 日，嫦娥五號隨長征五號火箭升空——這是中國所曾發射過的最強大的火箭。嫦娥五號出發到月球進行將月球岩石樣品帶回地球任務。該任務的目的不單是用機械臂收集地表土壤，它還配備了一個鑽頭，能夠鑽到深達兩公尺的地方採樣。收集完樣本後，著陸器需要返回軌道，然後把樣本進行封裝，並轉移到一個具備隔熱功能的膠囊中，以避免它們在進入地球大氣層時受高溫影響。這趟任務一旦圓滿達成則象徵意義非比尋常 [18]；中國是繼美國和蘇聯之後第三個達到這成就的國家，上一回取得樣本的是 1976 年蘇聯的月球 24 號（Luna-24）探測器。任務成功，不僅提供了有關月球歷史的寶貴資料，且對推動中國邁向載人登陸計畫是無比珍貴的技術經驗。中

國的太空計畫顯然與美國已縮小差距了。姑且不說中國在2017年84億美元的預算仍然相當有限，中國的太空經費是全世界第二高的；在同一年，美國在民用和軍事動太空計畫的花費是480億美元。

中國在1970年用長征運載火箭發射了第一顆衛星「東方紅一號」，這是一顆政治宣傳衛星，專用來廣播歌頌毛澤東的樂曲〈東方紅〉；1957年，比這早十三年前，蘇聯將其第一顆衛星史普尼克1號（Sputnik 1）放進軌道。2003年10月，楊利偉成爲第一位中國太空人。他在二十一小時內環繞地球十四圈。2008年9月，中國進行了首次太空漫步。2016年10月，中國派遣了兩名太空人，他們在軌道上的太空實驗室駐留三十天。該次任務的目標是爲部署2022年第一個中國供人長期駐留的太空站作準備[19]。2018年4月，中國航天局曾表示，「我們相信，有朝一日，中華民族住在月宮的夢想將會成眞。」這個月球基地將由幾個連接在一起的艙室組成，並注滿氧氣，以便人類居住。該基地預計將於2035年左右完工[20]。在2018年10月，中國工程院院士王禮恆解釋建立有人居住的月球基地的目的，「要深入月球研究，並探索如何開發月球資源」。他補充說，「這個設備將會讓我們獲得對火星載人任務的發展非常有用的經驗。」（Arzt, 2018）

2019年6月，中國從山東省東部的黃海海域上一個海上發射平台發射了長征十一號火箭，把七顆衛星送入軌道。

繼美國和蘇俄之後，中國是第三個用海上發射平台成功發射運載火箭送衛星上軌道的國家。這門技術使發射更接近赤道且更有效率。接下來的計畫是這樣：2020 年，嫦娥五號任務應該會在「風暴洋」中收集兩公斤月球岩石，並將它們帶回地球；2023 年，與法國合作的嫦娥六號任務，在月球正面及背面採集樣本；2030 年，中國將派遣機器人探索月球兩極，計畫在 2036 年開始載人任務。最終，中國打算建立一個可長久駐守的月球基地。2019 年，中國以三十四顆衛星（成功發射三十二顆）成為全球發射衛星數量最多的國家，領先於美國的二十七顆。中國計畫於 2020 年發射四十顆。

　　並不是所有的國家在同一時間裡都如願地達到登月任務。太空競賽中的另位競爭者印度，其月球飛船二號（Chandrayaan-2）於 2019 年 9 月登陸器維克藍（Vikram）在登陸月球南極附近前因失聯功虧一簣。同年 4 月，以色列無人登月探測器「創世紀號」（Beresheet）於降落月球時墜毀。日本則在 2019 年 7 月成就了一項輝煌的科技成就：隼鳥 2 號（Hayabusa 2）探測器成功地降落在距離地球約三億四千萬公里繞著太陽公轉的的小行星「龍宮」（Ryugu）。這精細微妙的任務在 2014 年開始[21]，目標是收集充實有關太陽系形成的相關資料。

　　這時期，中國已經完成部署了一個衛星網絡，打造出一套中國製造的導航系統——北斗衛星導航系統。當中國在 2020 年中期把最後一顆衛星送入軌道後，北斗系統現已覆

蓋全球範圍，並將與美國全球定位系統（Global Positioning System，GPS）、俄羅斯的格洛納斯衛星導航系統（Global Orbiting Navigation Satellite System, GLONASS）和歐洲的伽利略衛星導航系統（Galileo Navigation Satellite System, Galileo）競爭，後者計畫在 2020 年底提供全面服務。

中國登頂的障礙

　　中國位居亞洲心臟地帶，這畎域已成為全球經濟中心。然而，一些因素阻礙了中國進一步發展：環境、人口，和一個腐敗的集權主義政權——儘管它透過嚴厲的立法措施至少暫時壓制了香港的動盪，這政權仍可能發現了，人民要求更多民主的渴望是它無法抑制的。中國企圖成為主導世界的力量，但在這攀頂的道途上，面臨層層重大挑戰；美國已具有顯著的領先資糧，這可確保它在未來一段時間內保持其領導地位。

> 「所有的墜落都需要同情和寬恕，除了那些偽裝成上升的。」
>
> ——古斯塔夫・蒂本（Gustave Thibon），
> 《平衡與和諧》（*L'Équilibre et l'Harmonie*），巴黎，法雅出版社，1976

　　亞洲已超越西方成為領先的經濟中心，這區域住了全球一半以上的人口。根據聯合國的數據，地球上最大的三十個城市中，有二十一個在亞洲。2020 年，按購買力平價計算，世界上一半的中產階級住在亞洲，他們每天的收入在十到一百美元之間。（Romei & Reed, 2019）根據聯合國貿易暨發展會議（United Nations Conference on Trade and Development, UNCTAD）的數據，以購買力平價計算，亞洲經濟體 2020 年的國內生產毛額合計超過全球其他地區，然而，其在 2000 年卻尚僅占三分之一。二十一世紀，我們活在亞洲時代（age of Asia），這像鐘擺般的驚人擺盪，當中的推手，是中國。

　　2020 年 11 月 15 日，十五個亞太國家簽署了區域全面經濟夥伴協定（RCEP）。在中國的大力推動下，此自由貿易協定創建了世界上最大的貿易集團。該協定的簽署國及其 22 億人民占了全球 GDP 的 30%。參與 RCEP 的國家，包括十個在東南亞國家協會（ASEAN，簡稱東協）內的國家：汶萊、柬埔寨、印尼、寮國、馬來西亞、緬甸、菲律賓、新加坡、泰國和越南；加上澳洲、中國、日本、紐西蘭和南韓。美國沒有參與這組織，這是世界經濟重心向亞洲轉移的又一例證。觀察家認為，當大家正在質疑華盛頓對亞洲事務的參與度時，RCEP 可能會更加鞏固中國作為東南亞、日本和韓國的經濟夥伴地位，使這個世界第二大經濟體更有能力訂出該地區的貿易規則。川普於 2017 年 1 月當選總統後，退出

了跨太平洋夥伴協定（TPP）， RCEP 是在美國退出 TPP 之後簽署的。世界上最大的經濟體就此跨出了兩個增長速度最快的貿易集團。中國總理李克強表示，「RCEP 的簽署，不僅是東亞區域合作極具標誌性意義的成果，更是多邊主義和自由貿易的勝利……為世界經濟增長之復甦提供新的動力[1]。」

縱使中國是保留了巨大的實力，但仍然面臨一些窒礙它進一步發展的重大障礙。第一個障礙是在環境領域，以及其經濟成長無法持續的速度所造成的嚴重破壞。2019 年8 月，結合了 195 個國家代表團的聯合國政府間氣候變化專門委員會（IPCC）敲響了土壤枯竭的警報。在日內瓦 IPCC 會議期間，前聯合國報告員奧利維爾・德舒特（Olivier De Schutter）呼籲世界要改變農業的運作模式。他直言骨鯁：

中國面臨著嚴重的土地沙漠化和土壤枯竭問題。這些因素，加上人民再也無法繼續忍受空氣污染，促成中國把「生態文明」的理念納進其憲法中[2]。中國感到害怕：它只擁有世界上少於 9% 的耕地，卻要養活世界上兩成人口。而中產階級的出現，以及由城市化造成的飲食習慣變化，更同時加重了資源需求的壓力。因此，我們誠摯地表達這個期望：希望聯合國糧食與農業組織（FAO）的新任總幹事屈冬玉，對過渡到生態農業的急迫性具有高度敏感力，這也是前任總幹事何塞・格拉齊

亞諾‧達席瓦（Jose Graziano da Silva）最後深切體認到的。（Foucart, 2019）

中國仍然是全球第一大污染國，也是最大的溫室氣體排放國。中國消耗的資源比世界上所有其他國家的總和還要多。這是遍布全國各大城市每天都能察覺的一個事實。2014年，中國當局向污染宣戰。習近平主席指出：「我們要牢固樹立社會主義生態文明觀，推動形成人與自然和諧發展現代化建設新格局，為保護生態環境作出我們這代人的努力[3]。」這方面已經取得了一些初步成果。中國已逐漸成為綠色能源的世界冠軍。2019年4月底，中國在浙江省東部的中國海海域放置了第63台離岸風力發電機[4]。該項目動用6億歐元（7.1億美元）的投資，並揚言發電機的容量為252兆瓦，足以為25萬戶家庭供電。中國每小時安裝的太陽能電池板，面積相當於一座足球場。世界上最大的浮動太陽能發電廠之一在上海附近的淮南市，面積約為曼哈頓四分之一[5]。該產業獲得中央大量補助：在商定銷售價格的基礎上，生產商每產生1000瓦的電力可獲得5歐分的報酬。

同時，在過去四十年裡，由於工業化和擴張都市範疇，以及非法砍伐，中國的森林遭受大規模的砍伐，這狀況在西藏尤其嚴重[6]。

（這些暫且不說，）幸而中國從1970年代開始大

力推展植樹造林工程，中國現在是全球淨增森林面積最大的國家[7]。目標是在 2050 年時建起全世界最巨大的人工森林——中國的「綠色長城」，降低污染，阻擋中國人喚作「黃龍」的戈壁沙漠繼續擴張。這個危險是千真萬確的，黃龍沿著都市化的拓展和農業耕地的緊密擴張所向披靡，在中國北方，五年之間，溫度急升攝氏兩度。在一條長 4,500 公里、寬 1,500 公里的帶狀地域，已經種植了超過 660 億棵樹木。該工程的目標是，在 2020 年，全中國森林覆蓋率可以達到總面積的 23%。（La reforestation, 2018）

為了應對這項挑戰，甚至連軍隊也動員了：2018 年，在 84,000 平方公里的乾旱土地上，出動了六萬名阿兵哥重新造林。（資料同上）根據聯合國糧農組織發布的一項排名，從 2010 年到 2015 年，中國是森林面積增加最多的國家。聯合國糧農組織還表示，全世界每年約有 1,300 萬公頃的森林消失，這相當於法國國土面積的四分之一。

不過，中國的環境政策有弔詭之處：身為目前全世界最大的傢俱製造國，它從許多國家進口木材，尤其是東南亞和非洲，可說是很積極地致力於全球森林之破壞。2019 年，它榮膺全球工業木材進口國冠軍和森林產品進口國亞軍。

同時間，中國成為世界上最大的太陽光電板製造國。救亡圖存，勢必如此[8]。

例如，北京市民大部分時間都生活在濃濃的霧霾之中，縱使沒有全球大流行的疫情時，惡質的空氣迫使眾多人戴著口罩。中國是全球最大煤炭消費國，由於使用煤炭取暖所造成的空氣污染，中國諸多大城市正處於窒息狀態。根據美國芝加哥大學在 2017 年發表的一項研究，惡劣的空氣品質會使得每個中國民眾平均減少三年半的壽命。而在污染最嚴重的中國城市，居民的壽命估計約減少六年半。

中國，如同印度，地球上污染最嚴重的城市皆在國境之內。不管如何，對抗空污的奮鬥已開始有些成效了。空氣品質在 2017 年的首次改善，繼而在 2018 年進展顯著。粒徑小於 2.5 微米的懸浮微粒（PM 2.5），因能穿透而深入氣管和肺部，危害甚巨，世界衛生組織的建議標準是每立方公尺 10 微克。根據中國生態環境部的報告，在中國最大的 338 個城市中，在 2018 年的平均水平爲每立方公尺 39 微克[9]。在 2017 年 PM 2.5 的濃度已經下降，只是下降幅度較小（減少 6.5%）。根據香港中文大學的一項研究，空氣污染每年給中國經濟造成高達 2,670 億人民幣（407 億美元）的損失，更導致超過一百萬人英年早逝。中國生態環境部的報告顯示，北京在 2018 年嚴加執行環境法規，共收取了 152.8 億人民幣（23 億美元）的罰款，一年之間增加了 32% 罰金。中國光鮮亮麗的發展所隱藏的另一面是污染造成的嚴重損失，而這個損失在 1995 年至 2005 年期間，占每年 GDP 的 6% 到 9%。（Huchet, 2016）

　　據生態環境部稱，中國每年直接排放超過 2 億立方公尺的廢料到海洋，其中絕大多數都是塑膠。（Xu & Stanway, 2019）中國政府的對應之策是，於 2020 年 1 月宣布，到 2020 年底前，主要城市禁止使用一次性塑料袋，到 2022 年，全國其他地區禁止使用塑膠袋。

　　在過去的十年裡，中國似乎更加熱衷於履行環境相關的國際義務。北京於 2015 年 12 月簽署了《巴黎氣候變化協定》（*Paris Agreement*）[10]。全國人民代表大會於 2016 年 9 月批准該法案。中國是受到氣候變化影響最大的國家之一。

　　根據一些國際分析，由全球暖化造成的海平面上升，可能會導致珠江三角洲和黃河三角洲的災難性洪水，經濟損失之慘重無以名狀，香港和廣州的部分地區會成爲水鄉澤國。

　　不過，實際上，從 2015 年以來，中國沒有太大變化。在二氧化碳排放量這方面，中國仍然遠遠超越美國和印度，是排放量最高的國家。在 2019 年 9 月於紐約舉行的聯合國氣候峰會上，66 個國家共同承諾最遲於 2050 年實現「碳中和」目標，但中國選擇了保持觀望態度。同時有 30 個國家加入了一個聯盟，承諾從 2020 年起停止燃煤火力發電站的建設。全世界各地這類發電廠的數量正在下降，但是中國除外，到了 2030 年，中國的產能將增加三成。僅中國就擁有近 1,000 吉瓦（GW）的燃煤發電廠裝機容量，幾乎占全球的一半，其次是美國的 259 吉瓦和印度的 221 吉瓦。這些發電廠很多都是「非法」的，但他們當中卻很少會被強

制關閉。據美國非政府組織「全球能源監測機構」（Global Energy Monitor）聲稱，中國在 2018 年 1 月至 2019 年 6 月期間，建造了大量燃煤發電廠，其數量之多更甚至會讓全球減碳的努力付諸流水。（Shearer, Yu & Nace, 2019）更甚者，諸多國外的燃煤發電站也是由中國企業建設[11]。2018 年，北京向一些由中國企業在開發中國家興建的發電廠投資了 360 億美元。在 1990 年到 2017 年期間，中國的二氧化碳排放量增加了 4.5 倍。2017 年，全球二氧化碳排放量中國占 29%，是美國的兩倍多。

習近平在 2020 年 9 月 22 日的聯合國大會上演講，宣布了一個道道地地的氣候政策爆炸性新聞：中國將盡其所能在 2060 年前實現碳中和。這個企圖的野心非同小可，尤其加上較早前的氣候計畫——要在「2030 年之前」而不是「2030 年左右」達到二氧化碳排放峰值的承諾。分析人士認為這個宣言是針對外國輿論而來，在川普把美國退出《巴黎協定》並拒絕再加入任何與環境相關的協定之際，中國希冀在氣候變化問題上顯現出樹德務滋的風範，突顯中國和美國的差異。唯因中國的電力有六成來自煤炭，其餘大部分來自天然氣，這條「2030 年碳達峰、2060 年碳中和」之路還相當漫長。

公共債務是籠罩著中國經濟的另一個威脅[12]。根據國際金融協會（IMF, the Institute of International Finance）的數據，中國的公共債務現在占全球債務的 15%。這是一顆千真萬確的定時炸彈。這幾年，公共債務呈爆炸式增長，在 2008

年到 2016 年間翻了四倍，達到 28.4 萬億美元。2018 年，包括家庭和非金融企業的債務在內的中國債務，占國民生產總值近 235%，2019 年第一季度則占 255%。莫非，中國是個外強中乾的巨人？國際貨幣基金組織（IMF）在 2019 年的一份報告發出警報，警告中國債務可能在 2022 年前將會超過其國民生產總值 290%。（IMF, 2019）根據國際金融協會的最新數據，在 2020 年的第一季度已接近 290%。在 IMF 看來，債務高到這種地步無疑鋌而走險，中國政府已經沒有空間去對應潛在的經濟衝擊，尤其是銀行市場之間任何抵瑕蹈隙的尖銳問題，以及由於對財富管理產品的信心危機助長了不透明銀行業的強勁茁壯。債券違約的公司數量一直在上升。違約金額在 2018 年翻了四倍，達到 1,220 億元。2019 年，這個數字上升到 1,300 億元人民幣。信用評級機構標準普爾全球評級（S&P Global Ratings）預估，到 2020 年，中國企業違約率將再次增加[13]。據《彭博社》報導，2007 年到 2017 年之間，中國企業債務與其 GDP 的比率已從 101% 攀升至 160%。（Why China's debt defaults, 2019）如果企業無法為其債務進行再融資，對經濟就有魚游沸鼎之慮。

資金外流的數字在 2012 年時就已經相當高，打從 2015 年起，這個現象甚囂塵上，映現了中國投資者對祖國經濟缺乏信心。在 2015 年，約有一萬億美元離開中國，自那時候開始，大規模的資金外流絡繹不絕發生著。儘管政府實施了嚴格的外匯管制，但資本外逃在 2019 年第一季度仍達到

約 878 億美元 [14]。從 2012 年開始，中國公民每人每年最多只能有 5 萬美元外匯出境。同時，公司只有在投資項目取得正式批准後，才可以將其資金轉移到國外。只是現實中非法轉移資金的途徑層出不窮，尤其是經由平行銀行（parallel banking）[15] 機構把資金轉到香港，中國企業和富豪更願意將他們的財富轉移到香港。

在過去的二十年裡，宛如妖魔般巨大怪異的房地產泡沫在中國茁壯起來，在在處處威脅著其經濟平衡。1990 年代的建設狂潮，完全改變了中國城市的面貌和神采；數十億立方公尺的混凝土建構起數百萬座與美感無關的建築物，城市地區原有的風貌蕩然無存。1980 年代，我有幸蒙法新社派駐在北京。當時這首都滿滿是老胡同，孩子們在這些傳統的小巷子裡嬉戲玩耍，老人家在四合院家門前的椅子上享受著太陽撒落下來的光束。在胡同裡漫步，隨時可能迸發出發現這城市特有魅力的那種驚喜，真是享受。那年代的北京，是一個寧靜令人心曠神怡的都市，在這裡生活忒美好。那時候散步時總是有腳踏車的鈴聲伴隨，但今天的北京，百萬輛自行車已經被百萬輛汽車取而代之；一年裡大部分時間，太陽被濃濃霧霾掩蔽幾乎不再閃耀；胡同和四合院幾乎都被摧毀，只有少數倖存下來以滿足觀光客需求；居民被強行驅離搬走，比較幸運的一些人被遷移到位於城市遙遠郊區的高樓建築群。

空出的城市土地旋即引發了建設和投機狂潮，幾乎吸引

了全國所有人民投入其中。投機者操弄價格房價迅速飆升，最後造成過多公寓的問題。數以千萬計的公寓空置著，有些甚至是一整棟大樓。市場上大約 22% 的建築物是空著的，亦即超過五千萬戶住屋閒置。購屋者背負著沉重債務，他們受寬鬆的抵押條款鼓舞或誘惑而去借貸。根據中央銀行的中國人民銀行的數據，房貸債務在 2008 年到 2017 年間增長了七倍，從 3 萬億元人民幣上升到驚人的 22.9 萬億元人民幣（按 2017 年平均匯率計算，約為 3.3 萬億美元）。房屋貸款占中國家庭總債務達一半以上，高達 46.2 萬億元。（Le "scénario cauchemardesque", 2018）近年來，家庭債務占總收入的比重也急劇上升，從 2014 年底的約 80%，到 2019 年底上升至接近 130%。這種境況，正是美國在 2007 年抵押貸款支持證券市場失靈、引發經濟大衰退之前的美國家庭債務占收入比重的水平。之後，美國的數字趨勢回到 100%。（Wright and Feng, 2020）

不動產和建築業目前約占中國 GDP 的 15%。早在 2016 年，萬達集團的董事長王健林[16] 毫不掩飾當時關於「房地產泡沫」的憂慮，面對中國儲戶對不動產的置產胃口，市場已經變得無法控制，現在炒賣不動產已比股市以及存款在銀行的利息有更優渥的利益可圖。王健林本人是從商業不動產起家，他在接受美國媒體 CNNMoney 採訪時表示，他認為這是「歷史上最大的泡沫」。「我看不到解決這個問題的辦法。」他說，「政府提出了各種措施，包括限制購買或信貸，

但全都沒有奏效。」（Mullen and Stevens, 2016）對於中國政府來說，這是另一個定時炸彈。這種炒房熱潮和貸款激增的混合現象，與美國的次貸危機十分相似，而那次危機在 2000 年代後期引發全球金融危機。據新華社報導，在深圳的不動產投資，高達三成都屬於投機性投資。當泡沫爆破時會發生什麼[17]？

同時，私營企業的生氣盎然蓬勃發展以及它們對中國社會日益強大的影響力，中共政府近年來對這些企業已加強施加政治控管。私營企業的巨頭確實讓中共領導相形失色，他們更成為國內與國際社交生活中的風雲人物。一直有傳言，年僅 55 歲的電子商務大亨阿里巴巴集團創辦人馬雲，在 2019 年 9 月是受到黨的干預而被迫提前退休。與其他中國企業的主事者和億萬富翁一樣，多年來，馬雲已成為中國人的崇拜對象。如果在中國舉行自由選舉、政府官員是由人民投票選出來的，顯而易見地，馬雲的得票勢必遠遠超過中共領導人。「國家對私營企業所施加的壓力越來越明顯，包括要求公司成立（共產黨）黨委員會[18]或企業高層人員入黨等政策。」阿里巴巴創建的媒體平台《天下網商》前主編胡采蘋舉例說。（Huang J., 2019）

阻礙中國發展的另一個巨大障礙是令人沮喪的人口數字。1979 年鄧小平等領導推動「一胎化」生育政策[19]，該政策在 2015 年廢除，但 2018 年仍出現了自 1961 年以來出

生率的首次下降。2018 年中國人口出現了至少 70 年來的首次下降，總人口爲 13 億 9 千萬，減少了 127 萬人。2019 年，中國的全年出生人口只有 1,465 萬，是自 1949 年以來最低 —— 1961 年「大飢荒」時期除外。造成這些現象的因素例如：在都市撫養和教育孩子的花費非常高、女性擔心生育兒女影響職業生涯等等。就像在其他富裕國家，中國夫婦不再羨慕或希望兒女成群。

其中一個結果是，老年人口占總人口的比例急劇增加，「老齡化」已成基本國情。另一個結果，據經濟學家任澤平在 2019 年元月中國門戶網站新浪發布的一份報告指出，「到 2030 年，育齡婦女的數量將比 2017 年下降 31%，出生人數將降到 1,100 萬，比 2017 年減少三分之一。」這種下降速度快到令人暈眩：到 2030 年，中國有將近 30% 的人口超過 60 歲，到 2050 年更會上升到 35.9%。根據聯合國在 2019 年 6 月發布的報告，到了 2027 年，中國須拱手把全球人口最多的國家之頭銜讓給印度。人口老齡化也給中國的國庫和脆弱的養老金制度帶來問題。

中國財政部 2016 年的數據顯示，養老金支出增長了 11.6% 至 25,800 億元（按 2016 年平均匯率計算爲 3,880 億美元）。北京國家經濟戰略研究院研究人員汪德華警告道，如果不進行改革，紀錄上 2018 年的 6,000 億元赤字，預計將會在 2020 年擴大到 8,900 億元。他認爲，中國最大的財政威脅就是「退休」風險。

　　中國財政科學研究院院長劉尙希同樣有這種擔憂，他認爲赤字在 2020 年後將「迅速」增長。（De Maeyer, 2018）中國已經完全放棄計畫生育政策。2020 年 5 月通過的新《民法典》沒有提到任何有關控制生育的條文。然而在這段時間裡，由於人口老齡化造成中國工廠開始招不到工人，這生態已逼使眾多企業界老闆紛紛把生產線遷移到其他國家去了！

　　縱使習近平是依舊受愛戴的，中國社會的穩定性並不像最初看起來那麼牢固。遍布全中國，每年有記錄可考的「社會事件」約莫十五萬宗，最常見的是因非法執行了土地沒收、房屋或社區的破壞、嚴重的河川污染、勞資糾紛或與地方政府的衝突等等，這些事件動輒聚集數千名抗議民眾。通常，抗議民眾會避免直接攻擊地方黨政領導。政府高層也都可以找到解決辦法，常常就是讓地方領導成爲替罪羔羊。國家安全部專事監測人口和管控警察，這部門被賦予巨額預算，2018 年達到 1.39 萬億人民幣（按 2018 年平均匯率計爲 1,990 億美元），這金額遠遠超過軍費開支。2019 年 1 月，習近平第一次提到「黑天鵝事件」風險，即發生機率小但可以引發災難性後果的事件。習近平敦促地方領導們，在令人擔憂的經濟放緩背景下，對黨的政治和意識形態安全所面臨的重大風險要保持高度「警惕」。政府應該注重對年輕一代的政治思想工作，以應對互聯網的影響，確保「中國特色社會主義」的存有。「現在，意識形態鬥爭的主戰場在互聯網上，互聯網的主要受眾是年輕人。」習近平說，「很多國內和境

外勢力都設法通過網絡培養他們價值觀的支持者，甚至是現有政權的反對者和顛覆者。」他補充道。（Brennan, 2019）

「黑天鵝事件」在 2019 年年尾到 2020 年年初的冬天確實發生了──中國武漢發生了新冠肺炎疫情。雖然中央當局處理的方式已經比 2003 年 SARS 爆發期間透明，但政府仍是企圖隱瞞疫情；在被迫透露疫情的嚴重程度並採取嚴峻的控制措施之前，武漢地方政府和中央政府在 2019 年 12 月底到 2020 年元月初的三個多星期的緘默，錯失了最關鍵的防範時機，罪不可逭。肺炎全球大流行使中國付出了沉重代價，損害了其公眾形象和經濟增長。為防止新冠疫情擴散實施封鎖而遭受經濟嚴重衝擊的國家裡，中國是第一個經歷的，也是第一個復甦的。與 2019 年同期相比，中國 2020 年第二季度的生產總值增長了 3.2%，這表明了中國經濟在第一季度大幅下降 6.8% 之後，正在恢復增長。官方數據顯示，中國第二季度的經濟比第一季度增長了 11.5%，從而避免經濟衰退。第三季度的生產總值年度增長更加速到 4.9%，這意味著中國是 2020 年全球唯一增長的主要經濟體。2020 年初，國際貨幣基金組織預測中國經濟將會增長 1%，而其他發達經濟體將會下降 8%。這個成長率與中國在 2019 年公布的 6.1% 的驚人增長當然相去甚遠，這是自從鄧小平領導經濟開始起飛以來的最低增長率。新時代的另一個跡象是，四十多年來，中國政府來首次沒有設定年度增長目標。

要從對疫情的處理得出必要的結論或許仍然為時過早，

不過，這個僵化的政治金字塔結構的缺點和弱點昭然若揭是確定的，在這體系裡，權力階層較低的人們一直生活在恐懼之中，他們對事件一旦採取任何主動的舉措被認為是不受歡迎時，懲罰隨即降臨。於是，新冠肺炎低第一位吹哨者，武漢市中心醫院眼科醫生李文亮，因他在 12 月 30 日揭露院內有感染與 SARS 相似的未知病毒的患者，遭當地派出所公安傳喚訓斥，並在訓誡書簽名認罪：「現在依法對你在互聯網上發表了不屬實的言論的違法問題提出警示和訓誡。你的行為嚴重擾亂了社會秩序 [20]。」當時李文亮已感染新冠病毒，他在 2 月 6 日病逝。李文亮所遭受到的當局之對待，在互聯網上迅速地激起暴怒與憤慨，他成了民族英雄，這現象在這國家已很長時間未曾發生。政府對事件的處理旋即引發了人民在社交媒體上對中央政權的憤怒，這種現象在中國現在十分罕見 [21]。一名用戶在微博上寫道：「真相總是被視為謠言。你們還要繼續對我們撒謊多久？你們還在撒謊嗎？你們還在隱瞞什麼？」另一個人寫著：「不要忘記你此刻的感受。記住這種憤怒。我們不能允許這種事情再次發生。」這些信息，一如其他信息，很快就被審查員刪帖了。2 月 6 日後，包括知名學者在內的數百名中國民眾在網上聯署了一份要求「言論自由」的請願信。但當局採取行動的可能性近乎零。

　　不論喜歡與否，習近平似乎繼續擁有眾多老百姓支持。在一個禁止進行民意調查的國家，外界很難準確解讀民眾的

情緒，根據《2020 年愛德曼信任度晴雨表》（*Edelman Trust Barometer 2020*），中國政府是全球獲得最高百姓支持度的國家之一，而美國在二十六個國家中排名倒數第三名。同時，於 2020 年 7 月，哈佛大學研究人員發表一項爲期十年的調查結果，發現「自從 2003 年調查開始以來，全中國的百姓對政府的滿意度幾乎是全面提高。」（Cunningham, Saich, Turiel. 2020）2016 年，中國百姓對中央政府的滿意度達到 93%，而美國總統卻從來未能獲得高於 60% 的滿意度，兩相對比，中國的那個數字更令人刮目相看了。

　　貪腐阻礙著中國發展。賄賂公行盤根錯節深植在這政黨各個層級各種機構，長期侵蝕著這個政黨。貪腐與中國的驚人經濟成長有著依存關係；中共幹部和權貴家族的子女——「太子黨」和「紅二代」，靠著關係，輕易獲得成功致富的機會 22。習近平於掌權後隨即發動一場全面反腐肅貪清算運動，成功地贏得聲望。他打擊「老虎、蒼蠅」的目標涉及各級權力包括黨內官員、政府人物、軍人、國家企業高層。2013 年 1 月，習近平在十八屆中央紀委二次全會上強調反貪必須「老虎、蒼蠅一起打」，他這舉措打破中共政壇「不碰老虎」的潛規則，成功地讓中共中央政治局常委、前公安部部長周永康落馬 23。周永康於 2015 年因受賄罪、濫用職權罪和故意泄露國家祕密罪三大罪狀，被判處無期徒刑。次年，周永康的第二任妻子與長子分別被判處有期徒刑九年和十八年。官方媒體廣泛報導周永康被起訴的案件，給人民烙

下政權的「大老虎」不再是碰不得的深刻印象[24]。薄熙來
是繼周永康之後迅即被捕的政要，他是位於西南部的直轄市
重慶市黨委書記，身為太子黨一員且是周永康的盟友。薄熙
來被判無期徒刑是彰顯出習近平非比尋常強勢的里程碑[25]。
西方觀察家們估計，自從 2013 年至今，已有 150 萬名黨內
幹部被免職和懲罰。中國民眾普遍深惡痛絕官僚之貪污腐
敗，對體制的未來充滿懷疑。這個「打虎拍蠅獵狐」的反貪
腐肅清運動從未停歇過，且立馬製造了兩種結果。其一，習
近平心知肚明，他在黨內已豎立強勁的敵對陣營；再者，貪
腐的官員僅是暫時埋聲晦跡，等避過這波風險後即可文恬武
嬉。不過，追根究柢，「貪腐是這麼根深蒂固牢牢根植於
這個政權的本質裡，它是永遠不會消失的。」一位在香港的
中國消息人士認為，中國的腐敗已病入膏肓到足以威脅這個
政權的存亡。在德國非政府組織「透明國際」（Transparency
International）2018 年發布的「全球清廉指數」（Corruption
Perceptions Index, CPI），中國的排名非常低。在該次調查，
中國在 180 個國家排行中排名第 87 位，比排名第 78 位的印
度還低。

對充滿著創新數位科技的外面世界開放時，中共還能
與民主保持安全距離嗎？這些科技，中共正在更改並轉換其
功能以達到一己的目的；它一馬當先，對廣大人口進行大規
模的監控以及進行系統性社會評級。縱使這國家對國內資訊

控管嚴格，但為數不低的中國人仍然覺知世界上正發生的事情。儒家思想在一定程度上影響著中國領導階層，難道，民主在儒家思想中真是一種全然陌生的論述？鑽研中國近代史的法國歷史學家魏丕信（Pierre-Étienne Will）認為，中國應該觀照省思古中國文化中曾擁有的民主理念。兩千多年前，孟子提出民本思想、人民高於君主的觀念[26]；人民是「一國之本」且是「國家最珍貴的資產」。孟子相信人民有權力反抗不配執行其使命的君主。而今，任何一絲絲對民主稍多的渴望卻都被系統性地扼殺了。但這種情況還能持續多久呢？

香港從 2019 年 3 月起發生了大規模示威活動。這不僅重創中國在國際舞台上的形象，更反映了生活在這個前英國殖民地的人民要求更多自由和民主的強烈願望。2019 年 6 月 9 日，超過一百萬名香港市民走上街頭，抗議中國大陸在香港日漸增強的政治介入。6 月 16 日，超過兩百名萬市民參與示威，街頭上人潮洶湧，超過四分之一的香港市民都來表態，人群中包括了老年人和嬰兒。面對這些甚具規模的抗爭，中央政府出乎所有人意料地做出了讓步。香港特首林鄭月娥在 2019 年 9 月 4 日宣布撤回《逃犯條例》修例草案（又稱《送中條例》）。此修例草案擬使香港政府能夠將疑犯引渡到中國大陸，這將為當地司法獨立敲響喪鐘[27]。但抗議者的訴求並不只是撤回《送中條例》，他們同時要求政府尊重他們的公民權利和全面落實雙真普選[28]。這些都是北京無法答應的要求。2020 年元旦，超過一百萬名示威者再次走上

街頭。這是香港自從 1997 年移交給中國政權以來最嚴重的危機。北京發現自己陷於兩難境地，由於顧忌這股抗爭浪潮可能會蔓延到大陸，中共政權不可能向抗爭者作更大讓步。但若派遣軍隊鎮壓異見者，這種舉措會對中國的形象造成嚴重打擊，更會終結香港作爲金融中心的地位，而金融中心的功能對北京相當重要。然而，北京爲香港局勢的惡化付出很高代價，因爲這事態扭轉了 2020 年元月的臺灣總統大選結果。2019 年初進行的民意調查顯示，蔡英文在連任競選中會敗給國民黨親中派候選人韓國瑜。但隨著大選日子接近，韓國瑜的親中立場變成一種負擔，而蔡英文則一再表達她對香港抗爭者的支持，高呼「爲自由和民主而戰」，並大聲表明拒絕與中國大陸統一的想法。最終，她輕鬆地勝出了連任競選。

1984 年 9 月，中國國務院總理趙紫陽和英國首相柴契爾夫人在北京簽署《中英聯合聲明》，並於次年生效，爲香港回歸中國設定了條件。北京承諾，在五十年之內，亦即直到 2047 年，尊重香港的資本主義制度、公民自由和前殖民時期的生活方式。諸此都是賦與這領域特別境遇的一部分，鄧小平稱之爲「一國兩制」。同樣的解決方案也在澳門實施，這個前葡萄牙殖民地在 1999 年回歸中國。「一國兩制」也曾被用來作爲說服臺灣人民與「祖國」統一的方案，但並沒有成功，這個方案現已在政治選項中奄奄一息。目前，作爲中國的一個「特別行政區」的香港，已經成爲中共政權的

眼中釘。中國當局一如既往地譴責外國勢力煽動香港暴亂，尤其是來自美國和前殖民國英國。香港作為金融中心對中共政府極具價值。

2018 年，在香港以私人名義持有的美國國債總額約為 12 萬億美元，而中國企業在這個前英國殖民地就持有總額 723 億美元的美國國債。香港也是中國菁英的避稅天堂，當中包括紅二代和「太子黨」。2018 年，約有 3.1 萬億美元的私人資金以香港金融公司作為中轉站。以及，2018 年以人民幣計價的全球外匯交易中，有 79% 都是通過香港進行中轉的。

危機持續籠罩著香港，2019 年 10 月起，香港經濟陷入不景氣景況中。那時適值我正在香港，得以觀察示威活動。街頭上竟然有 12 到 14 歲左右的青少年！

這顯示出中共當局正面對一場無比絕望的抗爭。2019 年 10 月 13 日，習近平於尼泊爾國事訪問時，他向示威者嚴正警告道：「任何人企圖在中國任何地區搞分裂，結果只能是粉身碎骨。」（Xi Jinping warns，2019）事實是，香港與中國兩地人民之間的鴻溝很深，而無論這場危機的結果如何，傷疤都會一直存在。在示威活動期間，當警方追捕時，年輕的抗爭者逃進鄰近的住宅，居民會敞開大門並提供庇護。在巴黎政治學院講授「中國法律、司法與社會」課程的中國問題專家鮑佳佳教授（Stéphanie Balme）表示：「中共無法讓人心悅誠服。香港就是最佳例證。對中共，沒有比在國家邊

緣地區更嚴峻的挑戰了，在那裡，我們原該找到對他們模式著迷的人，但現實卻正好相反。」（Balme, 2019）

2019 年 11 月 24 日，香港民主派候選人在區議會選舉中取得壓倒性優勢，掌握香港 18 區中 17 區的主導權，在 452 個席位中贏得 347 席，掀起了一場政治海嘯，同時也給這個前英國殖民地的親北京領導人帶來了羞辱性的挫折。

在近三百萬選民中，投票率竟高達 71.2%，如此高的投票率可以說是史無前例（眾多選民之前從未參與過投票），這現象顯示，香港人在形勢所迫的情況下，以投票的方式表達了對中國在當地變本加厲的干預的不滿情緒。選舉當天，街頭沒有示威遊行，社運人士呼籲大眾保持冷靜，讓投票順利進行。區議員其實並無太多實權，主要只負責停車場、公車線路和垃圾收集的管理。但當選的區議員可以從他們現任區議員中選出 117 人，成為由 1,200 名委員組成的選舉香港領導人的委員會中的委員。民主派活動人士目前占據委員會近一半的席位。但必須說的是，決定行政領導人選的最後決定權還是握在北京當局手上。在中國大陸，官方媒體雖然報導了該次選舉，卻沒有提及任何投票結果！2019 年 11 月 27 日，川普正式簽署一週前獲得國會壓倒性多數通過的法案，將之納入美國法律[29]：該法案表達了美國對民主派人士的支持，並威脅道，由於中國和香港政府缺乏對人權的尊重，華盛頓將暫停給予香港特別經濟待遇。北京斥責立此法案的舉動「絕對令人厭惡」，且聲稱將會採取「反制措施」威脅

美國。

　　中國終究採取行動收緊了對香港的管制。2020 年 6 月
30 日，北京中央政府通過了香港《國安法》[30]。人大常委會
全體一致通過此法案。習近平簽署後，《國安法》正式納入
香港《基本法》並立即生效。《基本法》是香港自 1997 年
起使用的小憲法。根據法例，任何人如觸犯「分裂國家」、
「恐怖活動」、「顛覆政權」或「勾結外國或境外勢力」罪
行，都有可能會面對終身監禁等嚴厲刑罰。《國安法》的頒
布，明顯是爲了消滅區域內的反對派，這標誌了民主自由的
終結，無疑也爲「一國兩制」政策敲響了喪鐘。「『北京剛
剛通過了全面的國家安全法』。這標誌著世界過去所認識的
香港的終結。」著名社運人士黃之鋒在推特上發推文。

　　英國從事態發展的衝擊中恢復冷靜後，隨即提高了香港
人在英國居住並最終申請公民身分的機會。與之前停留六個
月相比，在政策放寬後，持有英國國民（海外）護照（BNO）
的二百九十萬香港人能夠在英國生活、工作和進修學習，停
留期限可長達五年。待滿五年後，他們可申請定居身分，一
年後，他們即可申請成爲英國公民。澳洲也提出接納香港
居民。同時，川普宣布美國將終止給予香港貿易上的特殊地
位。

　　巴黎高等商學院歐亞學院（HEC Eurasia Institute）創辦
人暨院長亞克‧格拉弗羅（Jacques Gravereau）分析道，中
國不會成爲二十一世紀的超級強國。中國的人口危機、科技

創新步伐仍遠遠落後美國、猖獗的貪腐風扼殺著黨和社會、軟實力嚴重缺乏，以及，它在世界局勢中依然孤立無援，這些都意味著中國無法成為真正領導世界的強國。

世界上其他國家都不會支持那疑雲密布的中共價值觀。再者，如果中國成為主導世界的強權，那即意味著美國首肯——無論是否情願——放棄其超級大國角色，無論在現實還是在大眾的認知中，亦即它已經喪失其軟實力。所有這一切都是極不可能的。（Gravereau, 2017: 258, 259）

這位亞洲專家認為，美國在未來一段時間內仍然會擔當領導世界的角色。中國「無疑將成為二十一世紀的大國之一，但不是超級強國。中國不可能支配世界秩序。」他總結道。（來源同上）

亞洲戰略問題專家暨巴黎戰略研究基金會（FRS）資深研究員倪雅玲（Valérie Niquet）認為，只要「中國還沒有克服自身的缺陷的一天，除非，就算沒有政權更替，也可能是以一種可以接受的變革為代價，否則，它勢必無法強行塑造自己成為二十一世紀的超級強權。」（Niquet, 2017）實際上，她批判道，「共產黨在充當一個催速劑角色的同時，卻同時壓制了革新的自由」，她提到，「在大清帝國後期，十九世紀末時，像這樣拒絕政治變革的做法，在當時粉碎了那原本

有機會使清廷獲得勝出的改革力量。今天，中共的相似做法正冒著一個風險，它有可能阻斷一個以確保其存續為首要任務的政權之崛起[31]。」

雷諾‧吉哈爾（Renaud Girard）是經驗豐富的新聞工作者也是費加洛報的資深記者，他的觀點雷同。他曾表示，由於意識形態、地緣和經濟等因素，中國將無法「征服亞洲鄰國」。他寫道：「在政治上，習近平領導的中國現被鄰國視為一個威脅。這些國家不接受中國強行占領南海的島礁和海域的作風。」（Girard, 2019）

格雷翰‧艾利森從另一個層面來觀察：「在中國，已經沒有人相信共產主義。一個主導社會的政黨必須能夠成功地運作一套穩定和可持續的制度……但香港層出不窮的事件揭露了，由於其對外開放政策，愈來愈高漲的民主訴求暴露了中共政權本質。」按購買力平價計算，中國國內生產總額已經超過美國 20%，「到 2025 年，中國經濟規模可能是美國經濟的兩倍，到 2040 年是美國經濟的三倍，甚至四倍……大多數美國人不相信這個設想，但這是現實。對這種趨向，我認為是相當嚴重的體系風險[32]。」

有些中國知識分子和外國觀察家預測中國共產黨當權的時代即將終結，一黨專政的體制即將面臨崩潰，同時許多人認為這種想法純屬一廂情願，但克萊蒙特‧麥肯納學院（Claremont Mckenna College）的裴敏欣教授堅信不疑：

　　大權在握近七十年後，面臨經濟放緩與中美關係緊張的挑戰，中國一黨專政的政權大限將至，接近一個獨裁政權的壽命極限。中共對反對派的鎮壓和對民族主義的大力提倡，可能會提高短期內的支持度，但要繼續執政並慶祝黨執政一百週年，這會是個疑問……這個一黨專制的政權甚至可能無法存活到 2049 年。目前對中共長期存在造成最大威脅的是正在開展中的中美冷戰……美國憑藉其卓越的軍事能力、技術、經濟效率和同盟國支持（仍然穩固，儘管川普執政時造成破壞性影響），美國比中國勝出這場中美冷戰的機率高太多了。儘管美國的勝利應該是要付出極高代價而獲得的，但很可能因此決定了中共的命運。（Pei, 2019）

　　德國漢學家暨歐洲當代臺灣研究中心（ERCCT）研究員舒耕德（Gunter Schubert）認爲：

　　經濟發展、社會階層化、政治去中心化、社會運動冒起、融入全球市場的趨勢、互聯網的影響，最後但同樣重要的，中國希望在國際間尋求更多尊重，這些都是我們需要納入考慮的，因爲這些因素在在都削弱了威權主義者和一黨專政政權。（Schubert, 2003:16）

　　香港浸會大學教授暨法國國家科研中心（CNRS）研究

員高敬文（Jean-Pierre Cabestan）則持審慎態度。他強調，中國共產黨依舊牢牢固守著國家的領導地位，沒有出現任何即將崩潰的跡象。「方方面面，中共無不控制的滴水不漏。首先，稍有風吹草動，中共馬上鎮壓，不讓反對派有滋長茁壯的空間，再加上大多數中國人接受這種情況，甚至連懷疑都不懷疑，認命了。他們要嘛不在乎政治，要嘛認為共產黨擔保了穩定，而參與式民主反而會在中國製造動亂。在中國，很多人都相信這一套。也因為他們是民族主義者，中國共產黨最擅長鼓動民族主義情操。對中國老百姓，這個他們打從出生以來就已存在的共產政黨，皆沒有太多質疑地接受了。最主要的原因是，大多數中國人長期以來──甚至是自古以來，都對政治疏遠[33]。

　　─那麼，中華人民共和國在 2049 年，即建國一百週年後，中共會實施法制嗎？

　　─我敢打賭不會且在那之前失去權力。侵蝕政權的力量仍然存在。到目前為止，中共可以聲稱已經成功發展了中國，這也是中國人民所歡喜讚嘆的，這是一個讓政權得以穩固的要素。從長遠來看，一黨專政會轉化成高度鎮壓且異常隱祕的政權。但人民卻會渴望獲得更多關於他們國家稅收使用的狀況以及國家如何運行的資訊。尤其是中產階級興起了，隨著時間推移，總人口中將有一半或超過一半以上的人口是中產階級，他們的需

求會成為侵蝕這個政權的因素。中國應該會希望事態能夠朝著其他方向發展。接下來的二十到三十年，政權的本質可能會發生很徹底的變化[34]。」

中國研究員暨新聞工作者、香港中文大學中國研究中心林和立教授強調，中國人傳統上是很有韌性的。他說：「中國人是不反抗權威的。他們對自己的命運容易認命、知足。如果他們覺得日子不好過，他們就移民到澳洲、加拿大或美國。」中共從 1949 年起即強行實施了「一個完美的獨裁制度」，且「拜人工智能和數億個隱藏攝影機全天候監視之賜，這個獨裁政權得以延續。這個監視系統效能高超，中國的監控攝影機數量高踞全世界冠軍寶座。不過，在今天，這個政黨被迫去正視一個事實：中共政權並沒有人民投票授權所產生的正當性。」他闡述道。當前的經濟放緩對低下階層造成了沉重打擊，而富人則相對倖免於難。「沒有任何奇蹟是永恆的。事實是，中國的奇蹟在習近平當權時已結束。經濟成長率回復到 6.2%，不過北京的獨立經濟學家並不相信這個數字，咸認為實際成長率可能只有大約 2% 或 3%。這就是問題所在。對低下階層而言，這麼低的成長率意味著他們的生活水準是停滯不前的[35]。」

沈大偉（David Shambaugh）是華盛頓特區喬治華盛頓大學艾略特國際事務學院（Elliott School of International Affairs）中國政策研究課程主任，他認為，「美國與中國

打交道的方式發生了天翻地覆根本性的巨變」，而這種變
化並不是「一夜之間發生的，也不是川普造成的結果」。
（Shambaugh, 2019）

> 我會爭辯道，儘管兩國合作（曾經是常態），但
> 在美中關係中，競爭一直是同時並存的。長期以來，
> 合作因素一直是主導因素，競爭因素是次要的。現在
> 情況逆轉了，時下競爭成了主導......我用的是「競爭」
> 這個詞彙。我說的不是遏制。我不是在說對峙……競爭
> 就是這樣──你爲主導地位競爭，你爲影響力競爭，你
> 爲地位競爭，你爲爭取盟友和夥伴競爭……就我到目前
> 的觀察，這場競爭將窮年累月，沒有限期。在我們有生
> 之年，這會是國際關係最重大的一個因素，其他眾多事
> 物也會受到影響，許多國家將愈來愈捲入這場競爭中，
> 尤其在東南亞等地區，他們眞切感受著競爭熱度和壓
> 力……要在美國和中國之間作出選擇……現在，在這場
> 競爭中，如果美國是明智的，它就不會強迫其他國家做
> 出選擇。（Shambaugh, 2019）

沈大偉把這種情況比作一場沒有終點也沒有裁判的運動
比賽。賽事不斷有時贏有時輸，每一方都有因爲其戰術優越
而得分的時刻，也都遭受一些挫折。不過，這是一場沒有最
後結果的比賽。

　　美中競爭千迴百折曠日持久，我們也繼續在這種有時低有時中度的張力中拉扯，除非在軍事領域出現引爆點，例如在南海或其他地區發生了，那有可能會升級成為兩個強國之間動能交鋒。我不期待會是這樣。我當然不要這種情況發生。（來源同上）

　　香港科技大學社會科學部榮休教授崔大偉（David Zweig）同樣預測中美冷戰會持續很長時間，但他強調，美國的衰弱不會發生。「美國能夠保持領先。不久前，人們開始認為美國完蛋了，而它已顯示出復甦的活力……」崔大偉在訪問中表示。中國正在迅速崛起，不過他認為中國還遠未強大到能夠威脅美國地位，且美國並未停滯不前。「所以，也許在三十、四十、五十年後，中國可能會趕上，但這需要一段很長的時間。在過程中，也有發生黑天鵝事件從而搞砸了中國領導權的可能。」

　　崔大偉同時相信，認為中國當前的政治制度即將結束的這種預測是錯誤的。過去四十年，中國領導人「克服了相當嚴峻的難題：巨額赤字、全球金融危機、東亞金融危機、天安門廣場事件、川普當權，直到目前，中共政權做的還可以，經過這一切，政黨依然相當強大，還可能頗受人民擁戴……他們是亞洲最受歡迎的政府之一。人們無法認清這一點。我們可能不喜歡這個政黨，我們不喜歡他們在香港的所

作所爲……但你的信念和你所看到的之間實際上存在著一些差異。」

他認同經濟嚴重放緩將會讓中共更難生存。「但只要他們能夠繼續維持某種經濟增長，讓人民覺得明天至少過得和今天一樣不錯，甚至可能更好一點點，人民就可以了[36]。」

漢學家白夏（Jean-Philippe Béja）是法國國家科學研究院教育性研究和改革中心（CNR-CERI）的榮譽研究主任，他認爲，習近平在當權後打壓興起的公民社會並強化一黨專政，消滅了部份原有的自由，且大肆發展其個人崇拜。鑑於這個政黨凌駕社會和政府的霸權、對領導人的個人崇拜和民族主義，白夏直言，中共甚至不能被視爲披著民主外衣的獨裁政權，準確地說，這個政黨是羽翼豐滿的成熟獨裁政權且越來越像法西斯主義[37]：

> 中國共產黨從 1989 年以來都沒有改變。經濟急速發展並沒有帶來民主化。相反地，在二十一世紀之交開始萌芽的公民社會一直遭到壓迫。2015 年 7 月，警方逮捕了三百多名維權律師，其中二十人被要求在電視廣播節目中作出具羞辱性的自我檢討，然後被判處有期徒刑。（Beja, 2019）

亞洲專家修伯特・泰斯達（Hubert Testard）相信，中國「終究需要解決其根本性上的自相矛盾：在經濟和文化層面

對世界開放，但政權對個人、組織和理念的控制慾望，卻愈發強烈。」（Testard, 2019b）

Conclusion

結論

　　正當美國似乎同時失去動力與方向時，中國在許多方面達成了全球獨一無二的突破。這兩個強大對手的衝撞會產生什麼後果？中國的擴張主義，已經讓合作夥伴日益加深不信任感，並在它自己的發展之途上產生障礙。與此同時，北京像是象棋大師，一步一腳印地朝著長遠的征服鴻圖進展，而美國領導人僅下出一步步短期阻擋的棋。那麼，我們應該預期中美之間會發生軍事衝突嗎？十之八九，不會。至少在可預見的未來不會發生。中國需要一個和平的環境繼續發展其在世界舞台上之崛起。尚－皮埃爾‧卡貝斯坦（Jean-Pierre Cabestan）認為：

　　　　對於中華人民共和國來說，維持經濟發展、社會穩定和一黨專政制度繼續鞏固恆是優先事項。另一個發展目標是讓中國成為一個強權，但與美國爭奪世界第一的位置應該是壓倒一切的目標嗎？某些中國人是這麼認為，或許他們願意玩這個危險的遊戲。不過，政府仍

然保持著頭腦冷靜，計算著需要承擔的風險，不輕易走出它知道如何最佳運籌的灰色地帶……它避免陷入難以逃離的危險處境。換句話說，中國「彈」不虛發。（Cabestan, 2018b）

川普總統是第一位西方領導人敢直接挑戰中國日益壯大的勢力[1]。其他人會跟隨他的領導嗎？歐洲一些國家已開始採取共同立場來對抗中國的某些企圖。

就中期來看，各大研究機構一致認為，中國將在 2030 年左右成為全球最大經濟體。但能維持多久？出生率下降、內部要求更多民主的壓力越來越大、經濟成長放緩、生產成本上升、對外開放帶來的社會和政治影響、貪腐等等；這些因素都會是阻礙中國持續快速前進的絆腳石。在未來多年內，美國仍將是超級軍事大國，但美中冷戰的最終結果依然懸而未知。端看民主在這場與獨裁的爭戰中能否證明它的強度和生命力。

於中國境內正在顯現的未來世界，在很多方面都令人不寒而慄。中國共產黨運作著一個龐大的監視系統[2]，行使愚民政策[3]和單一思想，大多數百姓接受了這種現實的，而這監視系統拜尖端科技之賜更如虎添翼了。這與由個人主義形成且著迷於武器和暴力的美國社會形成了對比，美國有些時候顯得政治混亂但卻是自由的。中國，因其獨樹一幟並勤勉奮鬥的輝煌經濟成就贏得了合理自豪，進而助長了民族主

義。但是，對中共把中原漢文化和共產主義以武力強加於新疆和西藏人們，對香港民主人士的鎮壓，以及剝奪中國人民自身重要的自由等等這一切，這世界難道要視而不見？

對中國經濟方面的輝煌勝利，其他國家僅僅繼續視其為龐大的商機？或是，它們會開始質疑，向北京借貸或過度依賴中國產品，會不會帶來無法承受的危機？快速崛起的中國，無論在它一己的領域或跨越疆土，其嚴峻的軍事威力對這些問題已經在在增加了急迫性。

中國共產黨不再像過去那樣力圖輸出自己的意識形態。當法國、義大利、英國、東歐國家、巴西和其他地方興起的民粹主義削弱西方世界偉大的民主理念時，今天，角色似乎怪異地對調著。正當川普一再的擁護保護主義、愛國主義和單邊主義時，習近平卻在 2017 年 1 月的達沃斯經濟論壇（Davos Economic Forum）上 [4] 讚揚多邊主義和全球主義的優點。

危險就藏於民族主義之中，這特質在中國現今領導階層對國內群眾發表談話時屢屢提及，而他們的「戰狼」外交官正在國外展示著。

2019 年 10 年 1 日，習近平將習慣的西裝換成黑色的毛裝，站在北京的天安門上，整整七十年前，毛澤東就是在這裡宣告中華人民共和國成立。那個距今久遠的大事件，曾為這長年飽受苦難的國度帶來進步、繁榮，以及重新獲得在世界上應有地位的希望。

然而，毛澤東反而將中國進一步推入了數十年的悲慘命運之中，直到 1979 年後，他的末代繼任者鄧小平，正視了這個貧窮國家嚴重落後的事實，從而開啟一個經濟自谷底成長、學習和軍事現代化的漫長旅程。

當習近平在這重要的國慶慶典回到天安門時，他向全世界——尤其是向美國政府——宣告的，充滿沉重的象徵意味但清楚明白，即中國經過漫長的奮鬥終於成為令人刮目相看、尊敬甚至畏懼的強國。

「沒有任何力量能夠阻擋中國人民和中華民族的前進步伐！」習近平揭櫫道。

這種民族主義式的口號且擱置一旁，不過，如果中國人要對這世界有著長遠的正面影響，總有一天，他們勢必實行民主。在這場與美國的競賽，中國仍然依賴一種已經屬於過去的極權政治模式，這樣是不可能贏得或激發他們自己領土以外的人們。

相較之下，美國在 2020 年 11 月 3 日舉行的總統大選，向世界彰顯了美國民主強大的韌性；當時尚在任的共和黨民粹主義總統川普，向他的律師群求助竭盡所能尋求繼續主政白宮的各種可能管道，但勝利仍歸於民主黨的拜登。

十年，二十年，五十年⋯⋯沒有人可以準確預言到底中國共產黨能再掌權多久，可以確定的是，總有一天，中國會加入歷史的行進行列，揭穿西方那些誇誇其談中國人不適合民主這類荒誕理念的天大謊言。

Acknowledgements

致謝

首先，深深感謝好友洪祖玲和她的三位助理陳宇、曾曉渝、徐丹將這本書從英文翻譯成中文。衷心感謝才華洋溢的理查‧連（Richard Lein）在極短的時間將這書從法文翻譯成英文。謝謝香港的 Katie Tsoi 和新加坡的董黎熙（Dong Lixi），她們堅定地說服了世界科技出版公司（World Scientific Publishing）出版此書的英文版，這恩情無比珍貴。感謝馬可‧歐尼爾（Mark O'Neill），若沒有他的幫助，這本書的英文版可能永無面世的一天。非常幸運地，承蒙安東尼‧貝克（Anthony Barker）和摩利思‧拉爾夫斯（Maurice Ralphs）眷顧，他們費心閱讀了英文譯稿。無比感念我投注三十七年專業職涯的法新社，它是這本書取之不盡的信息泉源。感謝黎明出版社（L'Aube publishing house）的編輯瑪儂‧維亞德（Manon Viard），當我提出構想時，她隨即首肯。最後，我由衷感激我的妻子莫妮卡（Monika），她欣然接受從我們日常生活中偷來寫這本書的無數時光。

NOTES

註釋

前言

1　Robert Guillain, *Orient Extrême, une vie en Asie,* Paris, Seuil, 1968.

序

1　譯註：這句話原爲 "Reversing the old cliche, they'd prefer the devil they don't know to the devil they do know." 對比著傳統的說法 "Better to stick with the devil you know than the devil you don't know."

中文版序

1　D-Day 在軍事術語中經常作爲表示一次作戰或行動發起的那天。最著名的 D 日是 1944 年 6 月 6 日諾曼第大登陸之日。

2　中華人民共和國國防部：習近平出席解放軍和武警部隊代表團全體會議並發表重要講話。

3　斯蒂芬・拉加德是 Asialyst 的聯合創始人之一。

4　「雙減政策」全文爲《關於進一步實踐義務教育階段學生作業負擔責任和校外培訓負擔責任的意見》，根據這個政策，各地不再審批義務教育階段學科類的校外培訓機構，此外也嚴禁學科類培訓機構的「資本化運作」。

5　這篇題爲〈每個人都能感受到，一場深刻的變革正在進行！〉的文章最初由作家李光滿發表在其個人微信公眾號和微博，指「中國正在發

生重大變化，從經濟領域、金融領域、文化領域到政治領域都在發生一場深刻的變革，或者也可以說是一場深刻的革命」。之後多家官媒進行轉發。

導言

1　譯註：英國作家喬治‧歐威爾（George Orwell；1903 年 6 月 25 日－1950 年 1 月 21 日）在其代表性小說《動物農莊》和《1984》中，批判假社會主義之名、行極權主義之實的史達林主義，他以辛辣的筆觸諷刺泯滅人性的極權主義社會和追逐權力者，小說中對極權主義政權的預言在之後的五十年裡不斷地與歷史現實相印證，這兩部政治諷喻小說已躋身世界文壇經典之作，而由他的名字衍生出「歐威爾主義」（Orwellism）、「歐威爾式的」（Orwellian）等詞彙，指現代專制政權藉由嚴厲執行政治宣傳、監視、故意提供虛假資料、否認事實（雙重思想）和操縱過去（包括製造「非人」，意指把一個人過去的存在從公共記錄和記憶中消除）的政策以控制社會。

2　1936 年在長江三角洲被發現了良渚古城——現已被聯合國教科文組織列爲世界遺產，眾多宏偉的玉器以及許多文物，追溯出中華文明距今已五千多年。

3　譯註：2017 年 11 月 8 日北京中央電視台新聞報導：「國家主席習近平和夫人彭麗媛 8 日下午與來華進行國事訪問的美國總統川普和夫人梅拉尼婭共同參觀故宮前三殿。在參觀完故宮前三殿後，習近平向川普介紹了中國悠久的歷史文化。他說，文化沒有斷過流、始終傳承下來的只有中國。我們這些人也延續著黑頭髮、黃皮膚，我們叫龍的傳人。」

4　法新社北京報導，發布日期：2017 年 11 月 9 日。

5　Asialyst.com 是專事分析和發布有關亞洲新聞的網站。

6　中國國家統計局。

7　譯註：2019 年 5 月 15 日「亞洲文明對話大會」在北京舉行，來自亞洲 47 個國家和世界其他國家及國際組織的 1352 位會議代表出席大

會。習近平在開幕式上發表主題為「深化文明交流互鑒／共建亞洲命運共同體」演講。「認為自己的人種和文明高人一等，執意改造甚至取代其他文明，在認識上是愚蠢的，在做法上是災難性的！」這句話出於演講中「四點主張」的第一點。

第一章

1　譯註：「天無二日，民無二王。」出於《孟子》一書中的〈萬章〉（上）：「孔子曰：『天無二日，民無二王。』」相近文字另見《禮記》：「曾子問曰：『喪有二孤，廟有二主，禮與？』孔子曰：『天無二日，土無二王，嘗禘郊社，尊無二上，未知其為禮。』」《三國演義》第八〇回：「華歆奏曰：『天無二日，民無二王。』漢帝既禪天下，理宜退就藩服。」

2　美國例外論（American Exceptionalism），又譯美國卓異主義、美國例外主義、美式例外主義，一種理論與意識形態，認為美利堅合眾國是個獨特的國家，與其他國家完全不同。為法國思想家、政治家亞歷西斯·托克維爾（Alexis de Tocqueville）在 1831 年所創。

3　譯註：《中華民國憲法》是中華民國的根本法，現今的擁有最高位階的法律權力。
　　譯註：中華人民共和國憲法第一章第一條明定：「中華人民共和國是工人階級領導的、以工農聯盟為基礎的人民民主專政的社會主義國家。社會主義制度是中華人民共和國的根本制度。中國共產黨領導是中國特色社會主義最本質的特徵。禁止任何組織或者個人破壞社會主義制度。」

4　譯註：楊繼繩的父親死於 1959 年的大饑荒。他在 2008 年出版《墓碑》揭露中國大饑荒，由於他對於 20 世紀這個相當致命的「人為災難」做了如此無畏又具有企圖心的報導，在 2015 年底榮獲了美國哈佛大學尼曼基金會（Neiman Foundation for Journalism）所頒發的「萊昂斯新聞良知與正直獎」（Louis M.Lyons Award for Conscience and Integrity in Journalism），然而當楊繼繩準備赴美領獎時，卻遭到他以前所任

職的新華社禁止，無法如願成行，楊繼繩將原本領獎時的演說稿〈記者是真相的捍衛者〉發表於《紐約時報中文網》2016-03-11。

5　譯註：現為副總理的劉鶴，於 2008 年任中央常委和中央財經領導小組辦公室主任，他在〈中國經濟三十年與未來長期問題〉一文總結經濟增長奇蹟的六個成功因子是：（一）在反思文化革命教訓基礎上形成的發展共識：「中國人認識到了『以階級鬥爭為綱』理論的錯誤和荒謬，認識到了閉關鎖國的嚴重惡果和悲劇結局……擺脫貧困和結束動亂，是全民族的強烈願望，推動改革和開放，是全民族深埋在心中的強烈期盼。」（二）堅定不移地對外開放，加入全球產業分工和市場體系。（三）堅持市場化的改革方向：「承認和保護個人和企業的經濟利益追求，重視發揮市場競爭的作用，重視保護產權，發揮市場配置資源的基礎性作用和政府的導向作用，是中國漸進式改革的主要實踐。」（四）保持政治的穩定性，重視發揮中國政治制度集中力量辦大事的優勢。（五）充分利用了國家具備的各種比較優勢。（六）文化底蘊發揮著逐步加大的支撐作用。

6　譯註：此組成成員參考「中華人民共和國中央人民政府」之「中華人民共和國國務院」裡的「國務院領導」。

7　譯註：2019 年 11 月 12 日，新華社電告全中國：「中共中央、國務院印發了《新時代愛國主義教育實施綱要》，並發出通知，要求各地區各部門結合實際認真貫徹落實。」

8　譯註：根據「共產黨員網」在 2014 年 3 月 13 日發表之〈改革的集結號已經吹響〉，習近平諄諄告誡黨員紀律之必要。

9　譯註：紐約時報記者黃安偉訪問《中國夢》作者劉明福大校，詢問他關於一項限制外國非政府組織在華活動的法律草案，劉明福說：「非政府組織實際上在幹著美國政府給他們的任務，破壞中國穩定，他們是在中國的第五縱隊，煽動對國家和共產黨的不滿情緒，危害中國的國家安全。」（2015 年 10 月 13 日《紐約時報中文網》黃安偉：〈中國鷹派大校劉明福談中美地緣政治較量〉）

10　譯註：在 2013 年 5 月 28 日《BBC NEWS 中文》一篇〈習近平新政：

七不講後又有十六條〉中提到：「網上廣泛流傳的中共『七不講』文件，要求高校教師不能講普世價值、新聞自由、公民社會、公民權利、黨的歷史錯誤、權貴資產階級和司法獨立。

11　譯註：據媒體引用消息人士的話推測，明鏡出版社《明鏡月刊》在2013 年 8 月刊發的《關於當前意識形態領域情況的通報》（9 號文件，亦即網上俗稱的「七不講」）即為高瑜所泄露出來的保密文件，此文件發放到市地師級以上幹部。文件中稱，要「確保新聞媒體的領導權，始終掌握在同以習近平同志為總書記的黨中央保持一致的人手中」（維基百科──高瑜。上網日期：2021-05-18）

12　米歇爾・簡（Michel Jan）是職業軍人暨中國問題專家，著作等身，專門研究國際關係和遠東地區，對中華帝國的市場區域尤感興趣。

第二章

1　http://country.eiu.com/article.aspx?articleid=1584774142

2　譯註：亞歷西斯・德・托克維爾（Alexis de Tocqueville, 1805 年 7 月 29日－ 1859 年 4 月 16 日）是法國思想家、政治學家、歷史學家、政治家、外交家，法蘭西學術院院士，法國第二共和時期的外交部長、眾議院議員。以《民主在美國》和《舊制度與大革命》等著作聞名於世。

3　譯註：布雷頓森林協定（Bretton Woods Agreements）是第二次世界大戰後以美元為中心的國際貨幣體系協定。布雷頓森林體系（Bretton Woods system）是該協定對各國就貨幣的兌換、國際收支的調節、國際儲備資產的構成等問題共同作出的安排所確定的規則、採取的措施及相應的組織機構形式的總和。

4　譯註：在《全球化的裂解與再融合》一書，朱雲漢教授對《布列敦森林協定》以美元作為儲備貨幣、美元兌換黃金為定錨的固定匯率制度之觀察如下：「但以美元為定錨貨幣的布列敦森林貨幣與貿易體系，要能讓所有主要國家放心參與，其必要條件是美國願意透過借貸或援助，讓缺乏外匯儲備的國家能得到足夠的美金頭寸。」（頁 167）台北：天下文化。頁 200。

5　譯註：特別提款權（Special Drawing Right；SDR），又稱爲「紙黃金」，是國際貨幣基金組織於 1969 年進行第一次國際貨幣基金協定修訂時創立的用於進行國際支付的特殊手段。特別提款權爲 IMF(國際貨幣基金會) 會計上記帳的單位，由美元、歐元、日圓與英鎊等四種主要貨幣構成。假使將 IMF 視爲世界的央行，SDR 就相當於 IMF 創造出來的一種「貨幣」。

6　譯註：2019 年 8 月 6 日《新華網》發布〈中國人民銀行關於美國財政部將中國列爲「匯率操縱國」的聲明〉。

7　譯註：政治經濟學者朱雲漢述及川普提高中國進口貨品關稅對美國人的影響：「但事實上，這些關稅是由美國進口商負擔，並且會轉嫁給美國消費者。在中美貿易談判破裂後不久，包括沃爾瑪、好市多等六百多家大型企業，於 2019 年 6 月 13 日向白宮發表聯名公開信，呼籲川普不要對中國商品進一步加徵關稅，並重返談判桌與北京達成貿易協議。他們並在公開信中提出警告，如果針對其餘三千億美元的中國商品開徵懲罰法性關稅，『將對美國企業、農民、家庭和經濟產生重大、負面和長期的影響。……廣泛實施關稅並不是改變中國不公平貿易的有效工具，關稅是美國公司支付的稅收，而不是中國。』」朱雲漢：《全球化的裂解與再融合》。頁 150。台北：天下文化。

8　譯註：國防授權法案。

9　華爲是世界頭號智慧手機製造商，於 2019 年超過蘋果，於 2020 年超過三星。該公司擁有 18 萬 7 千名員工，2018 年銷售額爲 913 億美元。它在全球電信網路設備市場占有 28% 的比重，領先諾基亞（Nokia）的 17% 和愛立信（Ericsson）的 13%。

10　2019 年 9 月，由於美國的制裁，華爲被迫推出沒有 Android 作業系統和谷歌應用程式的新款 P30 智慧手機，這對其在全球市場的銷售造成了嚴重挫折。

11　譯註：（2020 年）5 月 15 日，美國商務部發布禁令，任何企業將含有美國技術的半導體產品給華爲，必須先取得美國政府的出口許可，禁令實施前有 120 天的緩衝期，9 月 14 日爲緩衝期的最後一天。8 月

17 日，禁令進一步升級，美國政府在「實體清單」上新添了 38 家華為子公司，擴充後的實體清單上總共有 152 家華為關聯公司。

12 譯註：2018 年 12 月 1 日，華為公司現任副董事長兼財務長（CFO）、華為創始人任正非長女孟晚舟搭乘香港飛往墨西哥的航班在途經溫哥華轉機時，被加拿大警方應美國政府司法互助要求逮捕。

13 譯註：2021 年 9 月 24 日《BBC NEWS 中文》：美國司法部與中國電信巨頭華為高管孟晚舟達成協議，暫緩起訴孟晚舟違反美國制裁令，加拿大法院亦終止引渡聆訊，孟晚舟即時獲釋。

14 譯註：2021 年 9 月 24 日《BBC NEWS 中文》：孟晚舟案件有重大發展的消息傳出後不久，中國亦釋放在華被扣押的兩名加國公民。加拿大總理特魯多證實，兩名被中國扣押的加拿大公民康明凱（Michael Kovrig）及邁克爾・斯帕弗（Michael Spavor）已經獲釋，並於駐華大使陪同下，週六早上返抵加拿大。……西方國家批評中國拘捕兩名加拿大人是「人質外交」。

15 欲進一步瞭解華為進軍歐洲市場（尤其是法國市場）的活動，以及 5G 的挑戰，請查看安東尼・伊桑巴德（Antoine Izambard）的《法中——危險關係》（*France-Chine. Les liaisons dangereuses*）（2019）。

16 譯註：……better off without them. The vast amounts of money made and stolen by China from the United States, year after year, for decades, will and must STOP. Our great American companies are hereby ordered to immediately start looking for an alternative to China, including bringing……Donald J. Trump (@realDonaldTrump) August 23, 2019

17 海康威視是全球最大的視頻監控設備製造商，估值 420 億美元。價值 45 億美元的商湯科技是人工智慧領域最成功的獨角獸（估值超過 10 億美元的初創企業）之一。美國制裁的其他公司還包括專門從事語音辨識的科大訊飛（iFlytec Co）、監控設備製造商大華科技（Dahua Technology）、資料恢復公司美亞（Meiya Pico Information Co）資訊、面部識別公司易圖科技和易信科技（Yitu Technology and Yixin Science and Technology Co）。

18 美國國務院於 2019 年 10 月 16 日發布指示，要求所有在美國的中國
外交官在與美國官員以及學術和研究機構會晤時提前通知美國官方。
這是美國政府對華強硬態度的又一跡象。它強調，這項措施單純是一
種以其人之道還治其人之身，因爲美國外交官在中國的工作也受到同
樣的限制。北京立即回應，透過其駐華盛頓大使館宣布該措施違反了
《維也納公約》（中國外交官，2019 年）。此外，美國內政部於 2019
年 10 月 31 日下令停止使用中國製造的無人機，懷疑其可能構成國
家安全風險。美國國防部擁有 810 架無人機，其中 786 架是中國製造
的。總部位於深圳的中國公司大疆創新（DJI）是世界上最大無人機
製造商，擁有該類市場 70% 的占比。早在幾個月以前，美國軍方已決
定提前部署，禁止中國製造的無人機向中國傳輸敏感數位資料，如位
置、圖像和視頻等。

19 譯註：新華網在 2019 年 11 月 23 日發布由新華社記者郭丹記述外交
部長王毅會見荷蘭外交大臣布洛克的談話：「王毅表示，美國大搞單
邊主義、保護主義，破壞多邊主義和多邊貿易體制，已經成爲全球最
大的不穩定因素。美方出於政治目的，動用國家機器打壓合法經營的
中國企業並扣上種種『莫須有』罪名，是徹頭徹尾的霸凌行徑。美國
一些政客在全世界到處抹黑中國，卻拿不出任何事實依據，不僅喪失
了大國風度，也損害了自身信譽。」

20 譯註：金力有限公司首頁〈金力簡介〉：江西金力永磁科技股份有限
公司是集研發、生產和銷售高性能釹鐵硼永磁材料於一體的高新技術
企業，是全球新能源和節能環保領域核心應用材料的領先供應商。

第三章

1 譯註：該處是聯合國救濟與協助巴勒斯坦難民的機構。以有超過 560
萬巴勒斯坦人在近東救濟工程處登記爲難民。

2 美國經濟學家 Richard Rosecrance 在他的《貿易國家的崛起》（1986）
一書中解釋，第二次世界大戰後，大國建立他們的權力主要是透過貿
易、商業利潤、直接投資、技術轉移和外國資本的積累，而不是通過

領土擴張。

3　譯註：隱士王國，是指任何故意自行閉關的國家和社會的術語。

4　譯註：2017 年 7 月 12 日《BBC NEWS 中文》〈觀察：中國在吉布提設軍事基地幹什麼？〉：吉布提位於亞丁灣的西岸，面積 2.3 萬平方公里，人口 92 萬，扼守著紅海到亞丁灣的通道，其戰略地位重要性不言而喻。……正因爲其重要的戰略位置，美國、義大利、法國、日本都在此設立了軍事基地。中國如今也正式成爲吉布提軍事基地「俱樂部」的一員。

5　中國森田企業集團在多個領域開展業務，從天然氣開採到安全防衛部門。其子公司之一的中國京安公司（China Jing An）以前隸屬於公安部部屬企業。

6　2001 年，普丁積極促成了上海合作組織（SCO）的成立，藉此建立非西方聯盟的一步。上海合作組織最初包括中國、哈薩克、吉爾吉斯、俄羅斯、塔吉克和烏茲別克。印度和巴基斯坦於 2017 年加入上海合作組織。2015 年，普丁在歐亞經濟聯盟（Eurasian Economic Union，簡稱 EAEU）的創建中發揮了關鍵作用，同年稍後，普丁與習近平簽署了關於東亞經濟合作聯盟與「一帶一路」中倡議的「協調」。

7　譯註：2001 年 7 月 16 日，於莫斯科，中華人民共和國主席江澤民與俄羅斯聯邦總統普丁簽署《中華人民共和國和俄羅斯聯邦睦鄰友好合作條約》（中華人民共和國外交部）。

8　譯註：中俄東線天然氣管道（俄語：Сила Сибири，直譯：西伯利亞力量）是西伯利亞東部地區的一條於將天然氣從雅庫特運送到濱海邊疆區和中國的天然氣管道。

9　譯註：CGTN Africa 是中國環球電視網組建的一個海外分台，爲中國中央電視台啟用而開播的第一個海外分台，於東非時間 2012 年 1 月 11 日晚上 8 點開播。

10　西藏精神領袖達賴喇嘛於 1989 年獲得諾貝爾和平獎。

11　譯註：2014 年 9 月 15 日《德國之聲中文網》〈諾獎得主籲南非總統發給達賴喇嘛簽證〉：「14 名諾貝爾和平獎得主在一封給南非總統祖馬

（Jacob Zuma）的信中寫道，對於南非政府再次拒絕向達賴喇嘛頒發簽證，『我們深切擔憂這將對南非的國際形象帶來損害』。」

12 於 2019 年 10 月 4 日採訪作者。

13 譯註：非洲之角位於非洲東北部，是東非的一個半島，在亞丁灣南岸，向東伸入阿拉伯海數百公里，爲非洲大陸最東的地區。

14 譯註：2019 年 8 月 29 日《自由時報》〔財經頻道／綜合報導〕：東非國家吉布地正尋求 110 億美元的資金，用於升級和建設如機場等基礎設施，但吉布地港口和自由貿易區管理局（Djibouti Ports & Free Zones Authority）主席表示，該國在國際上受到美國、歐洲或日本忽視，因此別無選擇只能依靠中國的資金。

15 譯註：關於吉布地自貿區的戰略位置之重要，姬超博士與李芝蘭教授的分析如下：「獨特的地理位置賦予吉布提很大的發展潛力。首先，吉布提雄踞東非之角，是非洲安全事務的一個『制高點』，可以有效輻射北非、中非和東非等大部分區域，涵蓋蘇丹、南蘇丹、索馬里以及剛果（金）等熱點區域。其次，吉布提扼守紅海入口，紅海恰是連接印度洋和地中海的通道，也是國際戰略要道——蘇伊士運河的『咽喉』，經由吉布提的船舶年通過量接近兩萬艘，運輸貨物總量超過十億噸，占到全球總量的 1/3。再次，吉布提還是埃塞俄比亞當前唯一的出海口。埃塞俄比亞近年來經濟快速成長，全國人口超過一億，食品、石油、消費品、工業製成品等市場需求龐大，但是埃塞俄比亞是一個陸鎖國，沒有自己的出海口。」（引自姬超、李芝蘭：〈吉布提國際自貿區的開發模式與實踐邏輯〉。《國際貿易》2019 年第 7 期。）

16 東南亞國家聯盟／ ASEAN（the Association of Southeast Asian Nations）在 1967 年成立，成員國包括汶萊、緬甸、柬埔寨、印尼、老撾、馬來西亞、菲律賓、新加坡、泰國和越南。成員國的人口總數約 6.2 億，生產總值爲 2400 萬億美元。

17 譯註：中國－東協自由貿易區（China–ASEAN Free Trade Area, CAFTA），或稱東協 10+1，是指由中華人民共和國以及東南亞國家協會的 10 個成員國：汶萊、菲律賓、印尼、馬來西亞、泰國、新加坡、越南、寮

國、柬埔寨和緬甸組成的自由貿易區。

18 譯註：https://www.voachinese.com/a/china-cambodia-sihanoukville-20191
011/5120370.html

19 譯註：中印邊境戰爭發生於 1962 年 10 月 20 日至 11 月 21 日。中國與
印度的邊界 2,000 公里，分西、中、東三段。這場戰爭在西段和東段
同時進行，又以東段由藏南地區（印度稱爲「東北邊境特區」）爲主
戰場。

20 2020 年 7 月 31 日，《BBC NEWS 中文》賈卡爾（Pratik Jakhar）於〈中
印衝突〉寫道：「印度和中國正試圖在有爭議的喜馬拉雅邊界上相互
擴張邊界。其中，一條通往印度空軍前線基地的新路，據稱是引起上
個月印度與中國軍隊發生衝突，導致至少 20 名印度士兵死亡的主要
原因之一。長達 255 公里的達布克 - 紹克 - 斗拉特別奧裏地（Darbuk-
Shyok-Daulat Beg Oldi，DSDBO）公路，經過近 20 年的修建，在去年
竣工。該公路蜿蜒穿過山區，直達拉達克（Ladakh）。該地區有海拔
5,000 米以上、全球海拔最高的飛機跑道。該公路的完成能提高印度
在衝突中迅速運送人員和物資的能力。今年 6 月 15 日在拉達克加勒
萬河谷（Ladakh's Galwan Valley）發生的軍事衝突，引發人們擔憂。
因爲，這兩個擁核大國之間的緊張局勢可能會一觸即發。中印兩國從
未就這條長達 3500 公里邊界的確切劃分達成過共識。而他們的軍隊，
皆是世界上數一數二規模最大的部隊，當時就在崎嶇荒涼的地形上，
面對面地發生肢體衝突。……」

21 譯註：《印度報》（The Hindu）指出，中印最後一次交火發生於 1975
年 10 月 20 日，造成印軍邊境巡邏隊 4 名官兵死亡。

22 譯註：這次於休士頓體育場「你好，莫迪！」歡迎活動由德州印度論
壇（Texas India Forum）組織。（2019-09-23《大紀元》〈川普在休斯
頓出席歡迎印度總理莫迪集會〉）

23 譯註：在共和黨占主導地位的德州，休士頓是民主黨難得的據點，也
是這個州的經濟支柱，民意調查顯示，2016 年大選期間，大約有 75%
的印度裔美國人把票投給了他的民主黨對手希拉蕊。（資料來源同

上）

24 譯註：1949 年中國共產黨占據大陸後，西藏就成了北京瞄準的目標，
中共領導人積極籌畫「由帝國主義者的餘緒和拉薩反動政權手中，
解放西藏」。1950 年 10 月，解放軍開進康區首府昌都，活捉昌都首
長，康區淪陷。達賴喇嘛不放棄與中共對談，期盼能在和平非暴力情
況下解決西藏問題。1951 年 4 月，北京脅迫西藏代表接受《和平解
放西藏十七點協議》。到 1954 年，北京已派駐二十二萬解放軍入藏。
《BBC NEWS 中文》於 2019 年 3 月 9 日在〈中國「平叛」和達賴啦
嘛出走，其中的必然和偶然〉一文說道：「《紅星照耀西藏》（*Red
Star Over Tibet*）一書的流亡藏人學者達瓦‧諾布（Dawa Norbu）說，
早在 1959 年西藏起事前，在四川和青海達賴喇嘛管轄外的藏區，中
共已經開始推行人民公社，搞「大躍進」，還以階級鬥爭為名摧毀寺
院，強迫僧人還俗。這些做法都增加了當時西藏噶廈政府官員對中共
政府的猜疑。……」西藏與中共的武力衝突日益激烈，中共登門侵戶
逼近布達拉宮，經過複雜的思慮與折騰，達賴喇嘛決定出走西藏向印
度尋求政治庇護。1959 年 3 月 17 日微服的達賴喇嘛與一行人邁上流
亡旅程，兩週後抵印度邊界，印度總理尼赫魯安排這位西藏領袖和他
的跟隨者在達蘭薩拉定居。關於西藏精神領袖達賴喇嘛被迫流亡這史
詩性歷史事件來龍去脈，本書作者董尼德曾深論詳述於其專書《西藏
的生與死——雪域的民族主義》（時報文化，1994），重要文獻另有：
《達賴喇嘛自傳——流亡中的自在》（聯經，1990）、馬顏克‧西哈亞：
《達賴喇嘛新傳——人、僧侶和神祕主義者》（聯經，2007）、李江琳：
《1959 拉薩！達賴喇嘛如何出走》（聯經，2010）等。

25 除非另有說明，貨幣兌率一律以 2020 年 11 月 22 日的匯率進行換算。

26 公元前 623 年，佛陀喬達摩悉達多出生於尼泊爾南方靠近印度邊界的
藍毗尼園。

27 譯註：2019 年 7 月 19 日《台灣英文新聞》：上週六（7 月 6 日）是
達賴喇嘛 84 歲生日。他在尼泊爾的信眾，原本希望在首都加德滿都
為他舉辦生日慶祝活動，但是尼泊爾的共產黨政府以安全考量為由，

拒絕他們為達賴喇嘛舉辦公開慶生活動的申請。

28　譯註：中共常以「巴鐵」來稱呼巴基斯坦，以形容他們情誼之堅實。

29　譯註：中華民國與巴基斯坦伊斯蘭共和國於 1947 至 1950 年有官方外交關係。巴基斯坦是第一個與中華人民共和國建交並與中華民國斷交的伊斯蘭國家。（維基百科）

30　請參閱本書第六章。

31　譯註：福爾摩沙一詞音譯自拉丁文及葡萄牙文的「Formosa」，均為「美麗」之意。

32　譯註：於 2021 年 6 月底的官方統計數字為 23,487,509 人。

33　譯註：根據行政院「族群」網站 110/03/09 統計：臺灣住民以漢人為最大族群，約占總人口 96.45%，其他 2.45% 為 16 族的臺灣原住民，另外 1.10% 包括來自中國大陸的少數民族、大陸港澳人民及外籍人士。

34　1937 年 12 月 13 日日軍占領南京後，對中國人民進行長達六週有組織、有計畫、有預謀的大屠殺，極其殘暴血腥之戰爭罪行與反人類罪行；日軍對中國人民強姦、搶劫與縱火等無惡不作之同時，用刺刀、刀劍或機關槍進行處決，甚或集體活埋。二次大戰結束後，根據遠東軍事法庭和南京軍事法庭的調查，至少有 20 萬以上至 30 萬平民和戰俘遭到日軍殺害，於 1947 年的南京軍事法庭審判，約有 30 萬中國人在南京大屠殺中慘死。

35　譯註：美日安保條約（Treaty of Mutual Cooperation and Security between the United States and Japan）是由美國與日本於 1960 年 1 月 19 日在華盛頓簽訂的安全互助條約。

36　譯註：「日韓軍事情報保護協定」於 2016 年 11 月 23 日在首爾的韓國國防部完成簽署。

37　譯註：新加坡在 1959 年脫離英國管治，成為自治邦。總理李光耀於 1963 年經過談判實現了「新馬合併」，由於合併後發生一系列種族暴力衝突，致使合併破裂，1965 年 8 月 9 日新加坡也被逐出離馬來西亞聯邦，徹底獨立。（2015-03-23《天下雜誌》辜樹仁：〈世界上罕見

的領袖──李光耀〉、維基百科）

38 譯註：澳大利亞媒體引述一份由澳洲安全情報機構（Australian Security Intelligence Organisation，簡稱 ASIO）撰寫的報告，指中國共產黨過去十多年「滲透」澳洲各主要政黨，增加自己對這些政黨的影響力。……但其他澳洲媒體曾報導中共多次透過當地華裔商人向主要政黨捐款，也曾取消捐款來懲罰發表反華言論的政客和政黨，引來當地輿論關注。（2018-06-07《BBC NEWS 中文》〈「中國干預」和國家安全〉）

39 譯註：2019 年 8 月 8 日《BBC NEWS 中文》：……哈斯提表示，法國在 1940 年曾認為「鋼鐵和混擬土的堡壘」可以抵禦德國，如今西方同樣認為經濟自由化會讓中國走向民主。他在今早於《時代報》和《悉尼晨鋒報》的社評中寫道，「他們的想法導致了災難性的失敗，法國人未能理解何為機動作戰。」「同法國一樣，澳洲也未能看到我們的專權鄰國是如何機動性的發展的。」

40 譯註：請參閱 2018-06-28《BBC NEWS 中文》〈澳洲通過「反外國干預法」：中澳關係何去何從〉

2019-05-15《UDN 轉角國際》〈紅色滲透？逢中必反？撕裂澳洲的「中國影響力」〉：……這是由於過去數年內，坎培拉越來越感受到中國的影響力──包括代理人與政治獻金──無孔不入，滕博爾政府故而尋求透過立法、修法反制中國。前者如訂立《外國影響力透明化計畫法》（FITS），目的在於揭露外國代理人的背後藏鏡人；後者如《選舉法修正案》（ELA），目的在於禁止外國政治捐款。經過近一年的審議，FITS 等法案 2018 年在兩大黨共識下迅速過關。

41 譯註：2017-11-30《BBC NEWS 中文》〈澳議員辭在野黨參院職務：與南海立場有關〉：澳大利亞參議員鄧森發表與在野黨工黨政策相佐的南中國海問題的講話錄音被曝光，宣布辭去了黨內高級職務。……據費爾法克斯傳媒獲得並在週三公布的錄音顯示，在 2016 年年中，鄧森曾無視工黨立場，為中國在南中國海問題上的立場發表辯護。就在去年（2016），鄧森因接受外國捐款而辭職，有關捐款醜聞涉及一些

中資公司。

42 譯註：楊恆均被拘捕超過兩年後，中共於 2021 年 5 月 27 日在北京第二中級法院審訊，澳洲駐中國大使弗萊徹（Graham Fletcher）親自前往欲進行旁聽卻遭拒絕。紐約時報首席中國記者儲百亮（Chris Buckley）描述楊恆均「他多年穿梭在中國、澳洲和美國之間，同時是商人和網路評論員。楊恆均約在二十年前獲得了澳洲國籍。在譴責中共的嚴厲政策並敦促中國放寬政治的同時，楊恆均並沒有公然挑戰該黨，而是繼續通過他在中國的部落格和社群媒體帖子來培養大量的網路讀者。他經常呼籲為公眾辯論提供更多空間。『中國需要這種批評的聲音，中國政府需要批評者，』他在 2015 年寫道。『一點雜音都沒有的國家，恐怕怎麼有特色，也不會比北朝鮮強多少。』」（2021年 5 月 24 日《紐約時報中文版》儲百亮：〈中國將以間諜罪起訴澳籍華裔作家楊恆均〉

2021 年 6 月 1 日《上報》）

43 譯註：屈冬玉在第一輪投票中獲得了投票總數 191 票中的 108 票。

44 譯註：聯合國糧食及農業組織於 1945 年創建，負責通過農業發展在世界上消除飢餓。

45 譯註：2021-05-05《聯合新聞網》〈中國持續擴大影響力／國際組織任重要職務。https://udn.com/news/story/7331/5434337

46 譯註：2016 年 11 月孟宏偉以壓倒性優勢贏得了選舉。這是自二戰以來，首次有專制大國的代表成功當選國際刑警組織主席。2018 年 9 月25 日，孟偉宏於返回中國時「被消失」。2019 年 3 月中共反腐機構中紀委網站公布了孟宏偉因違法黨紀已經被開除黨籍，解除公職的消息。2020 年 1 月 20 日，孟宏偉承認接受了超過 200 萬美元的賄賂被判 13 年半的監禁。

47 譯註：http://www.china-un.ch/chn/dbtzyhd/t1680845.htm

48 法新社，2019 年 9 月 26 日。

49 譯註：美國軍方機構，負責開展網路軍事行動及保護軍方電腦系統，屬於美國國防部的一體化作戰司令部。

50　譯註：Great Firewall，簡稱 GFW，爲中國國家防火牆，是中華人民共和國政府監視和過濾網際網路國際出口內容的軟硬體系統集合。

51　譯註：南海，又稱爲南中國海、中國南海，是位於東亞和東南亞之間的陸緣海。

52　譯註：「九段線」，中華民國稱爲「十一段線」，中華人民共和國稱作南海斷續線，越南稱「牛舌線」。

53　沿海國行使主權權利的海域。

54　譯註：2021 年 2 月 25 日《BBC NEWS 中文》〈衛星圖片「顯示美濟礁新變化」中國被指推進「完全軍事基地化」〉：「菲律賓大學海洋事務與海洋法研究所所長傑伊‧巴通巴卡爾博士（Jay Batongbacal）在 CNN 最近的報導中說，早在 2020 年 10 月中國就在美濟礁建好了新的雷達設施。他認爲，新建築設施表明中國有『長期打算』。……增設新雷達說明中國在加強人工島的功能，表明中國眞正的意圖是把這些人工島變成『全面的軍事基地』。」

55　除了美國和法國，澳大利亞、英國、日本與加拿大皆定期派遣軍艦通過位於臺灣與中國之間寬 160 公里的臺灣海峽，以展示「航行自由」的權利。

56　譯註：2019 年 9 月 2 日舉行，演習的部分重點放在「搜索與扣押」、「海事資源追蹤」和「回擊海上威脅」等議題上。

57　譯註：https://china.usembassy-china.org.cn/zh/u-s-position-on-maritime-claims-in-the-south-china-sea/

58　譯註：https://www.bbc.com/zhongwen/trad/world-53398946

59　《今日中國》月刊是中國對外宣傳的工具之一，有中文、英語、西班牙語、阿拉伯語和德語等版本。2019 年 9 月號的封面以〈中國的人權：爲幸福生活而奮鬥〉爲主題。另其中主題文章爲〈中國人權發展之路〉和〈讓每個人都享有擴展的人權〉。其社會部分內容則包括了〈西藏：旅遊和教育爲西藏帶來了幸福生活和新的生機與活力〉。

60　譯註：《看中國》2021 年 4 月 15 日訊：美國智庫詹姆斯敦基金會（Jamestown Foundation）日前發表的一篇文章指出，中共的其中一項

策略是在國際知名報刊上做「廣告插頁」大外宣，隨著新聞媒體數位化，這種形式也轉到網路電子媒體。

61　1990 年，哈佛大學教授約瑟夫・奈（Joseph Nye）闡述軟實力是「一國透過吸引和說服別國服從你的目標從而使你得到自己想要的東西的能力」。

62　譯註：2019 年 8 月 2 日《華爾街日報》刊登了記者溫友正 (Philip Wen) 和王春翰共同撰寫之〈中國國家主席習近平表弟被澳洲當局監查〉。

63　譯註：2020 年 2 月 19 日《BBC NEWS 中文》〈中國驅逐美國《華爾街日報》記者的時機與世界輿論〉：中國外交部週三（2 月 19 日）宣布，從即日起吊銷美國《華爾街日報》三名駐北京記者的記者證，並限定他們 5 天內離境。

64　2019 年 10 月，布魯塞爾自由大學孔子學院院長宋新寧因涉嫌在比利時與中國情報機構合作，被比利時拒絕簽發繼續居留許可，入境禁令同時在二十六個申根國家生效，爲期八年。宋新寧否認了這一指控。

65　美國政府經常表達對孔子學院的疑慮。美國參議院國土安全和政府事務委員會（HSGAC）在 2019 年警告說，這些機構缺乏透明度，顯然是在美國領土上進行對中國的大外宣。同年，好幾所美國大學決定切斷與孔子學院的關聯，數家孔子學院因此被迫關閉。（Kang & Ottone, 2019）

66　根據可靠的資料來源，新疆目前至少有一百萬維吾爾族、哈薩克族和吉爾吉斯族的回教徒被關押在「再教育營」中，使這個位於中國西北部的自治區成爲二十一世紀全世界最大的拘留營。中共稱之爲「職業培訓中心」。美國國務卿龐佩奧抨擊中共對待維吾爾人的手段是「世紀污點」。中共還被指控大規模地從維吾爾被拘留者和法輪功教派成員身上摘取器官，並移植給西方和富有病患，這種恐怖的做法竟成了一門利潤豐厚的生意，每年爲北京政府牟利超過十億美元。

2019 年 12 月 18 日，一年一度的歐洲議會薩哈羅夫人權獎（（Sakharov Prize for Human Rights）頒獎典禮在法國斯特拉斯堡舉行，獲獎者是在中國因分裂國家罪行被判處無期徒刑的維吾爾學者伊力哈木・土赫

提（Ilham Tohti），他的女兒代表父親出席領獎。

第四章

1　習近平：〈不能總是用別人的昨天來裝扮自己的明天〉。在中國科學院第十七次院士大會、中國工程院第十二次院士大會上的講話。補充這話中間兩句如下：「不能總是用別人的昨天來裝扮自己的明天。不能總是指望依賴他人的科技成果來提高自己的科技水準，更不能做其他國家的技術附庸，永遠跟在別人的後面亦步亦趨。我們沒有別的選擇，非走自主創新道路不可。在這場關鍵的競爭中，我們不能落後。我們必須迎頭趕上，努力超越其他國家。」（2014-06-09《新華網》）

2　譯註：保爾森基金會智囊團 MacroPolo 的研究員，領導中美技術問題的工作，專攻人工智能。

3　譯註：尤其指微軟、蘋果、亞馬遜、臉書與谷歌五大公司。

4　聯想在 2013 年成為全球最大的個人電腦製造商，在其 2018-2019 年年度報告中，顯示其總收入達到 5100 萬美元；它早在 2005 年即收購了 IBM 的個人電腦業務。

5　2019 年 6 月，在全球 494 家獨角獸企業中，中國的「獨角獸」數量已超過美國的 203 家，達到 206 家（胡潤研究院，2019b）。獨角獸（Unicorn）是指成立不到 10 年但估值 10 億美元（$1 billion）以上，又未在股票市場上市的科技創業公司。

6　路透社 2019 年 9 月 26 日報導。

7　根據市場調查及研究單位《IC Insights》報告顯示，中國自 2005 年成為世界最大的半導體市場後，規模一直在穩步上漲。2020 年，中國半導體市場規模達到 1,434 億美元，較 2019 年 1,313 億美元的市場規模成長 9%，其中 60%（約 860 億美元）的半導體零組件再生產後出口海外，其他 40%（約 574 億美元）的半導體零組件則用於中國本土。（2021-02-20《財經新報》）

8　值得注意的是，在西方國家，人們是持續受到數位監視。通過智慧手機和個人電腦上的活動，甚至包括電子郵件，最新的工具可以瞭解網

路使用人群幾乎所有的生活習慣。2013 年，美國國家安全局（NSA）監控能力的曝光引起轟動，暴露了監控範圍之過度和公民隱私的缺乏。法國在 2019 年 11 月成為歐洲第一個引入人臉辨識的國家，該系統名為 Alicem，用於識別在線行政服務人員的身分。

9　譯註：參閱彼德·布隆（Peter Bloom）著：《隱形牢籠：監控世代下，誰有隱私、誰又有不受控的自由？》，王曉伯、鍾玉玨譯，時報出版。

10　值得注意的是，微軟在中國的研發活動比在美國以外的所有其他地方都更重要。微軟創始人比爾·蓋茲於 1992 年在中國設立了微軟的第一個辦事處。該公司目前在北京聘用的研究人員超過兩百多名。

11　譯註：指能夠執行一般個人電腦無法處理的高速運算的電腦，規格與效能比個人電腦強大許多。

12　區塊鏈是一種不需要中央控制的存儲和分發資訊的技術。

13　2021 年 7 月 1 日 International Federation of Robotics（國際機器人聯合會），"China Leads Post-pandemic Recovery: IFR's World Robotics Outlook" https://www.automation.com/en-us/articles/july-2021/china-post-pandemic-recovery-ifr-world-robotics 上網日期：2021-08-24.

14　譯註：2020 年大灣區居民人均 GDP 為一萬九千三百六十七美元。（香港貿易發展局經貿研究，上網日期：2019-02-18）

15　譯註：2019 年 2 月 18 日，中國中央政府公布《粵港澳大灣區發展規劃綱要》，為粵港澳大灣區建設提供指導性方向，香港與澳門、廣州和深圳並列為中心城市。（香港政制及內地事務局）

16　譯註：中國商用飛機有限責任公司（Commercial Aircraft Corporation of China, Ltd.，縮寫 COMAC），簡稱中國商飛，是中華人民共和國研製大型民航飛機的國有企業。

17　譯註：中國東方航空與中國商飛在 2021 年 3 月簽署了首批五架 C919 客機的購買合約，爭取 2021 年內交付首架以成為全球首家運營 C919 的航空公司。（多維新聞）

18　譯註：航空器適航證，亦即一種用以證明飛機可以安全飛行的證件。

19　譯註：東航和中國商飛在 2021 年 3 月 1 日的購買合約是 C919 的首張正式訂單。（中央廣播電臺）

20　譯註：美國國防部在 2021 年元月於中國軍方擁有或控制的中國企業清單上，增列九家中企，其中也包含中國商飛，按該規定，美國投資人與企業不得投資中國商飛。美國商務部在同一天也宣布擴大制裁清單上「軍事最終用戶」的限制範圍，名單上的中企皆正在採購美國產品，於技術方面亦受到更嚴格的限制。中國商飛旗下的上海飛機製造公司、上海飛機設計研究院，都名列其中。（中央廣播電臺）

21　於 2019 年 10 月 26 日參觀。

22　根據一個業內的法國消息來源。

23　透過上海賽飛航空線纜製造有限公司進行，賽飛是中國商飛與法國賽峰集團分別持有 51％和 49％股權的合資公司，於 2021 年 4 月成立。譯註：賽峰集團（法語：Safran S.A.）是法國跨國航空器與火箭發動機、航空設備與防務設備製造商。（維基百科）

24　譯註：十大重點推動領域：新一代信息技術產業、高檔數控機床和機器人、航空航太裝備、海洋工程裝備及高技術船舶、先進軌道交通裝備、節能與新能源汽車、電力裝備、農機裝備、新材料、生物醫藥及高性能醫療器械。（2015-03-28《央廣網》）

25　2021 年 3 月 3 日《新華社》：「由中國航天科技集團有限公司一院抓總研制的捷龍三號固體運載火箭已完成立項，預計 2022 年進行首飛。」全國政協委員、中國航天科技集團一院運載火箭專家姜杰院士 3 日在接受記者採訪時說。

26　譯註：「開發電池的空中巴士」（Airbus of batteries，譯按，即「汽車電池空中巴士」）這個計畫是參考了歐洲飛機製造公司空中巴士（Airbus）的案例，當時 1970 年代歐洲航太企業聯手對抗美國勁敵波音，希望這次在面對美國和中國主導鋰離子電池製造業的挑戰中也能尋找解決方案。（英國科技媒體 Phys.org）

27　譯註：2021-01-05《鉅亨網》：受到 COVID-19 衝擊，中國在 2020 年原本計畫將相關補貼計畫延長兩年。但後來因經濟快速復甦，新能源

汽車銷量不跌反升，當局決定調降新能源汽車補貼達 20%。

28　譯註：萬鋼表示，現在電力社會到處都有，但建設氫能社會需要一個過程，「把制氫、儲氫、運氫、加注站、氫燃料電池汽車、運輸網絡來同步考慮」https://www.sohu.com/a/321289961_120044724

29　在氫能汽車產業裡，中國並非行單影隻的開拓先鋒。這項新科技的先驅是日本巨頭豐田汽車公司，首款氫能汽車 Mirai（未來）在 2014 年亮相，於 2015 年上市。日本本田（Honda）也在 2016 年秋季發表了 Clarity 的原型車，不過在 2021 年 8 月宣布停產。韓國跨國企業現代汽車公司（Hyundai）推出 ix35。值得注意的是，這些氫能汽車之研發都是由亞洲車廠主導。德國寶馬（BMW）於 2017 年宣布將於 2021 年發布其首款氫能汽車，但該車型的生產數量有限，並且在 2025 年後才會進行量產。2019 年 11 月 26 日，瑞士冒險家伯特嵐・皮卡德（Bertrand Piccard）駕駛只使用單罐氫氣的現代汽車公司出品的 NEXO 行駛了 778 公里，創下氫能汽車行駛最遠距離的記錄。

30　儘管英國政府對中國參與建設表示歡迎，但自從倫敦站在美國的立場，對中國華為的電信設備所構成的國家安全風險表態以來，人們開始關切中國在該項目中擔任的角色。

31　譯註：EAST，原名 HT-7U，又被稱為「人造太陽」、「東方超環」，是中國科學院電漿體物理研究所在中國安徽省省會合肥市建設的世界第一個全超導磁體托卡馬克核融合反應試驗性裝置。

32　譯註：https://www.bbc.com/zhongwen/trad/science-43801481

33　譯註：京張高速動車組列車是中華人民共和國中國鐵路高速的一條列車運營路線，使用京包客運專線往來中國首都北京市至張家口市。

34　世界最高速度記錄由日本創下，其磁浮列車在 2015 年 4 月 21 日達到了每小時 603 公里的速度，計畫於 2027 年投入運作。

35　關於中國間諜活動，法國記者羅傑・法利戈（Roger Faligot）於 2015 年出版的著作《中國間諜：從毛澤東到習近平》（*Les services secrets chinois de Mao à nos jours*）絲毫沒有顯得過時。

36　英國廣播公司，2019-11-08。

第五章

1　譯註：拜登所提出的 2021 年的美國國防預算達到 7150 億美元。

2　西方專家普遍認為，中國的實際軍費開支是官方公布預算的 1.5 到 2 倍，這還不包括特別撥給新開發武器的開支。

3　譯註：2021 年 7 月 22 日《BBC NEWS 中文》：如果只計算可搭載定翼戰鬥機的標準航母空艦，全球目前有 22 艘正在服役的航空母艦，其中 11 艘屬美國海軍，相當於所有其他國家的總和。

4　譯註：根據新華社「《新時代的中國國防》白皮書」，2020 年中國現役軍人數約兩百萬人。

5　譯註：中央軍事委員會主席是中國共產黨和中華人民共和國武裝力量的最高軍事領導機關。

6　北京還在東部沿海部署了從俄羅斯購買的一個超精密的 S-400 地對空導彈網路系統。

7　譯註：臺灣 2020 年度國防預算達 3,580 億新台幣，約為 114 億美元，比起 2019 年增加約 5 億 5 千 8 百萬美元，約占全國 GDP 總額 2.3%。

8　譯註：蘭德公司為美國的智庫，成立之初主要為美國軍方提供調查研究和情報分析服務，總部在加州。

9　譯註：奧奇曼涅克於 2009 年到 2014 年曾任美國國防部前副助理部長。軍事演習時通常以紅、藍兩色代表雙方，這裡紅色為美方，藍色為俄羅斯與中國。

10　譯註：https://mil.news.sina.com.cn/zhengming/2021-04-01/doc-ikmyaawa 3488129.shtml

第六章

1　譯註：官方名稱為歐洲復興計畫（European Recovery Program），是二戰後美國對戰爭破壞後的西歐各國進行經濟援助、協助重建的計畫。

2　譯註：由聯合國 195 個成員國於 2015 年 12 月 12 日在 2015 年聯合國氣候峰會中通過的氣候協議，取代京都議定書，期望能共同遏阻全球暖化趨勢。

3　譯註：老中鐵路，又稱磨萬鐵路，是建設中的一條自中國雲南省至寮國首都萬象的時速 160 公里的單線鐵路。

4　譯註：是歐洲聯盟下轄的一個超國家機關，爲歐盟事實上的內閣。

5　譯註：是由歐盟 27 個成員國的國家元首或行政首長與歐盟執行委員會主席共同參加的首腦會議。它並非歐盟的最高決策機構，主要功能在於訂定歐洲統合方針與定調歐盟的共同外交與安全政策。

第七章

1　譯註：這裡的「他們」是指 NASA。川普在 2019 年 7 月 19 日於白宮舉行阿波羅 11 號計畫五十週年紀念活動，NASA 時任署長布萊登斯坦（Jim Bridenstine）與其他 NASA 代表也在場，當時川普反覆詢問爲何必須先登陸火星，「有哪些不登陸月球直接到火星的方法？ 有這種可能嗎？」（美國媒體 The Verge）

2　譯註：柯林斯於 2021 年 4 月 28 日因癌症去世，享年 90 歲。

3　譯註：2020-05-27《BBC NEWS 中文》：自從太空總署的航天飛機在 2011 年退役之後，NASA 就一直在向俄羅斯支付數以千萬美元計的費用，用聯盟號（Soyuz）飛船將他們的太空人送上太空。

4　譯註：2020-05-08《自由時報》美國甫成立的第六軍種「太空軍」，將在當地時間下週六（16 日）執行第二次大型任務，發射美國空軍「太空無人機」至地球軌道，進行數項太空實驗。美國空軍目前有兩艘 X-37B，皆由波音公司製造，外型看似小型的 NASA 舊式太空梭軌道器。X-37B 能夠讓美軍在太空環境中測試各種類型的新科技，並返回地球進行分析，絕大多數的實驗項目屬機密資訊，軍方極少透露 X-37B 的活動。

5　譯註：於太陽系之外、恆星與恆星之間瀰漫著離子、原子、分子、塵埃等的區域。

6　譯註：https://www.storm.mg/article/3672206

7　譯註：http://www.worldpeoplenews.com/content/news/326151

8　此消息是在莫里森訪問 NASA 華盛頓總部期間宣布。

9　譯註：2003 年發生哥倫比亞號太空梭失事事件之後，美國太空總署停
　　飛了所有的太空梭。在太空梭停飛的兩年半時間裡，太空站的人員和
　　物資運輸完全依賴俄羅斯的聯盟號太空飛行器，太空站上的科學研究
　　活動也儘可能地被壓縮了。（維基百科）

10　譯註：2021 年 2 月 28 日，毅力號順利著陸火星，其主要任務是尋找
　　火星過去的生命跡象。此任務將持續 2 年以上，也可能繼續運作下去。

11　譯註：http://www.stdaily.com/index/h1t18/2018-11/22/content_733129.shtml

12　譯註：此為專門研究中國太空計畫的網站，目的是以英文提供有關中
　　國太空計畫的消息。

13　譯註：「天問」一詞取材來自《楚辭》中由屈原所創作的長詩《天
　　問》，以此提出自己的疑問，表達了對真理執著的追求。

14　譯註：準確來說，祝融號的設計壽命為九十個火星日。火星日比地球
　　日稍長，大約需要二十四小時三十九分鐘三十五秒。

15　譯註：https://www.bbc.com/zhongwen/trad/science-57126001

16　譯註：月球最古老的隕石坑之一。

17　譯註：翟志剛於 2008 年 9 月 25 日在甘肅酒泉隨神舟七號發射升空，
　　任務代號 01，並在 9 月 27 日作太空漫步，成為第一位進行太空漫步
　　的中國太空人。（維基百科。）

18　譯註：嫦娥五號於 2020 年 12 月 17 日成功著陸，帶回採集到的月球
　　表面土石新樣本。上一次人類將月球樣本帶回地球還是四十多年前的
　　美國和蘇聯探月計畫。（2020-12-16《BBC NEWS 中文》〈中國嫦娥五
　　號「攬月歸來」〉）

19　譯註：2021 年 9 月 17 日《華爾街日報》報導：「三名中國航天員在
　　太空停留三個月後週五返回地球，創造了中國在軌停留時間的最長紀
　　錄。中國正在實現一項雄心勃勃的太空計畫。聶海勝、劉伯明和湯洪
　　波在這個將構成天宮空間站核心的模塊中停留了三個月。在太空中，
　　這三人組成的團隊開展了空間站建設方面的工作，並進行了兩次太空
　　行走。」

20　譯註：最新預計為 2022 年完成太空站在軌建造。

21 譯註：2014 年 12 月 3 日，搭載隼鳥 2 號的 H2A 火箭成功發射升空。2014 年 12 月 5 日，隼鳥 2 號順利與火箭分離，並展開太陽能面板，踏上漫長的太空探索之路。

第八章

1 譯註：2020 年 11 月，國務院總理李克強以視頻形式出席第四次 RCEP 領導人會議並發言。（新華社）

2 譯註：中共十八大將生態文明建設納入「五位一體」總體布局，十九大將「堅持人與自然和諧共生」作為新時代堅持和發展中國特色社會主義的基本方略之一。（中國共產黨新聞網）

3 譯註：習近平在 2017 年 10 月 17 日中共的十九大報告中〈加快生態文明體制改革，建設美麗中國〉提到。（新華社）

4 譯註：2021 年 3 月 21 日《科技新報》：中國成離岸風電大國，2020 新增裝置量占全球的一半。中國離岸風電市場自成一格，除了以國營企業為主之外，風機開發與製造也完全是在地廠商，而靠著內需市場，全球風能理事會（GWEC）研究指出，2020 年全球新增離岸風電達 6GW，中國就占了一半。

5 譯註：2021 年 7 月 15 日《科技新報》：新加坡最大浮動式太陽能電廠揭幕，容量高達 60MW，面積有如 45 座足球場、發電量可供電 5 座自來水廠，更是全世界規模最大的浮動式太陽能電廠之一。

6 根據西藏流亡政府於 2018 年 12 月發表的生態白皮書，西藏的森林面積已從 1950 年中國軍隊入侵西藏時的 2,520 萬公頃減少到 1985 年的 1,357 萬公頃，肇因於在西藏的中國中國當局在西藏進行了大規模的森林砍伐。有史以來，西藏一直是亞洲原始森林異常珍貴的保存區域。

7 譯註：2020 年 7 月 24 日《BBC NEWS 中文》〈中國過去十年淨增森林面積全球之最／沙漠變綠洲有何祕訣〉：一份新發布的聯合國報告顯示，在 2010 至 2020 年間，中國、澳大利亞和印度是全球森林面積年均淨增加最多的三個國家，而森林淨損失最多的國家為巴西。

8 譯註：2014 年世界衛生組織發布的 2014 年世界癌癥報告寫到：中國

新增癌癥病例占全球總數的 21.8%（307 萬），癌癥死亡人數占世界總數的 26.9%（220 萬）；罹患率和死亡率均居首位。（《維基百科》〈中華人民共和國環境污染與治理〉）

9　譯註：以北京市和天津市的 PM2.5 年均濃度為例，2013 年是：北京市 89.5，天津市 95.6，2019 年為北京市 42，天津市 51。（《維基百科》〈中華人民共和國環境污染與治理〉）

10　該協議的目標是希望在二十一世紀末前，將全球暖化限制在增加攝氏兩度之內。195 個國家已簽署協議，但美國於 2017 年 6 月 1 日宣布退出。美國新任總統拜登 2021 年 2 月 19 日上任首日便宣布重返巴黎協定，並在 30 天之後正式生效。

11　譯註：https://cn.nytimes.com/china/20210923/china-coal/

12　譯註：2021 年 1 月 28 日《中央通訊社》：根據中國財政部今天發布，截至 2020 年末，中國政府債務餘額已達人民幣 46.55 兆元（約新台幣 201 兆元），占 GDP 的比例為 45.8%。這比 2019 年大增 8.44 兆元，GDP 負債率也大增 7.3%。

13　https://www.spglobal.com/marketintelligence/en/news-insights/trending/RqEWG6BuUZ0RPiJ1-q9CeA2

14　路透社，2019 年 9 月 11 日。

15　譯註：平行銀行又稱「影子銀行」。根據《百度百科》：影子銀行是指遊離於銀行監管體系之外、可能引發系統性風險和監管套利等問題的信用中介體系（包括各類相關機構和業務活動）。影子銀行引發系統性風險的因素主要包括四個方面：期限錯配、流動性轉換、信用轉換和高槓桿。

16　萬達集團是一個中國企業集團，把房地產與旅遊、酒店和電影相關的活動進行整合。

17　譯註：中國恆大集團估計欠債 3050 億美元，於 2021 年 9 月中旬財務危機正式浮上檯面，引起全球金融界關注。2021 年 9 月 22 日《華爾街日報中文網》：「中國恆大集團在冒著高風險與時間賽跑的 20 年間，用天量借貸資金點燃了無數中國人擁有自己房子的夢想。恆大在

中國各省區市推出了一個又一個項目，出售期房，並趕在到期日前拼湊到足夠的現金來兌付巨額利息。這種狂歡已經結束。中國恆大多年來的激進舉債策略與政府方面旨在遏制債務規模的行動相悖，致使這家大型房地產開發商目前處於崩潰邊緣。恆大在很多城市的項目已經停工。該公司面臨著來自供應商、小投資者以及把積蓄投進恆大期房的購房者的一連串投訴和抗議。由於資金捉襟見肘，今年夏天，恆大宣布，開始用未完工樓盤而非現金向承包商和供應商支付賬單。」

財經觀察家謝金河評析：「恆大事件是中國房地產未來調整很大的引信彈。中國房地產高桿高風險玩得太大了。萬科負債 1 兆 5900 億人民幣，碧桂園負債 2 兆 900 億港幣，融創中國負債 1 兆 1300 多億港幣，綠地金控負債 1.13 兆人民幣。中國房地產調整，恆大只是開端，這個地雷引爆的是個新攤開的信號彈，後面一定還有更多帶來更大的衝擊。……根據 Bloomberg 資料，『世界對恆大債券持倉量前五名：Ashmore Group Plc 4.33 億美元，Black Rock（貝萊德）3.85 億美元，瑞銀（UBS）2.75 億，匯豐 (HSBC)2.06 億。』中國金融產品性信譽全失。」（2021-09-25《華視「三國演義」》）

18 譯註：又稱中共黨支部，被指擁有企業中最高決策權，美國眾議院情報委員會在 2012 年的報告指出「有機會影響公司的決定和運作」。（BBC 新聞）

19 譯註：1978 年中，中國計畫生育管理部門開始提出「一對夫婦生育子女數最好一個最多兩個」，幾個月後又將其轉變爲「只准生一個」，並且不分城鄉，立即在全國推廣實行。

20 譯註：2020 年 1 月 3 日，警方在「訓誡書」裡警告李文亮：「我們希望你冷靜下來好好反思，並鄭重告誡你：如果你固執己見，不思悔改，繼續進行違法活動，你將會受到法律的制裁！你明白了嗎？」

21 譯註：截至 2 月 7 日凌晨 6 時，微博話題〈李文亮醫生去世〉收穫了 6.7 億閱讀，73.7 萬討論；〈李文亮去世〉收穫了 2.3 億閱讀、20.9 萬討論；話題〈我要言論自由〉收穫了 286.1 萬閱讀、9684 討論。（端傳媒）

22 譯註：沈棟的回憶錄《紅色輪盤：當代中國財富、權力、腐敗和復仇

的內幕故事》（*Red Roulette: An Insider's Story of Wealth, Power, Corruption, and Vengeance in Today's China*）於 2021 年 9 月 7 日出版。在出版前，沈棟接受《華爾街日報》和《金融時報》採訪，沈棟說道：「中國究竟是誰的？現在，我意識到它是被『紅色血統』掌控的。……中國富豪企業家們就像『超級工薪族』，為真正掌控中國的紅色家族服務。……中共與富豪結盟是暫時的，是其實現掌控全中國這一目標的一部分，一旦中共不再需要富豪來建設經濟、進行海外投資或幫助掌控香港時，富豪們就會被『拋棄』。」

23 譯註：周永康是 1949 年中華人民共和國成立以來首位因貪腐問題而接受調查並被開除中共黨籍的中共中央政治局常委，也是被查處的最高級別官員。（維基百科）

24 譯註：2014 年 3 月，全國政協記者會發言人呂新華當時回應：「我們嚴肅查處一些黨員幹部，包括高級幹部嚴重違法違紀的問題，向全黨全社會表明，我們所說的，不論是什麼人不論其職位有多高，只要是觸犯了黨紀國法，都要受到嚴肅的追查和嚴厲的懲處，絕不是一句空話。我只能回答成這樣了，你懂的。」官方媒體開始用「你懂的」專題代指大老虎。（維基百科）

25 譯註：https://www.bbc.com/zhongwen/trad/indepth/cluster_boxilai

26 譯註：《孟子·盡心（下）》中提到「民為貴，社稷次之，君為輕」；「諸侯之寶三：土地、人民、政事。寶珠玉者，殃必及身。」

27 譯註：香港特別行政區政府提出的《2019 年逃犯及刑事事宜相互法律協助法例（修訂）條例草案》，旨在修改兩條條例，一為《逃犯條例》，一為《刑事事宜相互法律協助條例》。該草案建議移除原本《逃犯條例》的地理限制，使香港可以以協議方式，把疑犯移交至中國。

28 譯註：因過去警方執法過當、港府不肯對話，使得示威者的訴求漸漸擴增為五大訴求：徹底撤回《逃犯條例》修例；撤回 612 遊行暴動定性；承諾必不追究反送中抗爭者；成立獨立調查委員會，徹查警方濫權濫暴；全面落實雙真普選。（報導者）

29 譯註：法案全名為《香港人權與民主法案》（*Hong Kong Human Rights*

and Democracy Act）。

30　譯註：法案全名爲《中華人民共和國香港特別行政區維護國家安全
　　法》。

31　值得注意的是，倪雅玲於 209 年 2 月在法國電視節目《C dans l'air》
　　中發表言論後，華爲已控告她誹謗。
　　譯註：據 2019 年 11 月 23 日《搜狐》報導，「倪雅玲現爲法國智庫
　　戰略研究基金會研究人員，主要研究中國、日本領域，也是法國電
　　台、電視節目的常客。

32　作者於 2019 年 9 月 16 日進行採訪。

33　譯註：近代華人戲劇史上的經典劇作老舍的《茶館》，「莫談國事」
　　的紙條貫穿此劇三幕樣貌更易的茶館場景；第一幕 1898 年清末戊戌
　　變法失敗時、第二幕是十餘年後軍閥割據時、第三幕是 1945 年抗日
　　戰爭勝利後國共內戰時。在北京人民藝術劇院演出本裡（台北圓神出
　　版），第一幕的舞台指示裡寫著「各處都貼著『莫談國事』的紙條」，
　　第二幕「『莫談國事』的紙條可是保留下來，而且字寫得更大。」第
　　三幕，「假若有什麼突出惹眼的東西，那就是『莫談國事』的紙條更
　　多，字也更大了。」在五十年茶館經營生涯裡，任改朝變代，主人王
　　利發皆特意提醒客人「莫談國事」，但「國事」益發膨漲，排山倒海
　　而來。一輩子忠厚老實的王利發自縊身亡。更發人省思的是，大文豪
　　老舍在文革中溺斃於北京太平湖，是自殺？還是遭紅衛兵毒打後棄
　　屍？無論死去眞相爲何，都彰顯了知識分子文藝工作者在黯黑政權中
　　的悲慘命運。

34　作者於 2019 年 10 月 5 日進行採訪。

35　作者於 2019 年 10 月 4 日進行採訪。

36　作者於 2019 年 10 月 17 日進行採訪。

37　譯註：法西斯主義是一種威權的極端民族主義，其特點是獨裁的公權
　　力、強大的社會和經濟統一執行力，以及強制鎮壓反對意見（維基百
　　科）

結論

1　川普並非唯一敢挑戰中國的人。2019 年 10 月，捷克布拉格的市政委員會抗議中共政府對待西藏、新疆和臺灣的政策，終止它和北京的姐妹城市協定，布拉格市於 2020 年元月和台北市締結為姐妹城市。中國外交部聲明「敦促布拉格市政當局早日認識錯誤，以免因偏離歷史進程而以損害自身利益為代價」。捷克外長湯姆士‧佩特里切克（Tomáš Petříček）譴責道，外交不是靠威脅的。2020 年 8 月下旬，布拉格市長捷克參議院議長維特齊（Miloš Vystrčil）偕布拉格市長賀瑞普（Zdeněk Hřib）8 月底率團一行 89 人訪問臺灣。

2　根據由美國資助的開放技術基金會委託，專門從事網路安全的德國公司 Cure 53 進行的一項研究顯示，中國當局在 2019 年 2 月，為安卓系統的智慧型手機持有者（占中國智慧型手機市場的 80%）推出了一款獻給「習近平思想」的免費應用程式：「學習強國」。這個在數月內占據下載排行榜首位的應用程式，表面上是一個可以讓使用者瞭解自己國家和領導人習近平的問答遊戲。但多虧了後門，這個程式讓當局得以監視使用者手機上的所有活動（電子郵件、影像、對話紀錄、聯絡人、瀏覽歷史記錄等）。9000 萬名中共黨員和政府官員幾乎每天都被命令使用它。

3　譯註：Obscurantist，被譯為愚民政策或蒙昧主義，即為故意阻擾事情的發展或不將事件全部資訊公之於眾。

4　達沃斯論壇為世界經濟論壇（World Economic Forum，簡稱 WEF），每年冬季於瑞士達沃斯舉辦的年會。

Bibliography

參考書目

（網路資料查詢於 2020 年 11 月）

ABI-HABIB, Maria. 2018. China's Belt and Road Plan in Pakistan takes a military turn. New York Times. December 19. URL: https://www.nytimes.com/2018/12/19/world/asia/pakistan-china-belt-road-military.html

AFP. 2019. Fusion nucléaire : la Chine s'échauffe au soleil artificiel de demain. Sciences et avenir. 28 avril. URL: https://www.sciencesetavenir.fr/fondamental/fusion-nucleaire-la-chine-s-echauffe-au-soleil-artificiel_133304

ALLISON, Graham. 2019 [2017]. L'Amérique et la Chine dans le piège de Thucydide ? Vers la guerre. Paris : Odile Jacob.

AMALVY, Rémi. 2019. L'exploitation du deuxième EPR de la centrale chinoise de Taishan va débuter. L'Usine nouvelle. 7 septembre. URL: https://www.usinenouvelle.com/article/l-exploitation-du-deuxieme-epr-de-la-centrale-chinoise-de-taishan-va-debuter.N881755

Angela Merkel exhorte l'UE à adopter une stratégie commune vis-à-vis de la Chine. 2019. Le Figaro.fr. 27 novembre. URL: https://www.lefigaro.fr/conjoncture/angela-merkel-exhorte-l-ue-a-adopter-une-strategie-commune-vis-a-vis-de-la-chine-20191127

A new study tracks the surge in Chinese loans to poor countries. 2019. The Economist. July 13. URL: https://www.economist.com/finance-and-economics/2019/07/13/a-new-study-tracks-the-surge-in-chinese-loans-to-poor-countries

ARZT, Richard. 2018. Le grand bond vers l'espace de la Chine. Slate.fr. 14

octobre. URL: http://www.slate.fr/story/168470/chine-espace-programme-spatial-station-lunaire-cnsa

— 2019. Chine et États-Unis, 75 ans de relations compliquées. Slate.fr. 7 juin. URL: http://www.slate.fr/story/178089/etats-unis-chine-relations-75-ans-guerre-commerciale-donald-trump-xi-jinping

AXE, David. 2019a. Defense disaster : Russia and China are crushing the US military in war games. The National Interest. March 11. URL: https://nationalinterest.org/blog/buzz/defense-disaster-russia-and-china-are-crushing-us-military-war-games-46677

— 2019b. China will soon have 3 aircraft carriers (with more to come). National Interest.org. October 30. URL: https://nationalinterest.org/blog/buzz/china-will-soon-have-3-aircraft-carriers-more-come-92121

BALME, Stéphanie. 2019. « Soft power », dur, dur, pour un régime autoritaire. Pour l'éco. hors série. octobre, p. 30.

BARRET, Philippe. 2018. N'ayez pas peur de la Chine. Paris : Robert Laffont.

BECKER, Jasper. 1996. Hungry ghosts, Mao's secret famine. London : Murray.

— 2007. Dragon rising : an inside look at China today. Washington (DC): National Geographic.

BÉJA, Jean-Philippe. 2004. À la recherche d'une ombre chinoise. Le mouvement pour la démocratie en Chine (1919-2004). Paris : Seuil.

— 2019. La position de Xi Jinping n'est pas si confortable qu'elle en a l'air. Le Monde. 24 mars. URL: https://www.lemonde.fr/idees/article/2019/03/24/jean-philippe-beja-la-position-de-xi-jinping-n-est-pas-si-confortable-qu-elle-en-a-l-air_5440505_3232.html

BÉJA, Jean-Philippe, BONNIN, Michel, PEYRAUBE, Alain. 1991. Le tremblement de terre de Pékin. Paris : Gallimard.

BELL, Daniel. 2015. The China model, political meritocracy and the limits of democracy. Princeton: Princeton University Press.

BERGER, Annick. 2019. Les entreprises européennes sont elles menacées par le système de notation chinois ?. Capital.fr. 25 septembre. URL: https://www.capital.fr/economie-politique/les-entreprises-europeennes-sont-elles-menacees-par-le-systeme-de-notation-chinois-1351208

BERGÈRE, Marie-Claire. 2013. Chine, le nouveau capitalisme d'État. Paris : Fayard.

BOISSEAU DU ROCHER, Sophie, DUBOIS DE PRISQUE, Emmanuel. 2019. La Chine e(s)t le monde. Paris : Odile Jacob.

BRADY, Anne-Marie. 2017. China as a polar great power. Cambridge : Cambridge University Press.

BONIFACE, Pascal, VÉDRINE, Hubert. 2019. Atlas des crises et des conflits. Paris : Armand Colin.

BONNIN, Michel. 2004. Génération perdue, Le mouvement d'envoi des jeunes instruits à la campagne en Chine, 1968-1980. Paris : EHESS.

BOUC, Alain. 1981. Le libéralisme contre la démocratie : les procédés politiques du capitalisme libéral. Paris : Le Sycomore.

BOUGON, François. 2017. Dans la tête de Xi Jinping. Arles : Actes Sud.

— 2019. La Chine sous contrôle. Paris : Seuil.

BRENNAN, David. 2019. Xi Jiping: China facing political struggle amid Donald Trump's trade war and sluggish economic growth. Newsweek. January 22. URL: https://www.newsweek.com/xi-jinping-china-trade-war-donald-trump-economic-growth-political-ideological-1299665

BROWN, Kerry. 2017. CEO, China : the Rise of Xi Jinping. London: I.B. Tauris.

BROWNE, Andy. 2019. Foothills of a Cold War. Bloomberg. November 21. URL: https://www.bloomberg.com/news/newsletters/2019-11-21/-foothills-of-a-cold-war

CABESTAN, Jean-Pierre. 2015. La politique internationale de la Chine : entre intégration et volonté de puissance. Paris : Les Presses de Sciences Po.

— 2018a. Demain la Chine, démocratie ou dictature. Paris : Gallimard.

— 2018b. Le piège de Thucydide vu de Pékin ; affirmer son leadership, éviter la guerre. Le Débat, n° 202/5, novembre-décembre, p. 14-15.

CARMONA, Yves, PHAM, Minh. 2019. Routes de la soie : à qui va le profit, la Chine ou les pays au bord de la route ?. Asialyst.com. 28 janvier. URL: https://asialyst.com/fr/2019/01/28/nouvelles-routes-de-la-soie-bri-chine-a-qui-va-profit/

CARROUÉ, Laurent. 2019. La Silicon Valley, un territoire productif au cœur de l'innovation mondiale et un levier de la puissance étatsunienne. Géoconfluences. 20 mai. URL: http://geoconfluences.ens-lyon.fr/ informations-scientifiques/dossiers-regionaux/etats-unis-espaces-de-la-puissance-espaces-en-crises/articles-scientifiques/silicon-valley-territoire-productif-innovation

Ces experts militaires américains qui pensent que les États-Unis pourraient perdre une guerre avec la Chine. 2019. Atlantico.fr. 29 juillet. URL: https://www.atlantico.fr/decryptage/3577019/ces-experts-militaires-americains-qui-pensent-que-les-etats-unis-pourraient-perdre-une-guerre-avec-la-chine-jean-bernard-pinatel-francois-gere

CHALIAND, Gérard, JAN, Michel. 2014. Vers un nouvel ordre mondial. Paris : Seuil.

CHAN, Tara F. 2019. State Department official on China threat : for first time US has 'great power competitor that is not Caucasian'. Newsweek. May 5. URL: https://www.newsweek.com/china-threat-state-department-race-caucasian-1413202

CHANG, Gordon. 2001. The coming collapse of China. New York : Random House. CHEN, Yan. 2002. L'éveil de la Chine. La Tour d'Aigues : l'Aube.

CHENG, Anne. 2014. Histoire de la pensée chinoise. Paris : Seuil.

China says has no intention to play 'Game of Thrones' but won't be threatened on trade. 2019 Reuters. September 12. URL: https://www.euronews.com/2019/09/25/chinas-wang-yi-rejects-us-criticisms-says-both-sides-should-cooperate

China is broadening its efforts to win over African audiences. 2018. The Economist. 20 octobre. URL: https://www.economist.com/middle-east-and-africa/2018/10/20/china-is-broadening-its-efforts-to-win-over-african-audiences

China now has more diplomatic posts than any other country. 2019. BBC. November 27. URL: https://www.bbc.com/news/world-asia-china-50569237

China-Russia joint exercise sends a message to Washington. 2019. Agence France-Presse. July 24. URL: https://www.rfi.fr/en/contenu/20190724-china-russia-joint-exercise-sends-message-washington

Chine : le nouvel aéroport Pékin-Daxing officiellement inauguré. 2019. Air journal. 25 septembre. URL: https://www.air-journal.fr/2019-09-25-chine-le-nouvel-aeroport-pekindaxing-officiellement-inaugure-5215189.html

Chine : les séparatistes seront « taillés en pièces ». 2019. Le Figaro.fr. 14 octobre. URL: https://www.lefigaro.fr/international/chine-les-separatistes-seront-tailles-en-pieces-20191014

Chinese diplomats must notify their moves in US. 2019. BBC. October 17. URL: https://www.bbc.com/news/world-asia-china-50078056

CHOL, Éric, FONTAINE, Gilles. 2019. Il est midi à Pékin. Le monde à l'heure chinoise. Paris : Fayard.

CLARK, Duncan. 2017. Alibaba, L'incroyable histoire de Jack Ma, le milliardaire chinois. Paris : Bourrin.

COCKER, Christopher. 2015. The improbable war : China, the United States and the continuing logic of great power conflict. New York: Oxford University Press.

COHEN, Claudia. 2019. La Chine interdit à 23 millions de « mauvais » citoyens de voyager. Le Figaro. 1er mars. URL: https://www.lefigaro.fr/conjoncture/2019/03/01/20002-20190301ARTFIG00319-la-chine-interdit-a-23-millions-de-citoyens-de-voyager-avec-son-systeme-de-credit-social.php

COURMONT, Barthélemy. 2019. La Chine, une obsession américaine. Areion24. news. 10 juin. URL: https://www.areion24.news/2019/06/10/la-chine-une-obsession-americaine/

CRÉDIT SUISSE. 2019. Global wealth report. October. URL: https://www.credit-suisse.com/about-us/en/reports-research/global-wealth-report.html

CROWSDTRIKE. 2019. Huge fan of your work : How turbine PANDA and China's top spies enabled Beijing to cut corners on the C919 passenger jet. October Crowdstrike. URL: https://www.crowdstrike.com/blog/huge-fan-of-your-work-part-1/

CUFFE, James B. 2020. China at a threshold, exploring social changing techno-social systems. Abingdon : Routledge.

DALL'ORSO, Laura. 2016. Chine et Pakistan, meilleurs amis de circonstance ?. Portail de l'IE. 27 janvier. URL: https://portail-ie.fr/analysis/1348/chine-etpakistan-meilleurs-amis-de-circonstance

DELMAS-MARTY, Mireille, WILL, Pierre-Étienne. 2017. La Chine et la démocratie. Paris : Fayard.

CUNNINGHAM, Edward, SAICH, Tony, TURIEL, Jessie. 2020. Understanding CCP Resilience: Surveying Chinese Public Opinion Through Time. Ash Center for Democratic Governance and Innovation. URL: https://ash.harvard.edu/publications/understanding-ccp-resilience-surveying-chinese-public-opinion-through-time?utm_source=Ash%20Center%20for%20Democratic%20Governance%20and%20Innovation&utm_campaign=1ebdcdbb3f-Weekly_email_37&utm_medium=email&utm_term=0_bc3d84c57d-1

DELURY, John. 2020. China as Equal: Putting China as Rival into Historical Context. *Perspectives on History*. American History Association. September 17. URL: https://www.historians.org/publications-and-directories/perspectives-on-history/october-2020/china-as-equal-putting-china-as-rival-into-historical-context

DE MAEYER, Paul. 2018. Démographie : l'inquiétant vieillissement de la Chine. Aleteia.org. 18 septembre. URL: https://fr.aleteia.org/2018/09/18/demographie-linquietant-vieillissement-de-la-chine/

DERON, Francis. 1989. Cinquante jours de Pékin. Paris : Christian Bourgois.

DOMENACH, Jean-Luc. 2008. La Chine m'inquiète. Paris : Perrin.

— 1992. Chine, l'archipel oublié. Paris : Fayard.

— 2002. Où va la Chine ?. Paris : Fayard.

— 2007. Comprendre la Chine d'aujourd'hui. Paris : Perrin.

DUCHÂTEL, Mathieu, ZYLBERMAN, Boris. 2012. Les nouveaux communistes chinois. Paris : Armand Colin.

EBBERS, Haico A. 2019. Unravelling modern China. Singapore: World Scientific.

ECONOMY, Elizabeth C. 2019. The third revolution : Xi Jinping and the new Chinese State. New Delhi: Oxford University Press.

Egypt is a bit more ancient, Chinese President Xi tells Trump. 2017. Agence France-Presse. November 9. URL: https://english.alarabiya.net/en/variety/2017/11/09/Egypt-is-a-bit-more-ancient-Chinese-President-Xi-tells-

Trump.html

EHRET, Ludovic, 2020. China Successfully Launches a Mars Rover Mission, Joining The New Space Race. Agence France-Presse. July 23. URL: https://www.sciencealert.com/china-launches-a-mission-to-put-a-rover-on-mars-in-a-new-space-race

EKMAN, Alice. 2018. La Chine dans le monde. Paris : CNRS Editions.

ELMER, Keegan. 2019. US has woken up how 'truly hostile' China is towards Western values, says secretary of State Mike Pompeo. South China Morning Post, October 31. URL: https://www.scmp.com/news/china/diplomacy/article/3035707/us-has-woken-how-truly-hostile-china-towards-western-values

EMMOTT, Robin. 2019. In counterweight to China, EU, Japan sign deal to link Asia. Reuters. September 27. URL: https://www.reuters.com/article/us-eu-japan/in-counterweight-to-china-eu-japan-sign-deal-to-link-asia-idUSKBN1WC0U3

En Chine, votre visage suffit pour payer vos courses. 2019. L'Expansion/AFP. 4 septembre. URL: https://lexpansion.lexpress.fr/high-tech/video-en-chine-votre-visage-suffit-pour-payer-vos-courses_2096372.html

ESSLINGER, Olivier. 2019. L'ISS, la station spatiale internationale. Astronomie et astrophysique. mis à jour le 13 octobre. URL: https://www.astronomes.com/divers/liss-la-station-spatiale-internationale

ÉTIEMBLE, René. 1958. La Chine communiste devant son héritage culturel. Politique étrangère, 23/1, p. 45-58. URL: https://www.persee.fr/doc/polit_0032-342x_1958_num_23_1_2455

FALIGOT, Roger. 2015. Les services secrets chinois de Mao à nos jours. Paris : Nouveau Monde.

FENG, Gao. 2019. China unveils 'Patriotic Education' plan to include protest-hit Hong Kong. Radio Free Asia. November 14. URL: https://www.rfa.org/english/news/china/education-11142019145606.html

FISCHER, Joschka. 2012. China's Fifth Modernisation: Beijing needs a political transformation because it can only gain superpower status through cooperation, not coercion. Gulf News. April 26. URL: https://gulfnews.com/

opinion/op-eds/chinas-fifth-modernisation-1.1013687.

FOUCART, Stéphane. 2019. Il est possible de nourrir la planète sans augmenter la surface cultivée. Le Monde. 8 août. URL: https://www.lemonde.fr/planete/article/2019/08/08/il-est-possible-de-nourrir-la-planete-sans-augmenter-la-surface-cultivee_5497701_3244.html

FRACHON, Alain, VERNET, Daniel. 2012. La Chine contre l'Amérique, le duel du siècle. Paris : Grasset.

FRANKOPAN, Peter. 2017. Les routes de la soie. Bruxelles : Nevicata.

— 2019. Les routes de la soie, L'histoire du cœur du monde. Paris : Flammarion.

FRIEDBERG, Aaron L. 2011. A contest for supremacy – China, America and the struggle for mastery in Asia. New York: Norton & Company.

GADY, Franz-Stefan. 2019. F-35A Stealth Fighter Formally Enters Service in South Korea. The Diplomat. December 19. URL: https://thediplomat.com/2019/12/f-35a-stealth-fighter-formally-enters-service-in-south-korea/

GALACTÉROS, Caroline. 2019. Un nouveau partage du monde est en train de se structurer. FigaroVox. 9 novembre. URL: https://www.lefigaro.fr/vox/monde/caroline-galateros-un-nouveau-partage-du-monde-est-en-train-de-se-structurer-20191109

GEHRIGER, Urs. 2019. ʻYou can never be Chinas's friendʼ: Spengler. Asia Times. October 21. URL: https://www.asiatimes.com/2019/10/article/you-can-never-be-chinas-friend-spengler

GERNET, Jacques. 1972. Le monde chinois. Paris : Armand Colin.

GIRARD, Renaud. 2019. La Chine ne dominera jamais l'Asie. Le Figaro. 20 mai. URL: https://www.lefigaro.fr/vox/monde/renaud-girard-la-chine-ne-dominera-jamais-l-asie-20190520

GOHD, Chelsea, 2020. Russia has tested an anti-satellite weapon in space, US Space Command says. Space.com. July 23. URL: https://www.space.com/russia-tests-anti-satellite-weapon-in-space.html

GOLDMAN, David P. 2011. How civilizations die. Washington (DC): Regnery.

GOLUB, Philip. 2016. East Asia's reemergence. Cambridge: Polity Press.

— 2019. Curbing China's rise. Le Monde diplomatique. October. URL: https://mondediplo.com/2019/10/05china

GRAVEREAU, Jacques. 2017. La Chine conquérante, enquête sur une étrange superpuissance. Paris : Eyrolles.

GREEN, Tanner. 2018. Taiwan Can Win a War With China. Foreign Policy. September 25. URL: https://foreignpolicy.com/2018/09/25/taiwan-can-win-a-war-with-china/

GROUSSET, René. 2017. Histoire de la Chine, des origines à la Seconde Guerre mondiale. Paris : Payot.

Guerre commerciale Chine USA : les terres rares au cœur du conflit. 2019. Euronews. 16 août. URL: https://fr.euronews.com/2019/08/16/guerre-commerciale-chine-usa-les-terres-rares-au-c-ur-du-conflit

Guerre commerciale : Donald Trump annonce la reprise des négociations avec Pékin. 2019. L'Opinion.fr. 26 août. URL: https://www.lopinion.fr/edition/international/guerre-commerciale-donald-trump-annonce-reprise-negociations-pekin-195700

Guerre des étoiles : Donald Trump lance un commandement de l'espace. 2019. L'Express. 30 août. URL: https://www.lexpress.fr/actualite/monde/amerique-nord/guerre-des-etoiles-donald-trump-lance-un-commandement-de-l-espace_2095974.html

GUIBERT, Nathalie. 2019. Les États-Unis et la Chine lancent une nouvelle guerre froide. Le Monde. 7 juin. URL: https://www.lemonde.fr/international/article/2019/06/02/les-etats-unis-et-la-chine-installent-une-nouvelle-guerrefroide_5470523_3210.html

GUILLAIN, Robert. 1966. Dans trente ans, La Chine. Paris : Seuil.

— 1986. Orient extrême, une vie en Asie. Paris : Seuil.

GUILLERMAZ, Jacques. 1989. Une vie pour la Chine, mémoires 1937-1989. Paris : Robert Laffont.

— 2004. Le parti communiste chinois au pouvoir. Préface de Michel Jan. Paris : Payot.

HARBULOT, Christian. 2017. Le nationalisme économique américain. Versailles: VA.

HOLSLAG, Jonathan. 2015. China's coming war with Asia. Cambridge : Polity Press.

— 2019. Chine-États-Unis : « Comment une question commerciale est devenue une question de sécurité ». Le Monde. 31 mai.

HOLZMAN, Marie, DEBORD, Bernard. 2005. Wei Jingsheng, un Chinois inflexible. Paris : Bleu de Chine.

HOLZMAN, Marie, MAMÈRE, Noël. 2009. Chine, on ne bâillonne pas la lumière. Paris : Jean-Claude Gawsewitch.

HOROWITZ Juliana Menasce, Ruth IGIELNIK and Rakesh KOCHHAR. 2020. Most Americans Say There Is Too Much Economic Inequality in the U.S., but Fewer Than Half Call It a Top Priority. Pew Research Center. January. URL: https://www.pewsocialtrends.org/2020/01/09/trends-in-income-and-wealth-inequality/

HOWIE, Fraser. 2012. Red capitalism: the fragile financial foundation of China's extraordinary rise. Singapore: Wiley & Sons.

HU, Ping. 2005. Chine, à quand la démocratie ?. Trad. par Marie Holzman. La Tour d'Aigues : l'Aube.

HUANG, Joyce. 2019. Have retired Jack Ma, Alibaba steered away from China communist party's clutches? Voice of America. September 18. URL: https://www.voanews.com/east-asia-pacific/have-retired-jack-ma-alibaba-steered-away-china-communist-partys-clutches

HUANG, Kristin. 2019. Sihanoukville's big gamble: the sleepy beach town in Cambodia that bet its future on Chinese money. South China Morning Post. September 24. URL: https://www.scmp.com/news/china/diplomacy/article/3025262/sihanoukvilles-big-gamble-sleepy-beach-town-bet-its-future

HUCHET, Jean-François. 2016. La crise environnementale en Chine. Évolutions et limites des politiques publiques. Paris : Presses de Sciences Po.

HUNTINGTON, Samuel. 1997. Le choc des civilisations. Paris : Odile Jacob.

HURT, Emma. 2019. President Trump called former president Carter to talk about China. Wabe.org. April 14. URL: https://www.wabe.org/president-trump-calls-president-carter-to-talk-china

HURUN RESEARCH INSTITUTE. 2019. Lexus Hurun China rich list. Shangai. October 10. URL: https://www.hurun.net/EN/Article/Details?num=CE08472BB47D

— 2019b. Hurun global Unicorn list 2019t. October 21. URL: https://www.hurun.net/EN/Article/Details?num=A38B8285034B

IMF. 2019. People's Republic of China. Report n° 19/266. August 9. URL: https://www.imf.org/en/Publications/CR/Issues/2019/08/08/Peoples-Republic-of-China-2019-Article-IV-Consultation-Press-Release-Staff-Report-Staff-48576

IZAMBARD, Antoine. 2019. France-Chine, les liaisons dangereuses. Paris : Stock.

JACQUES, Martin. 2012. When China rules the world: the rise of the Middle Kingdom and the end of the Western World. London: Penguin Books.

JAN, Michel. 2003. La Grande Muraille de Chine. Paris : Payot.

— 2013. Chine : à propos du Rêve chinois de Xi Jinping. Asie 21-Futuribles, n° 62-4, mai.

— 2014. Vers un nouvel ordre du monde. Paris : Seuil.

JIANG, Mable. 2019. Xi Jinping's speech at the 18th Collective Study of the Chinese political bureau. Medium.com. October 26. URL: https://medium.com/@mablejiang/xijinpings-speech-at-the-18th-collective-study-of-the-chinesepolitical-bureau-of-the-central-1219730677b2

KANDEL, Maya. 2018. Les États-Unis et le monde. Paris : Perrin.

KANG, Sunyu, OTTONE, Mike. 2019. Confucius Institute set to close in early 2020. The Review. October 8. URL: http://udreview.com/confucius-institute-set-to-close-in-early-2020

KECK, Zachary. 2014. US-China rivalry more dangerous than cold war? The Diplomat. January 28. URL: https://thediplomat.com/2014/01/us-china-rivalry-more-dangerous-than-cold-war/

KISSINGER, Henry. 2012. On China. New York: Penguin.

La Chine n'a pas l'intention de jouer à « Game of thrones » sur la scène internationale selon le MAE chinois. 2019. Xinhuanet. 25 septembre. URL: http://french.xinhuanet.com/2019-09/25/c_138421923.htm

La reforestation de la Chine, le plus grand projet écologique au monde. 2018. Green Innovation.fr. 14 décembre. URL: https://www.green-innovation.fr/2018/12/14/la-reforestation-de-la-chine-le-plus-grand-projet-ecologiqueau-monde/

LAGUE, David. 2020. Special Report: U.S. rearms to nullify China's missile supremacy. Reuters. May 6. URL: https://www.reuters.com/article/us-usa-china-missiles-specialreport/special-report-u-s-rearms-to-nullify-chinas-missile-supremacy-idUSKBN22I16W

LAM, Willy Wo-Lap. 2015. Chinese politics in the era of Xi Jinping, renaissance, reform or retrogression?. Abingdon: Routledge.

— 2019. The fight for China's future. Abingdon: Routledge.

LA MAISONNEUVE, Éric de. 2019. Les défis chinois, la révolution Xi Jinping. Monaco : Le Rocher.

LAPRÉE, Jérôme, SMAÏLI, Malika, GROSDET, Anthony, et al. (dir.). 2018. Chine/États-Unis : Quelles guerres économiques ?. Versailles : VA Press.

LARDY, Nicholas. 2019. The State strikes back, the end of economic reform in China? Washington (DC) : The Peterson Institute for International Economics.

LAVALLÉE, Guillaume. 2019. China signs deal to ʻleaseʼ Tulagi island in the Solomons. Agence France-Presse. October 17. URL: https://www.rappler.com/world/asia-pacific/china-leases-pacific-island-solomons-tulagi

Le « scénario cauchemardesque » pour Pékin. 2018. Les Crises.fr. 24 novembre. URL: https://www.les-crises.fr/le-scenario-cauchemardesque-pour-pekin-50-millions-dappartements-chinois-sont-vides/

LEBLANC, Claude. 2019. Les États-Unis se préparent au choc de civilisation avec la Chine. L'Opinion. 6 mai. URL: https://www.lopinion.fr/edition/international/etats-unis-se-preparent-choc-civilisation-chine-185874

LEE, Dave. 2019. Blocking research with China would ʻhurtʼ, Microsoft boss says. BBC.com. October 5. URL: https://www.bbc.com/news/technology-49943037

LEE, Jeong-ho. 2019. US cruise missile test will start a new arms race, says China. South China Morning Post. August 20. URL: https://www.scmp.com/news/china/diplomacy/article/3023607/us-cruise-missile-test-will-start-new-arms-race-says-china

LEE, Kai-Fu. 2018. China, Silicon Valley and the New World Order. Boston:

Houghton Mifflin Harcourt.

— 2019. IA, la plus grande mutation de l'histoire. Paris : Les Arènes.

LENGLET, François. 2010. La guerre des empires : Chine contre États-Unis. Paris: Fayard.

Les États-Unis et la Chine se trouvent aujourd'hui au pied d'une guerre froide. 2019. Newsfront.info. 21 novembre. URL: https://fr.news-front. info/2019/11/21/les-etats-unis-et-la-chine-se-trouvent-aujourd-hui-au-pied-d-une-guerre-froide/

L'exercice militaire aérien Chine-Russie, un message aux États-Unis. 2019. Le Point.fr. 24 juillet. URL: https://www.lepoint.fr/monde/l-exercice-militaire-aerien-chine-russie-un-message-aux-etats-unis-24-07-2019-2326530_24. php

LEYS, Simon. 1976. Images brisées. Paris : Robert Laffont.

— 1978. Ombres chinoises. Paris : Robert Laffont.

— 1983. La forêt en feu. Paris : Hermann.

— 1987. Les habits neufs du président Mao. Paris : Ivréa.

— 2014. Orwell ou l'horreur de la politique. Paris : Flammarion.

LIAO, Yiwu. 2019. Des balles et de l'opium. Trad. par Marie Holzman. Paris : Globe.

LIN, Yutang. 2019. La Chine et les Chinois. Paris : Payot. LIU, Binyan. 1989. Le cauchemar des mandarins rouges. Trad. par Jean-Philippe Béja. Paris : Gallimard.

LIU, John, TIAN, Ying, WHITLEY, Angus, et al. 2019. China's father of electric cars says hydrogen is the future. Bloomberg, June 12. URL: https://www. bloomberg.com/news/articles/2019-06-12/china-s-father-of-electric-cars-thinks-hydrogen-is-the-future

LU, Wenming. 2004. Le rôle croissant de la Chine dans le commerce mondial du bois. Unasylva n ° 219, vol. 55, p. 27-31. URL: http://www.fao.org/3/y5918f/ y5918f06.htm

L'UE et le Japon concoctent une réponse aux « nouvelles routes de la soie » de Pékin. L'Expansion.fr. 27 septembre. URL: https://lexpansion.lexpress.fr/ actualites/1/actualite-economique/l-ue-et-le-japon-concoctent-une-reponseauxnouvelles-routes-de-la-soie-de-pekin_2100096.html

MACAES, Bruno. 2018. Belt and Road : a Chinese World Order. London: C. Hurst & Co.

MACRON, Emmanuel. 2019. Déclaration sur les défis et priorités de la politique étrangère de la France et de l'Union européenne à Paris, le 27 août. Vie-publique.fr. 27 août. URL: https://www.vie-publique.fr/discours/270198-emmanuel-macron-27082019-politique-etrangere>. An English version of the speech is available here: https://lv.ambafrance.org/Ambassadors-conference-Speech-by-M-Emmanuel-Macron-President-of-the-Republic

MAGNUS, George. 2019. Why Xi's China is in Jeopardy. New Haven: Yale University Press.

MAHLER, Vincent. 2019. Kai-Fu Lee : « L'IA sera plus foudroyante que l'électricité ». Le Point. 29 août. URL: https://www.pressreader.com/france/le-point/20190829/281569472393281

MARTIN, Claude. 2018. La diplomatie n'est pas un dîner de gala. La Tour d'Aigues : l'Aube.

MARTIN, Peter, HAN, Miao, LI, Dandan, TIAN, Ying. 2019. China committed to peace despite challenges, vice president says. Bloomberg. November 20. URL: https://www.bloomberg.com/news/articles/2019-11-21/china-s-vice-president-wang-qishan-to-address-economic-forum

MCGREGOR, Richard. 2010. The Party: the secret world of China's communist rulers. New York: Harper Reed. 2012.

MCMAHON, Dinny. 2019. China's Great Wall of debt : shadow banks, ghost cities, massive loans and the end of the Chinese miracle. London: Abacus.

Merkel calls for Europe to agree on China 5G policy. 2019. Reuters. November 27. URL: https://www.reuters.com/article/germany-china-merkel/merkel-calls-for-europe-to-agree-on-china-5g-policy-idUSS8N2860B7

MEUDEC, Olivia. 2017. La Chine, talon d'Achille de l'Union européenne. Asia focus (IRIS) n ° 32. URL: https://www.iris-france.org/observatoires/asia-focus/11/

MEYER, Claude. 2018. L'Occident face à la renaissance de la Chine. Paris : Odile Jacob.

MINZNER, Carl. 2018. End of an era, how China's authoritarian revival is undermining its rise. Oxford: Oxford University Press.

MULLEN, Jethro and STEVENS, Andrew. 2016. Billionaire: Chinese real estate is 'biggest bubble in history'. CNN. September 29. URL: https://money.cnn.com/2016/09/28/investing/china-wang-jianlin-real-estate-bubble/

MUNDA, Constant. 2019. China takes up 87 pc of Kenya Interest payment. Kenyan Tribune. September 25. URL: https://www.kenyantribune.com/china-takes-up-87pc-of-kenya-interest-payment/

NASA wants international partners to go to Moon too. 2019. Agence France-Presse. October 22.

NAVARRO, Peter, AUTRY, Greg. 2011. Death by China : confronting the dragon, a global call to action. London: FT Pearson.

NAVARRO, Peter, CHANG, Gordon G. 2015. Crouching tiger: what China's militarism means for the world. New York: Prometheus Books.

NIQUET, Valérie. 2017. La puissance chinoise, un géant fragile ?. Paris : Tallandier.

ONG, Russell. 2013. China's strategic competition with the United States. Abingdon: Routledge.

ORWELL, George. 1949. 1984.

OSNOS, Evan. 2015. Age of ambitions: chasing fortune, truth and faith in the new China. London: The Bodley Head.

PAQUET, Philippe. 2004. L'ABCédaire de la Chine. Arles : Philippe Picquier.

— 2010. Madame Chiang Kai-shek, un siècle d'histoire de la Chine. Paris : Gallimard.

— 2016. Simon Leys, navigateur entre les mondes. Paris : Gallimard.

PASQUALINI, Jean. 1975. Prisonnier de Mao ; sept ans dans un camp de travail en Chine. Paris : Gallimard.

PEI, Minxin. 2016. China's crony capitalism; the dynamics of regime decay. Cambridge (Ma): Harvard University Press.

— 2019. China's Communist Party is looking at the beginning of the end of one-party rule. South China Morning Post. September 22. URL: https://www.scmp.com/comment/opinion/article/3029809/chinas-communistparty-looking-beginning-end-one-party-rule

PENDLETON, John. 2019. Army readiness: progress and challenges in rebuilding personnel, equipping and training. US Government Accountability Office. February 6. URL: https://www.gao.gov/assets/700/697646.pdf

Pew Research Center. 2020. Unfavorable Views of China Reach Historic Highs in Many Countries. October. https://www.pewresearch.org/global/2020/10/06/unfavorable-views-of-china-reach-historic-highs-in-many-countries/

PEYREFITTE, Alain. 1973. Quand la Chine s'éveillera··· le monde tremblera. Paris : Fayard.

PILLSBURY, Michael. 2016. The hundred-year marathon: China's secret strategy to replace America as the global superpower. New York : Saint Martin's Griffin.

PITRON, Guillaume. 2018. La guerre des métaux rares. Paris : LLL.

POLO, Marco. 1298. Le Devisement du monde.

POMPEO, Mike. 2019. The China Challenge. Lecture, Hudson Institute, New York City, NY, October 30. URL: https://uy.usembassy.gov/michael-r-pompeo-at-the-hudson-institutes-herman-kahn-award-gala/

PUEL, Caroline. 2013. Les Trente Glorieuses chinoises. Paris : Tempus.

Putin says accepts U.S. is sole superpower, dilutes Trump praise. 2016. Reuters. June 17. URL: https://www.reuters.com/article/us-russia-forum-putin-usa-idUSKCN0Z31G4

QIAO, Long. 2019. China's Party Plenum gets behind president at 'complicated' time. Radio Free Asia. October 31. URL: https://www.rfa.org/english/news/china/plenum-10312019135440.html

Questions à Jean-Paul Tchang. 2019. Résumé de « L'Invité de 6 h 20 » sur France Inter le 21 mars 2019, entretien avec Mathilde Munos. Repris en ligne par Pileface.com. URL: http://www.pileface.com/sollers/spip.php?article2087

RAJAH, Roland, DAYANT, Alexandre, PRYKE, Jonathan. 2019. Debt diplomacy in the Pacific. October 21. Sydney: Lowy Institute. URL: https://www.lowyinstitute.org/publications/ocean-debt-belt-and-road-and-debt-diplomacy-pacific

REICHLIN, Catherine. 2019. L'ambiguïté de la Chine en matière de dette d'entreprise. Agefi.com. 17 juillet. URL: https://www.agefi.com/home/news/ detail-ageficom/edition/online/article/obligataire-plus-de-40-milliards-de-dollars-de-dette-de-57-societes-chinoises-avec-echeance-2019-sont-sous-pression-489144.html

REID, David. 2019. Boeing Values China's aircraft business at almost \$3 trillion over the next two decades. CNBC.com. September 17. URL: https://www.cnbc.com/2019/09/17/boeing-says-china-needs-to-spend-almost-3-trillion-on-new-planes.html

RICCI, Joël. 2019. Un troisième C919 réussit son vol test. Air Journal. 30 décembre. URL: https://www.air-journal.fr/2018-12-30-un-troisieme-c919-reussit-son-voltest-5209173.html

RINGEN, Stein. 2016. The perfect dictatorship: China in the 21st century. Hong Kong: HKU Press.

ROBERT, Philippine. 2018. Chine : son incroyable percée dans les technologies d'avenir. Capital. 25 juin. URL: https://www.capital.fr/economie-politique/ chine-son-incroyable-percee-dans-les-technologies-davenir-1294784

ROCCA, Jean-Louis. 2010. Une sociologie de la Chine. Paris : La Découverte.

ROMEI, Valentina, REED, John. 2019. The Asian century is set to begin. Financial Times. March 26. URL: https://www.ft.com/content/520cb6f6-2958-11e9-a5ab-ff8ef2b976c7

ROSECRANCE, Richard. 1986. The Rise of the trading state: commerce in the modern world New York: Basic Books.

ROSECRANCE, Richard, GUOLIANG, Gu. 2009. Power and restraint : a shared vision for the U.S.-China relationship. New York: PublicAffairs.

ROSECRANCE, Richard, MILLER, Steven E. 2015. The next great war, the roots of World War I and the risk of U.S.-China conflict. Cambridge (Ma): MIT Press.

Russia-China military provocations cloak diverging interests in Central Asia. 2019. Caravanserai. July 26. URL: https://central.asia-news.com/en_GB/ articles/cnmi_ca/features/2019/07/26/feature-02

Russia helping China to create early missile warning system, says Putin. 2019. TASS. October 3. URL: https://tass.com/defense/1081383

SAMAMA, Pascal. 2019. Pour Elon Musk, l'intelligence artificielle menace plus que jamais l'humanité. BFMTV.com. 29 août. URL: https://www.bfmtv.com/tech/pour-elon-musk-l-intelligence-artificielle-menace-plus-que-jamais-l-humanite_AN-201908290053.html

SANCHEZ MANZANARO Sofia, and Abellan-Matamoros. 2019. What are rare earth elements and why are they so important in the US-China trade war? Euronews. August 16. URL: https://www.euronews.com/2019/08/15/what-are-rare-earth-elements-and-why-are-they-so-important-in-the-us-china-trade-war

SHAMBAUGH, David. 2019. The challenges China faces in securing global dominance. Speech given to the Hong Kong Foreign Correspondents' Club on October 22. URL: https://www.fcchk.org/the-challenges-china-faces-in-securing-global-dominance

SHEARER, Christine, YU, Aiqun, NACE, Ted. 2019. Out of step : China is driving the continued growth of the global coal fleet. Global Energy Monitor. November. URL: https://endcoal.org/2019/11/new-report-out-of-step-china-is-driving-the-continued-growth-of-the-global-coal-fleet/

SHEEHAN, Matt. 2019. The Transpacific experiment ; how China and California collaborate and compete for our future. Berkeley: Counterpoint Press.

SHEPARDSON, David, HORWITZ, Josh. 2019. US expands blacklist to include China's top AI startups ahead of trade talks. Reuters. October 7. URL: https://fr.reuters.com/article/asia/idUSKBN1WM25M

SCHUBERT, Gunter. 2003. La démocratie peut-elle coexister avec le Parti unique ?. Perspectives chinoises, n° 75, janvier-février, p. 16-28. URL: https://www.persee.fr/doc/perch_1021-9013_2003_num_75_1_2917

SIDANE, Victor. 1980. Le printemps de Pékin. Paris : Gallimard.

SONG, Yongyi. 2009. Les massacres de la Révolution culturelle. Paris : Gallimard.

SUN, Haoran, ZHAO, Yusha. 2019. Most cyber attacks from the US: report. Global Times. June 10. URL: http://www.globaltimes.cn/content/1153777.shtml

TANG, Zhe. 2019. XI Jinping portraits replace catholic symbols in churches. Bitter Winter. November 21. URL: https://bitterwinter.org/xi-jinpingportraits-replace-catholic-symbols/

TANGUY, Vincent. 2017. Poutine pense dominer le monde en maîtrisant l'intelligence artificielle. Sciences et avenir. 5 septembre. URL: https://www.sciencesetavenir.fr/high-tech/intelligence-artificielle/poutine-pense-dominer-le-monde-en-maitrisant-l-intelligence-artificielle_116062

TELLIER, Maxime. 2019. L'intelligence artificielle au service des ambitions de la Chine. France culture. 29 août. URL: https://www.franceculture.fr/geopolitique/lintelligence-artificielle-au-service-des-ambitions-de-la-chine

TESTARD, Hubert. 2019a. Comment la Chine est revenue au premier plan. Asialyst.com. 28 septembre. URL: https://asialyst.com/fr/2019/09/28/comment-chine-revenue-premier-plan/

— 2019b. 70 ans de la Chine populaire : l'affirmation d'un contre-modèle. Asialyst.com. 30 septembre. URL: https://asialyst.com/fr/2019/09/30/chine-populaire-70-ans-affirmation-contre-modele/

THUCYDIDE. La guerre du Péloponnèse.

The Chinese consumer in 2030. 2016. The Economist Intelligence Unit. November 2. URL: http://country.eiu.com/article.aspx?articleid=1584774142

Time to care: Unpaid and underpaid care work and the global inequality crisis. 2020. Oxfam. January. URL: https://www.oxfam.org/en/research/time-care

TOCQUEVILLE, Alexis de. 2019 [1835]. De la démocratie en Amérique, vol. 2. Paris : Flammarion.

TOUZANI, Samir. 2018. La Chine veut définitivement enterrer le contrôle des naissances. Les Échos. 28 août. URL: https://www.lesechos.fr/monde/chine/la-chine-veut-definitivement-enterrer-le-controle-des-naissances-137497

TOWNSHEND, Ashley, THOMAS-NOONE, Brendan, STEWARD, Matilda. 2019. Averting crisis : American strategy, military spending and collective defence in the Indo-Pacific. Sydney: United States Studies Centre August 19. URL: https://www.ussc.edu.au/analysis/averting-crisis-american-strategy-military-spending-and-collective-defence-in-the-indo-pacific

Trump ordonne aux entreprises américaines de quitter la Chine. 2019. La Tribune.fr. 23 août. URL: https://www.latribune.fr/economie/international/trump-ordonne-aux-entreprises-americaines-de-quitter-la-chine-826309.

html

UN BOL DE NIDS D'HIRONDELLES NE FAIT PAS LE PRINTEMPS. 1980. Paris : Christian Bourgois.

United Nations. 2019. Perspectives de la population mondiale, communiqué de presse, 17 juin. URL: https://population.un.org/wpp/Publications/Files/WPP2019_PressRelease_FR.pdf

VAVASSEUR, Xavier. 2020. South Korea to Double Down on F-35 and Procure STOVL Variant for LPX-II. Naval News. September 4. URL: https://www.navalnews.com/naval-news/2020/09/south-korea-to-double-down-on-f-35-and-procure-stovl-variant-for-lpx-ii/

VILLAIN, Jacques. s.d. Les États-Unis, puissance dominante. Encyclopédia universalis. URL: https://www.universalis.fr/encyclopedie/espace-conquete-de-l-la-militarisation-de-l-espace/

VINCENT, Danny. 2019. How China plans to lead the computer chip industry. BBC. November 19. URL: https://www.bbc.com/news/business-50287485

WALT, Stephen. 2006. Taming the American power: the global response to US primacy. New York: Norton.

WANG, Alain. 2018. Les Chinois. Paris : Tallandier.

WANG, Kelly. 2019. China's quest for clean, limitless energy heats up. Agence France-Presse, April 29.

WANG, Gungwu. 2019. China reconnects, joining a deep-rooted past to a New World Order. Singapore: World Scientific.

WARD, Jonathan D.T. 2019. China's vision of victory. Fayetteville (NC): Atlas Publishing.

'We don't steal': China slams FBI's intellectual, property theft accusation. 2019. CGTN.com. July 24. URL: https://news.cgtn.com/news/2019-07-24/-We-don-t-steal-China-slams-FBI-s-intelligence-theft-remarks-IAH13IpN7O/index.html

Why China's debt defaults look set to pick up again, 2019. Bloomberg. July 18. URL: https://www.bloomberg.com/professional/blog/chinas-debt-defaults-look-set-pick/

WOODWARD, Jude. 2017. US vs China, Asia's new Cold War?. Manchester:

Manchester University Press.

World Bank. 2019. China's Experience with High Speed Rail Offers Lessons for Other Countries. July 8. URL: https://www.worldbank.org/en/news/press-release/2019/07/08/chinas-experience-with-high-speed-rail-offers-lessons-for-other-countries

WRIGHT, Logan and FENG, Allen. 2020. COVID-19 and China's Household Debt Dilemma. Rhodium Group. May 12. URL: https://rhg.com/research/china-household-debt/

WU, Harry. 1999. Le goulag chinois. Paris : Dagorno.

Xi Jinping warns attempts to divide China will end in 'shattered bones'. 2019. Reuters. October 13. URL: https://fr.reuters.com/article/us-china-politics-xi-idUSKBN1WS07W

XU, Muyu, STANWAY, David. 2019. China's ocean waste surges 27% in 2018. Reuters. October 29. URL: https://www.reuters.com/article/us-china-pollution-oceans/chinasocean-waste-surges-27-in-2018-ministry-idUSKBN1X80FL

YANG, Jishen. 2012. Stèles, la grande famine, 1959-1962. Paris : Seuil.

ZAUGG, Julie. 2019. L'Italie est à la botte de Pékin. Le Temps.ch. 21 mars. URL: https://www.letemps.ch/economie/litalie-botte-pekin

ZHANG, Weiwei. 2016. The China horizon: glory and dream of a civilizational State. Hackensack (NJ): World Century.

ZHANG, Zhulin. 2019. En Chine, le nombre de naissances est en très nette diminution. Courrier international. 2 janvier. URL: https://www.courrierinternational.com/revue-de-presse/en-chine-le-nombre-de-naissances-est-en-tres-nette-diminution

ZHEN, Liu, NG, Teddy. 2019. Chinese President Xi Jinping warns of disaster if one civilisation imposes its will on another. South China Morning Post. May 15. URL: https://www.scmp.com/news/china/diplomacy/article/3010287/cultural-superiority-stupid-and-disastrous-chinese-president

ZWEIG, David, HAO, Yufan. 2016. Sino-U.S. energy triangles: resource diplomacy under hegemony. Abingdon: Routledge.

Bibliography

作者著述書目

- 《《龍和老鼠》（與勞倫斯・麥克唐納合著），克里斯蒂安・布爾戈出版社，1987。（關於中國學生民主運動。）
  Le Dragon et la Souris（*The Dragon and the Mouse*）（with Lawrence MacDonald），Christian Bourgois Publishing, 1987.（A tale of the student movement for more democracy in China）。

- 《西藏生與死》，伽利瑪出版社，1990 年版、1991 年版、1993 年版；被譯成英文、日文、波蘭文、韓文與中文五種語言發行，中文版由台北時報出版社發行。榮獲亞歷山德拉・大衛・尼爾獎。2019 年伽利瑪出版社發行更新版。
  Tibet mort ou vif,（*Tibet Dead or Alive*）, Gallimard Publishing, 1990, 1991, 1993,（translated in five languages: English, Japanese, Chinese, Polish, Korean）. Alexandra David-Néel prize. New edition updated published by Gallimard in 2019.

- 《日本買下世界》，門檻出版社，1991。於中國譯成中文發行。（關於日本經濟之卓越發展。）
  Le Japon achète le monde （*Japan Buys out the World*），

Seuil Publishing, 1991（translated in mainland Chinese mandarin），（a tale of the extraordinary economic growth of Japan）

- 《西藏，記者證實》（與 Jean-Paul Ribes 和 Guy Privat 合著），L'Harmattan 出版社，1992。（記者實地採訪西藏局勢的報導。）

  Tibet, des journalistes témoignent（*Tibet, Reporters Testify*）（with Jean-Paul Ribes and Guy Privat），L'Harmattan Publishing, 1992.（Testimonies given by journalists on the situation in Tibet）.

- 《西藏，另一個世界》，Olizane 出版社 , 1993 版。（1950 年中國入侵前的西藏之影像暨撰述。）

  Tibet, un autre monde（with Robert Dompnier），（*Tibet, another World*）Olizane Publishing, 1993.（A presentation with texts and photos of Tibet before the Chinese invasion in 1950）

- 《卡布在日本》，門檻出版社，1993。於中國譯成中文發行。（由卡布繪圖、董尼德撰文的圖文書。）

  Cabu au Japon（*In Japan with Cabu*），Seuil Publishing, 1993,（translated in mainland Chinese mandarin）。（A book with Cabu's graphics with Pierre-Antoine Donnet's texts）

- 《與丁丁在西藏》（與其他作家合集），Casterman 出版社，1994 年。（由 Hergé 基金會出版社發行關於西藏的一系列文章。）

Au Tibet avec Tintin （collective work）,（*In Tibet with Tintin*）, Casterman Publishing, 1994 （a serie of articles on Tibet published by the Hergé Foundation publishing company）

- 《歐洲與亞洲的衝突》，門檻出版社，1998。（關於亞洲與歐洲面臨的挑戰與機會。）

  Le choc Europe-Asie （*The Europe-Asia clash*）, Seuil Publishing, 1998.（A tale of the challenges and opportunities facing Asia and Europe）

- 《亞洲，遊戲新規則》，Philippe Picquier 出版社，1999。（關於亞洲帶給西方國家在經濟和社會的新挑戰。）

  Asie, les nouvelles règles du jeu （collective work）,（*Asia, the new rules of the game*）, Philippe Picquier Publishing, 1999 （a tale of the new economic and social challenges that Asia is posing to Western countries）

- 《卡布在中國》，門檻出版社，2000。於中國譯成中文發行。（由卡布繪圖、董尼德撰文的圖文書。）

  Cabu en Chine （*in China with Cabu*）, Seuil Publishing, 2000 （translated in mainland Chinese mandarin）.（A book with Cabu's graphics and Pierre-Antoine Donnet's texts）

- 《日本，經濟模式的終結》，（與 Anne Garrigue 合著），由 Gallimard 出版社與 Le Monde 出版社聯合出版，1991。

  Le Japon, la fin d'une économie（*Japan, the End of an Economic Model*）（with Anne Garrigue）, Gallimard/Le

Monde Joint Publishing, 2000

- 《卡布在印度》，門檻出版社，2002。於中國譯成中文發
  行。（由卡布繪圖、董尼德撰文的圖文書。）

  Cabu en Inde （*In India with Cabu*）, Seuil Publishing, 2002
  （translated in mainland Chinese. mandarin）

- 《蓬特吉搏小鎮》，Alan Sutton 出版社，2003。（以文字
  和老照片介紹法國中部奧佛涅區的一座小鎮。）

  Pontgibaud et son Canton （*The Village of Pontgibaud*）, Alan
  Sutton Publishing, 2003 （A book with old pictures and texts
  about a small village in Auvergne region, in central France）

- 《奧佛涅區的火山》，Alan Sutton 出版社，2003。（以文
  字和老照片介紹法國奧佛涅區的火山。）

  Volcans d'Auvergne: les montagnes et les hommes, Alan Sutton
  Publishing, 2003 （A book with. old pictures and texts about
  the volcanos in Auvergne region）

- 《奧佛涅區的城堡》，Alan Sutton 出版社，2004。（以文
  字和老照片介紹法國奧佛涅區的城堡。）

  Les châteaux d'Auvergne （*The Auvergne Castles* ）, Alan
  Sutton Publishing, 2004

- 《奧佛涅區的溫泉》，Alan Sutton 出版社，2006。（以文
  字和老照片介紹法國奧佛涅區的溫泉。）

  Villes d'eaux en Auvergne, Alan Sutton Publishing, 2006
  （A book with old pictures and texts about thermal spa in

Auvergne region）

- 《席哈克，正面和反面》（與 Thierry Dussard 合著），Hoebeke 出版社，2007。（關於法國前總統賈克‧席哈克，附有法新社的官方照片。）

  Chirac, pile et face（avec Thierry Dussard）, Hoebeke Publishing, 2007（A book with Agence France-Presse photos about former French president Jacques Chirac with texts）

- 《米其林傳奇》，門檻出版社，2008。於中國譯成中文發行。（關於法國米其林輪胎公司的非凡歷程。）

  La Saga Michelin, Seuil Publishing, 2008 （translated in mainland Chinese mandarin） （A book about the extraordinary odyssey of the tyre French company Michelin）

- 《中國，法新社攝影三十年》，Philippe Picquier 出版社，2008。（一本關於法新社在中國三十年攝影作品的圖文書）

  Chine, 30 ans de photographies de l'Agence France-Presse, Philippe Picquier Publishing, 2008 （A photo books about thirty years of AFP photo production in China）

- 《當中國購買世界時》，Philippe Picquier 出版社，2018。於 2019 年榮獲 Turgot 特別獎。（此書揭示中國令人印象深刻的經濟與貿易之崛起及其對世界造成的影響。）

  Quand la Chine achète le monde, Philippe Picquier Publishing, 2018. Turgot Special Prize 2019 （A book showing the impressive Chinese economic and trade rise and its consequences in the rest of the world）

- 《中美爭鋒——誰將左右世界領導權》，L'Aube 出版社，2020，（英譯本 *World leadership in the balance: China and the US clash for supremacy* 由 World Scientific 出版社於 2021 年 6 月印行。）

  Le leadership Mondial en question, L'Aube Publishing, 2020

- 《與孔子同行》，L'Aube 出版社，2021 年 9 月出版。（關於東亞的民主和專制思想。）

  Ma balade with Confucius（*My Stroll with Confucius*）, L'Aube Publishing, September 2021 （The book is about democracy and authoritarian ideas in Eastern Asia）

- 《這星球面臨的挑戰——中國，最大的掠奪者》，L'Aube 出版社，2022 年元月出版。（此書闡述中國所引發的環境問題，連同「一帶一路」、新疆維吾爾族等等帶給這星球的巨大挑戰。）

  Chine, le grand prédateur, un défi pour la planète （*China, the Great Predator, a Challenge for the Planet*）, L'Aube Publishing, January 2022 （The book tells about environmental issues posed by China, together with other issues like the Belt and Road Initiative, the Ouighurs in Xinjiang and the big challenges it poses for the planet）

歷史與現場 306

中美爭鋒：誰將左右世界領導權

作　　者—董尼德 PIERRE-ANTOINE DONNET
譯　　者—洪祖玲
翻譯助理—陳宇、曾曉渝、徐丹
主　　編—李筱婷
企　　劃—林進韋
封面設計—陳文德

總 編 輯—胡金倫
董 事 長—趙政岷
出 版 者—時報文化出版企業股份有限公司
　　　　　一○八○一九台北市和平西路三段二四○號七樓
　　　　　發行專線—（○二）二三○六—六八四二
　　　　　讀者服務專線—○八○○—二三一—七○五
　　　　　　　　　　　（○二）二三○四—七—○三
　　　　　讀者服務傳真—（○二）二三○四—六八五八
　　　　　郵撥——九三四四七二四時報文化出版公司
　　　　　信箱——○八○一九台北華江橋郵局第九九信箱
時報悅讀網— http://www.readingtimes.com.tw
時報出版愛讀者—http://www.facebook.com/readingtimes.fans
法律顧問—理律法律事務所 陳長文律師、李念祖律師
印　　刷—勁達印刷有限公司
初版一刷—二○二一年十月二十二日
定　　價—新台幣四二○元
（缺頁或破損的書，請寄回更換）

時報文化出版公司成立於一九七五年，
並於一九九九年股票上櫃公開發行，於二○○八年脫離中時集團非屬旺中，
以「尊重智慧與創意的文化事業」為信念。

中美爭鋒：誰將左右世界領導權 / 董尼德 (Pierre-Antoine Donnet) 著；洪祖玲譯 . -- 初版 . --
臺北市：時報文化出版企業股份有限公司, 2021.10
　　304 面 ;14.8*21 公分 . -- (歷史與現場 ; 306)
譯自：Le leadership mondial en question

ISBN 978-957-13-9563-0(平裝)

1. 中美關係 2. 國際關係 3. 國際政治

574.1852　　　　　　　　　　　　　　　　　　　　110016682

ISBN 978-957-13-9563-0
Printed in Taiwan